本研究课题系湖南省社会科学基金项目《建党百年中国马克思主义哲学话语体系的探索与构建研究》（编号21YBQ032）的阶段性成果

《哲学导论》
教学创新设计

彭婷　著

新华出版社

图书在版编目（CIP）数据

《哲学导论》教学创新设计 / 彭婷著 .

北京 : 新华出版社 , 2024. 11.

ISBN 978-7-5166-7758-2

Ⅰ . B-42

中国国家版本馆 CIP 数据核字第 2024TE4476 号

《哲学导论》配套在线课程：https://
coursehome.zhihuishu.com/
courseHome/1000105558#teachTeam
课程二维码：

《哲学导论》教学创新设计

作者： 彭　婷

出版发行： 新华出版社

（北京石景山区京原路 8 号　邮编：100040）

印刷： 河北鑫兆源印刷有限公司

成品尺寸： 185mm×260mm　1/16　　　**印张：** 18.5　**字数：** 310 千字

版次： 2025 年 5 月第 1 版　　　　　　　**印次：** 2025 年 5 月第 1 次印刷

书号： ISBN 978-7-5166-7758-2　　　　　**定价：** 80.00 元

微店　　　视频号小店　　　抖店　　　京东旗舰店

微信公众号　　　喜马拉雅　　　小红书　　　淘宝旗舰店

序 言
Preface

在人类文明的长河中，哲学始终以其穷根究底的思考和永恒的追问，照亮着人类精神世界的前行之路。哲学始于惊奇和疑惑，不论是古希腊智者对世界本原的探寻，还是中国古代圣贤对人生境界的追求，哲学致力于解答人类生存的根本问题，为人类文明的发展提供精神动力和思想指引。如今，世界正经历百年未有之大变局，人工智能等科技飞速发展，全球化进程不断深化，人类社会面临着前所未有的机遇与挑战。在这个充满不确定性的时代，哲学的价值愈发凸显，它能够帮助我们以更广阔的视野、更深邃的思考去理解和面对复杂多变的现实世界。

当今时代的竞争是人才的竞争，高等教育作为人才培养和科技创新的重要阵地，肩负着重要的历史任务，也同样面临着前所未有的变革与挑战。哲学教育作为高等教育的重要组成部分，它不仅是培养学生思辨能力、批判精神和人文素养的关键环节，更是引导学生在复杂多变的世界中寻找意义、价值和方向的重要途径，承担着独特的使命与责任。只有立德树人，真正培养具有"中国灵魂、国际视野"的哲学拔尖创新人才，才能为构建人类命运共同体贡献智慧和力量。

然而，传统的哲学教育模式已难以完全适应新时代的发展需求，哲学课程的教学也面临着诸多挑战。一方面，哲学理论本身的抽象性和复杂性，使得初学者常常望而却步，难以真正领略其魅力；另一方面，传统的教学模式往往侧重于知识传授、被动吸收，忽视了学生的主动参与和思维能力的培养，课堂容易枯燥乏味。教学内容与现实脱节、教学方法单一、学生获得感低等问题依然存在，制约着哲学教育质量的提升和哲学拔尖创新人才的培养。因此，如何"推动教学创新 培养一流人才"是哲学教育教学改革的重要课题。

也正是在这样的背景下，这本《〈哲学导论〉教学创新设计》在多年的教学积累中诞生。此书来源于近年来对教学的思考，这是一个总结教学经验的过程，也是一个不断优化教学、提升教学技能的过程。《哲学导论》课程作为哲学专业学习的第一门专业基础课程或者哲学爱好者的入门课程，在带领学生从"走近"哲学向"走进"哲学之路上发挥着至关重要的作用。如何在教学上真正做到深入浅出，既能吸引学生又能讲出学理，将知识传授、能力培养和价值塑造融为一体，一直是我探索的一个重要目标。本书旨在为哲学教育工作者提供一套教学思路和方法，以激发学生对哲学的兴趣，培养他们的批判性思维和创新能力，使哲学课程真正成为学生探索智慧、启迪心灵的重要途径。同时，本书也尝试为广大哲学爱好者提供有益参考，帮助他们更好地理解和学习哲学。

本书是第三届全国高校教师教学创新大赛二等奖及湖南省普通高校课堂教学竞赛一等奖、湖南省本科高校课程思政教学竞赛一等奖的理论成果。通过结合新文科背景下哲学专业培养目标和《哲学导论》课程的知识、能力和价值三维目标要求，围绕教学方法、教学内容、教学手段、课程思政、评价方式等方面进行创新设计，以教学创新理念为引领，从各个教学章节选取典型设计为范例，构建"思维教育"与"课程思政"同向同行的"双思"课堂。本书的出版，是回应时代对哲学教育新要求的有益尝试，也是在努力探索《哲学导论》课程在新时代背景下的创新之路，希望能为哲学教育的改革与发展提供有益参考和借鉴。

本书的首要特点在于其对教学目标的重新审视和定位。传统的《哲学导论》课程，往往将重点放在让学生掌握哲学史的主要流派和观点上。而本书更为注重培养学生的哲学思维能力，使他们能够运用哲学的方法去思考、分析和解决问题。因此，本书在教学目标的设定上，更加注重学生的思维训练和能力提升，强调通过哲学学习，培养学生的批判性思维、逻辑推理能力、创新能力和人文素养，并且通过思辨立德树人，坚定理想信念，具有家国情怀。

在教学内容的设计上，本书根据当代学生的认知特点和需求，将哲学的基本问题与现实生活紧密结合，以生动的案例和实际问题引导学生思考哲学的现实意义和应用价值。同时，本书还从新文科的视角注重哲学的跨学科性，将哲学与科学、文学、艺术等领域相结合，拓宽学生的视野和理论视域，培养学生的综合素养。

教学方法的创新是本书努力探索的重点。为了打破传统教学模式的束缚，本书使用了多种行之有效的教学方法，如问题导向教学法、案例分析法、线上线下结合等，通过强调学生的主动参与和互动，启迪学生在思考、论辩中发现问题、解决问题，培养他们的自主学习能力和团队合作精神。此外，本书还充分利用信息化教学工具和手段，如在线课程、学习通平台、微助教等，为学生提供更加便捷、丰富的学习体验。

评价体系的创新也是本书的重要组成部分。通过将结果性评价与过程性评价相结合，不仅关注学生的知识掌握情况，还建立起对学生的思维能力、创新能力、学习态度和团队合作精神等多维评价体系，并将线上与线下相结合。通过多元化评价方式，更加全面、客观地反映学生的学习成果，激励学生积极参与学习，激励教师持续改进教学。

哲学教育的改革和创新之路任重道远，并非一蹴而就、一劳永逸，还需不断探索实践、不断精进更新。本书虽然尝试提出了一些新的教学思路和方法，但也存在一些不足之处，需要在今后的教学实践中不断完善。"路漫漫其修远兮，吾将上下而求索"，我依旧会不忘初心、钻研教学，希望本书能够引起更多哲学教育工作者的关注和讨论，共同为推动哲学教育的发展贡献力量。

最后，衷心希望本书能够成为哲学教育领域的一本有价值的参考书籍，为培养更多的哲学拔尖创新人才发挥积极作用。

彭婷

2025 年 3 月 14 日于长沙

目 录

Contents

《哲学导论》

教案设计总论

课程名称	哲学导论	授课专业	哲学本科专业
课程类别	专业基础课	授课年级	本科一年级
总学时数	32 学时	课程学分	2 学分

📑 一、课程简介

　　《哲学导论》是哲学专业的第一门专业基础课程。这门课程以哲学本身为研究对象，引导学生较为全面地掌握和更深入地理解什么是哲学。《哲学导论》作为本专业最重要的专业基础课程之一，在专业课和基础课之间起着重要的桥梁作用。通过本课程的学习，学生掌握哲学的基本含义、哲学的研究对象、哲学研究的主要问题，了解哲学的思维方式以及哲学与社会实践的关系、哲学与时代的关系等，形成对马克思主义哲学、中国哲学与西方哲学的整体认知，树立正确的世界观、人生观和价值观。

　　课程坚持以学生为中心，将思维教育与课程思政相融合，通过点燃学生学习热情，激发内在动力，让哲学学习发展成一种自觉的爱智探索、立德追求，实现启智润心。

👥 二、课程目标

　　知识目标：理解基本的哲学观点、哲学理念，掌握基本的哲学流派、哲学论争，解释哲学家的推理过程，了解哲学的思维方式；

　　能力目标：从多维度、多视角对各种哲学观点和内容进行分析、评价、判断，运用哲学智慧阐释和解决时代发展中的现实问题；联系实际与时代发展前沿，在哲学思辨中开展思维体操训练，形成哲学的批判性思维、辩证思维和创新思维；

　　情感态度和价值观目标：哲学思辨与思维培养、能力锻炼有机融合，在哲学智慧中塑造正确的世界观、人生观与价值观，提升人文素养，真正做到学以成人，培养家国情怀，能够在哲学追问中关心时代、关注现实、关怀世界。

课程教学目标与毕业要求指标点的对应关系

课程教学目标	毕业要求指标点
知识目标1：理解基本的哲学观点、哲学理念、哲学论争	系统掌握哲学专业知识，了解国内外哲学研究的相关理论前沿、发展动态和应用前景。
能力目标1：多维度、多视角分析和评判各种哲学观点与内容	
知识目标2：学生系统掌握哲学专业知识，并熟悉哲学发展动态	
能力目标2：能够熟练运用哲学的理论与方法	
知识目标3：掌握已有哲学问题中哲学家的推理过程	掌握基本的哲学研究方法，并能够以哲学思维方式进行理论研究。
能力目标3：能够创造性地学习哲学专业知识	
知识目标4：掌握哲学的思维方式	能够将哲学理论联系现实，发挥哲学处理现实问题的理论力量。
能力目标4：能够将所学哲学理论和思维方法用于处理具体问题	
素质目标：学生具有坚定正确的政治信念、良好的道德品质和健全的人格，将哲学思辨与思维培养、能力锻炼有机融合，提升人文素养，培养家国情怀	具有正确的世界观、人生观和价值观，具有务实的学习和工作态度、浓厚的人文关怀和严谨的科学精神。

三、教学理念与方法

（一）课程重点问题

本课程通过教学设计与建设，努力探索解决以下影响课程目标达成的重点问题。

1.改变原理式知识性输入，开展探究性学习。在当今教育领域，传统的教学模式往往侧重于知识的单向传递，即教师作为知识的权威，学生则被动接受。这种模式虽然在一定程度上保证了知识的系统性和完整性，但却忽视了学生主动探索和思考的能力培养。因此，改变原理式知识性输入，开展探究性学习，解决学生"应学"和"想学"的问题，成为《哲学导论》课程教学改革的重要方向。探究性学习是一种以学生为中心的教学模式，它鼓励学生主动参与学习过程，通过提问、探索和研究来构建知识。在《哲学导论》课程中，这种模式可以通过以下几个方面来实施：（1）问题驱动的教学。教师可以设计一系列与课程内容相关的问题，这些问题应具有挑战性，能够激发学生的好奇心和探究欲。通过问题驱动，学生不再是被动接受知识的对象，而是积极寻找答案的探索者。（2）项目式学习。项目式学习是一种综合性的学习方式，学生需要在一段时间内围绕一个主题进行深入研究。在《哲学导论》中，学生可以围绕某个哲学流派或哲学家的思想进行项目研究，这不仅能够加深对哲学理论的理解，还能培养他们的研究能力和团队合作能力。（3）注重内容重构与创新。在尊重哲学传统的同时，教师应鼓励学生解构传统，学会分析反思传统观点，从而形成自己的理解和见解。另外，还需要进行教学内容的重构，教学内容应从单一的知识传授转变为多维度的知识探索，包括跨学科的知识整合以及与现实问题相结合的案例分析；拓展课程内涵，不仅仅局限于哲学理论的学习，还包括哲学思维的培养、思辨精神的培育，以及家国情怀的涵养。

2. 改革"书斋"中的哲学，创设课堂中哲学之"思维体操训练"平台。在传统的教学模式中，教师的角色是知识的传递者，而在探究性学习中，教师的角色转变为引导者和促进者。这种转变意味着在教学中要从传授已知向探索未知转变，提升学生学习内驱力，紧贴学生的理论关切，提高课堂教学实效，实现知识能力的融会贯通、进阶提升，解决学生学习兴趣不高、自主学习意识不强的问题。在哲学教育中尤其要注重批判性思维的培养，且在探究性学习中，批判性思维的培养是核心。教师应鼓励学生对现有的哲学观点进行质疑和反思，引导学生发现问题，而不是直接给出答案。通过提问和引导，帮助学生形成自己的问题，并鼓励他们寻找解决问题的途径，通过圆桌思辨、思想实验、辩论赛、头脑风暴等丰富多样的形式对某一哲学理论、哲学观进行小组讨论、观点辨析，进行思维体操训练，提升学生的批判性思维能力，进而促进学生的自主学习。而且在教学过程中通过提供必要的资源和指导，让学生在探索过程中自我驱动、自我管理，并在思维体操训练中鼓励学生提出新的观点和解决方案，培养学生的创新能力。

3. 以学生为主体，现实社会为课堂，设置"理论应用"情境。推动学生主动参与到不断变革的社会现实中，讨论和解答学生所关心的重大现实问题，有效回应其他社会思潮的批判和挑战，培养学生运用哲学理论对现实问题进行分析和判断的能力，提高他们的批判性思维；提高学生辨别不同哲学观点和理论的能力，使他们能够区分各种观点的优劣和适用性；培养学生对错误观点和理论的抵抗力，使他们能够在面对错误信息和观点时保持清醒和坚定。进一步训练学生的理论判断力、理论鉴别力，解决学生课内学习与课外应用脱节的问题。一是将现实社会作为课堂的重要内容。将现实社会融入课堂，意味着教学内容和活动要与社会现实紧密相连。这可以通过引入当前社会热点问题和案例，让学生分析和讨论，从而将抽象的哲学理论与具体的社会现象联系起来。同时，也可以与其他学科如社会学、政治学、经济学等合作，开展跨学科项目，让学生从多角度理解和分析社会问题。二是通过"理论应用"情境将所学的哲学理论应用于解决实际问题，例如模拟道德决策、政府决策等情境，让学生运用哲学理论进行决策分析，提高他们的实践能力和决策能力。鼓励学生研究社会问题，如环境保护、社会公正、伦理道德等，将哲学理论应用于这些问题的分析和解决方案中。三是促进学习从知识本位向能力本位转变，教学目标应是知识传授、能力培养、价值塑造三位一体。培养学生的批判性思维能力，使他们能够独立分析问题和评估信息；鼓励学生运用所学知识创新性地解决问题，提高他们的实践能力和创新能力；培养学生的终身学习能力，使他们能够适应快速变化的社会和不断更新的知识体系。

（二）课程创新理念

1. 思维有深度。哲学是一门智慧之学，以哲学的方式进行哲学教育，需要学生了解何为哲学、什么是哲学问题、哲学如何思考，要像哲学家一样思考和看待问题，透过现象看本质，通过思维训练，建立和培养学生的辩证思维、批判性思维和创新思维。

2. 站位有高度。要建设具有中国风格、中国特色的哲学社会科学体系，哲学课堂教学不是简单的知识传授，是知识、能力、素养的结合，要坚持立德树人，培根铸魂，培养学生的世界观、人生观和价值观。

3. 内容有挑战度。课程内容有前沿性和时代性，既立足尊重"传统"、解构"传统"，又致力于教学内容重构，有一定难度，需要学生和老师一起研究探讨，在哲学思维的培养和训练中碰撞出思想的智慧和火花，学生课上课下要有充足的学习时间和思考时间作保障。

4. 方法有创新度。教学形式体现先进性和互动性，不是满堂灌，不是我讲你听；

学习结果具有探究性和个性化，不是简单告诉你什么是对的，什么是错的，而是培养学生去探究，充分发挥学生的个性特点和思维特征。

5. 育人有温度。价值塑造、知识传授、能力培养有机融合，在哲学学习中关心时代、关注现实，养成高尚的情操和完整的人格，真正做到学以成人，培养家国情怀。构建"生—师"和"生—生"之间的学习共同体，共同面对高难度的课程和挑战。

（三）主要教学方法

1. 启发式讲授法。对于一些相对容易的哲学问题和一些基本哲学概念的阐释，通过简明、生动的语言向学生准确传授，其中融入带有启发性的小问题作为导引和话题介入，激发同学们的兴趣。

2. 问题研讨法。通过设置一些具有争论性的话题，引发同学们的哲学思考，并且能够从小组讨论和课堂集体讨论中获得启发，在相互的研讨中学生收获新观点和增长的新知识，并培养批判性思维。

3. 案例探究法。通过观察和分析具体案例来启发学生思考和探究，通过提供一些哲学领域的实际案例，让学生分析和讨论。例如，可以通过案例讨论"自动驾驶汽车的电车难题如何解决"，增强学生理解哲学思想的深度和广度。

4. 角色扮演法。角色扮演是一种通过扮演不同角色，来获取知识和理解的学习方式。在《哲学导论》中，让学生扮演哲学大师，通过表述、解释、辩论，加深学生对相关哲学观点的理解和掌握。例如，可以让学生扮演柏拉图、亚里士多德等哲学家，站在他们的角度去表达和解释相应的哲学观点。

四、课程考核

课程考核紧扣课程目标，建立"课堂评测成绩＋平时作业成绩＋课程项目成绩＋期末考试成绩"的多元化考评方式；并建立学生反馈、同行反馈、达成度反馈相结合的多元化课程反馈机制。

具体来说，课程考核紧扣课程目标，采取结果性评价、过程性评价和表现性评价相结合的方式。课程成绩评定分三部分。

（一）结果性评价：期末考试成绩占 30%。

（二）过程性评价：线上学习、学习社区表现成绩占 20%，课堂互动占 15%，作业与测试成绩占 5%。

（三）表现性评价：小组合作探究和成果产出占 30%。

序号	考核形式	所占比例	考核要素
1	期末考试	30%	包括课程目标中的各章节知识点，考察反思性批判性思维及辩证思维，融入课程思政和创新等因素。
2	在线学习	20%	线上课程自主学习情况、原著及文献阅读情况、线上作业的完成情况，分组研讨情况。
			课前测试线上学习效果及预习情况监测。
3	课堂互动	15%	学生听课认真程度、出勤情况等。
			通过超星学习通平台、微助教等数字化教学工具投票、抢答、小组讨论。利用上述平台管理学情和线上学习成绩，记录学生学习轨迹，形成学习的过程性数据。
			包括学生发言、课堂交流、话题讨论等，对于课堂的参与度、所表现的兴趣度以及学习互动过程中体现的挑战度、创新度等，重点考察提出问题、分析问题和解决问题的能力。
4	课中测试	5%	课堂内容及各章节内容的阶段性测试情况。
5	小组合作探究	10%	在线课程学习讨论发帖数据及分组任务完成情况，学生的参与度、融合度及团队协作能力。
			课堂中小组讨论、小组作业、小组展示中的表现及完成情况。
6	成果产出	20%	写一篇读书报告，考察报告的思想性、逻辑性、反思性和创新性。
			做一次名家访谈，主要考察对马工程专家治学态度、哲学思想的学习和传承。
			进行一次社会调查，主要考察哲学理论联系实际，理论指导实践的能力。
			从事一项科创研究，主要考察开展哲学思考和分析、进行哲学研究的能力。

五、教材与主要参考书目

主要参考书：

1. 孙正聿：《哲学通论》，复旦大学出版社，2005 年版。

2. 李德顺：《哲学概论》，中国人民大学出版社，2019 年版。

3. 王德峰：《哲学导论》，复旦大学出版社，2019 年版。

4. 冯友兰：《中国哲学简史》，北京大学出版社，1985 年版。

5. 贺麟：《文化与人生》，商务印书馆，1988 年版。

6. 张世英：《哲学导论》，北京大学出版社，2002 年版。

7. 孙正聿：《哲学修养十五讲》，北京大学出版社，2004 年版。

8. ［美］罗伯特·保罗·沃尔夫：《哲学是什么》，商务印书馆，2021 年版。

9. ［美］罗伯特·所罗门：《大问题——简明哲学导论》，清华大学出版社，2018 年版。

10. ［英］乔尔·利维：《思想实验》，化学工业出版社，2019 年版。

《哲学导论》

教学创新设计案例

01 "爱智"之学

章节名称：第一章 导论　第二节"爱智"之学

计划学时：45 分钟

一、教学内容分析

【主要内容】

1. "爱智"的哲学

2. 哲学关于"自明性"的分析

3. 关于"哲学是什么"的比喻理解

【地位作用】

要开展哲学思考、进行哲学学习，首先必须要了解哲学是什么。对哲学有基本的认识和把握，不仅能够了解什么是真正的哲学问题，而且也能使学生掌握哲学的思维方式。这属于《哲学导论》学习的开篇问题，也是每一位哲学专业学习者必须要明晰和读懂的首要问题。

二、学情分析

认知水平分析。大部分学生在高中阶段已修政治科目，对哲学有初步的认识，但在马克思主义哲学的初步理解上，未学政治的同学出于个人爱好或课外阅读了解哲学，对哲学认知较为粗浅片面，须开展专业系统学习。

能力状态分析。学生热爱思考，善于探究和发现问题，具有较强的自主学习意识和探究意识。但大一新生还未形成系统专业的哲学思维，没有形成较强的哲学意识，对哲学思考问题的方式不了解。初次接触哲学专业学习会感觉较为玄奥、空洞。

情感态度分析。学生有一定的求真意识但还不够强烈，对于透过现象看本质的哲学思考存在畏难情绪；对于哲学的价值与意义的了解尚不深入；对于用哲学思维关注时代、关注现实的意识不强烈。

三、教学目标

【知识目标】

1.学生能够理解哲学是什么，建立起对哲学的初步认识；

2.学生能够掌握哲学的思维方式，构建哲学的世界图景；

3.学生能够树立哲学的问题意识，掌握哲学的问题域。

【能力目标】

1.能够从哲学的思维方式和世界图景去理解和认识世界，把人们习以为常、不予追究的问题作为"问题"去追究，把人们视为不言而喻、不证自明的问题作为"问题"进行反思，培养反思能力；

2.真正地进行哲学追问和反思，培养和锻炼学生的理论思维能力，特别是善于从哲学层面上培养提出问题和分析问题的能力。

【情感态度与价值观】

1.哲学是安身立命之学，学哲学、用哲学是我们每一个人安身立命的基础。哲学所爱所求的智慧，所问所思的问题，都是要在对"熟悉"的了解中求得"真知"，建立科学的世界观、人生观和价值观；

2.哲学作为时代精神的精华，是引领时代发展的崇高思想，是"庙里的神"，给人以崇高的指引，学会用思想引领时代发展，培养批判性精神和创新意识；

3.建立具有中国特色、中国风格的哲学社会科学的学科体系、学术体系和话语体系，在哲学学习的过程中需要建立理论自信、文化自信。

四、教学重点、难点、创新点及解决措施

【教学重点及解决措施】

1.哲学是求真的学问，对熟知进行反思，求得真知；

2.要建立哲学的思维方式，理解哲学的概念框架与思维体系；

3.理解对于哲学的隐喻分析，掌握哲学的特点和研究视域。

主要通过启发式提问、小组活动和讨论、案例讲授措施帮助同学们分析探究，在苏格拉底式的"反诘法"中推动学生开展探究性活动。

【教学难点及解决措施】

1.对于熟知的反思性批判；

2.关于哲学是什么的隐喻分析和理解。

"讲、学、练"相结合：采用提问、讲解、反思和练习的方式，使学生掌握哲学的思维方式、哲学的概念框架和世界图景，建立反思和批判精神。

【教学创新点及解决措施】

本节课的创新点：通过熟知的日常生活中未经审视的问题进行深入思考，掌握哲学是反思的智慧、批判的智慧、变革的智慧，是与时代发展密切相关的智慧，从而变革人们的思维方式、价值观念，变革人的存在方式以及人与世界的相互关系。

在"剥洋葱式"的一步步地思维体操训练之下，使得学生能知其然并知其所以然，掌握哲学的思维体系，区分哲学与常识、与科学的不同把握世界的方式，同时引导学生们从案例中获得启示。

五、教学策略

【思维导图】

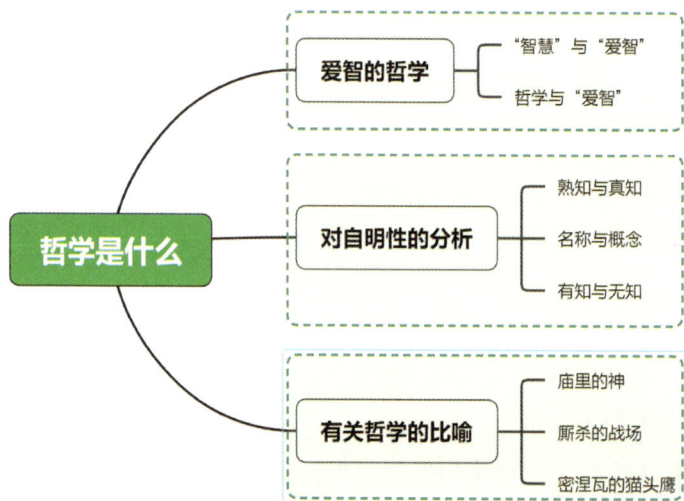

哲学是什么
- 爱智的哲学
  - "智慧"与"爱智"
  - 哲学与"爱智"
- 对自明性的分析
  - 熟知与真知
  - 名称与概念
  - 有知与无知
- 有关哲学的比喻
  - 庙里的神
  - 厮杀的战场
  - 密涅瓦的猫头鹰

【教学模式及方法】

1.启发式教学法：通过苏格拉底的有关问题进行导入，启发学生思考审视问题。

2.案例教学法：通过各类日常生活中习以为常的案例进行问题驱动，展开小组讨论和头脑风暴，开展探究性学习。

3.理论讲授法：以哲学史上哲学家们对哲学的认识出发，引导学生掌握哲学是什么，通过日常生活的案例来进行哲学思维的训练。

【教学内容重组与加工】

以对日常生活中常见问题和事物"杯子"为例，深入理解"熟知"并非就是"真知"，在"熟知"中隐含着"无知"。通过追问和反思种种"熟知"的问题，并在追问和反思中寻求"真知"。探索和开展哲学思考，构建哲学的思维方式和世界图景，在话题引导和探讨中进行追根溯源式的哲学审视，激发学生的积极性，促进小组探究。

【教学资源与技术手段】

建设多样化、多维度的教学资源，通过科研教学融合，双向赋能推动思想卓越；线上线下融合，多维互促拓展学习空间。具体使用的资源如下：

1.线上资源库：（1）智慧树自建在线课程《哲学导论》，https：//coursehome.zhihuishu.com/courseHome/1000105558#teachTeam ，由黄大年式教师团队主讲。（2）超星学习通。在学习通上上传有关学习资料，进行课前、课中、课后测试，推荐有关线上资源阅读学习。

2.思政素材库：包括习近平新时代中国特色社会主义哲学思想的哲学基础，中华优秀传统文化的创新性转换和创造性发展，马、中、西哲学的对话交流融合，中国哲学的返本开新，马克思主义哲学中国化时代化等专题。

3.思辨素材库：根据不同主题、不同章节、不同内容整合了思辨资源，用于在教学中开展哲学思辨，培养学生的反思性、批判性思维。本节所用的思辨素材有：（1）为什么狼是凶残的？（2）如何判断"真善美"与"假恶丑"？

4.教学设计资源库：通过线上线下资源的融合，建设了教学设计资源库，形成了20多万字的教学设计详稿，让资源融合常态化。

5.科研成果库：收集了学科学界有关经典研究、最新最前沿的研究成果，教学科研双向赋能推动思想卓越。用于学生的课前阅读、课后拓展，尤其注重关注相关交叉融合学科，在本节中使用到有关文献：

［1］苏长和. 切实提升中国哲学社会科学自主知识体系国际影响力［J］. 神州学人，2024（03）：1.

［2］高奇，杜曼利. 唯物史观视域下中国哲学社会科学自主知识体系的建构进路［J］. 思想理论教育导刊，2023（10）：126-133.

［3］孙正聿. 中华民族现代文明与中国自主哲学知识体系［J］. 中国社会科学，2023（08）：22-27+204-205.

［4］孙正聿. 建设中华民族现代文明的"活的灵魂"——中国自主哲学知识体系的使命和担当［J］. 哲学研究，2023（07）：5-12+128.

［5］韩喜平. 中国哲学社会科学自主知识体系建构的历史必然与路径探索［J］. 马克思主义研究，2022（09）：23-32+155.

6. 习近平系列讲话数据库：推进习近平新时代中国特色社会主义思想进教材、进课堂、进头脑，带领学生深入解析习近平在哲学社会科学工作座谈会上的讲话。

7. 党的治国理政相关资料库：《光明日报》理论文章《实践是检验真理的唯一标准》、人民日报、学习强国相关理论文章。

【教学信息收集与处理】

首先通过课前预习和调查问卷的发放了解学生认知水平，通过教学现场的案例分析、游戏互动、理论讲授等活动，对"熟知"的问题开展剖析反思，在课堂讨论中收集学生进入哲学思考的程度，并在课堂中进行随堂测验。最后，作为刚接触的课程，精选入门导读类书籍介绍给学生，引导学生通过研读书籍逐步了解哲学问题，培养研究性学习习惯来增强思辨意识。

【教学参与的切入】

本堂课在面向学生主体进行教学过程中，通过能够激发学生兴趣的话题引导学生反思探究习以为常的观点，师生共同分析。分析完后，教师通过案例分析启发学生进一步深化问题，让学生多维度、多视角进行审视与反思，感受何为哲学的思维方式与何为哲学问题。在进行哲学思辨时，充分利用苏格拉底式的"反诘法"进行提问，在思维体操式训练中让学生体会哲学是一种反思的智慧、批判的智慧、变革的智慧，激发学生学习兴趣、吸引学生参与思辨。

▼ 六、课前探究

学生课前在线学习线上课程第一章第二节，阅读《哲学通论》《哲学是什么》等书籍，并在学习通平台上完成基本评测和调查问卷，对哲学有初步了解和印象。

🌐 七、教学过程

如何理解未经审视的生活不值得过

知识讲授（10min）
- 何为"爱智"之学
- 何为"自明性"
- 哲学究竟是什么

课程导入（5min）→ 课程讲授 → 课程结语（2min）→ 课后作业推荐阅读（3min）

课堂互动（25min）
- 问题探究：为什么未经审视的生活不值得过？（2min）
- 案例讨论：何为狼的凶残？（5min）
- 游戏互动："杯子"有何启示？（5min）
- 小组探究：哲学是什么？（5min）
- 师生互动：（4min）
- 生生互动：（4min）

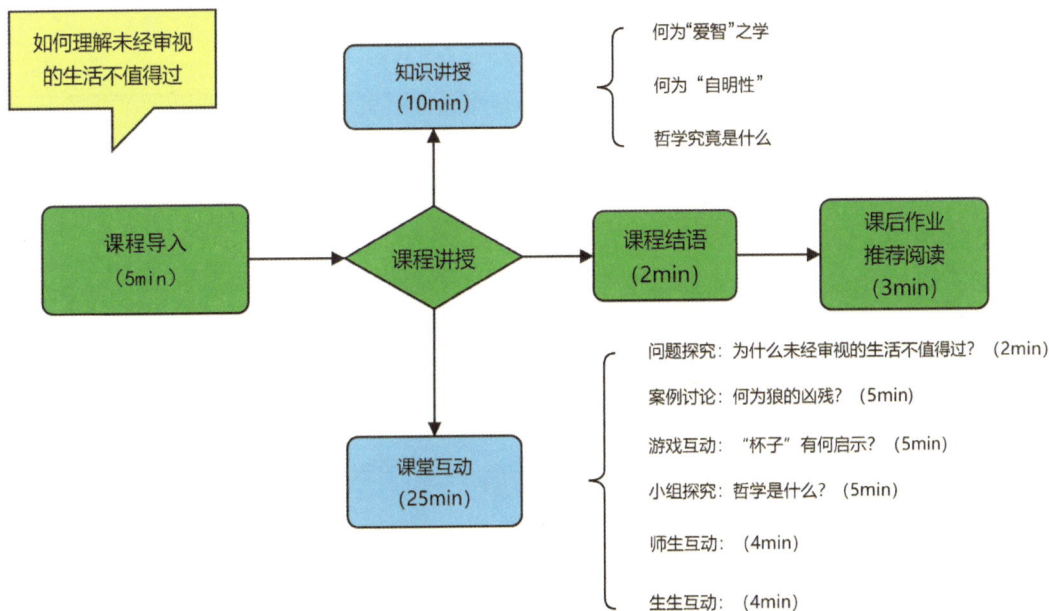

环节一：课程导入

教学活动	设计意图
在日常生活当中，我们常常会对一篇发人深省的文章、一部意味深长的小说、一番让你醍醐灌顶的话语进行夸赞，评价其富有"哲理"。而我们非常熟悉的俄罗斯文学的典型代表作家陀思妥耶夫斯基、数学家莱布尼茨、语言学家乔姆斯基等人，往往又被称为哲学家。平常生活中，我们也往往会把思想深刻的同学戏称为"哲人"。那么，哲学究竟是什么呢？今天我们一起来系统地学习。 【探究一：提问互动】苏格拉底说：未经审视的生活不值得过。请问你如何理解这句话？ 【教师解读】肯定同学们把握准确的地方，同时作为一种现场诊断，把同学们疏漏的哲学史知识进行补充、做出总结。	1.通过非常熟悉的极富哲理的箴言来引出哲学的思维方式。

教学活动	设计意图
我们在日常生活中会对生活的意义、会对我们的对象世界产生无数的思考。人类在面对千差万别、千变万化、无边无际、无始无终的茫茫宇宙，又面对着有生有死、有爱有恨、有得有失的有限人生，我们总会抒发对宇宙、对人生的无限的追问和苦苦的求索。也许苏格拉底本来可以这样说："每个人都应当思考他的生活，因为至少有的时候这样做能够帮助我们摆脱困境，使生活更加值得过。"但这样一来，也许就没有人会记住这句话了。他所采取的是另外一种说法，即"未经审视的生活不值得过"。千百年来，无数人都被这句话的大胆和直率所震慑，没有人不赞同这种说法。	2.通过提问和讨论，让学生去思考哲学所构建的世界图景。

环节二：课程讲授"爱智"之学

教学活动	设计意图
【探究二：小组讨论】如何理解哲学是智慧之学？ 　　【学生回答】在超星学习通中开展小组讨论，形成答案和词云。 　　【教师解读】 　　人类是一种智慧的存在物。智慧是人的精神活动。包括理性的和非理性的，人的全部精神活动都是智慧。人的精神世界，包括常识、神话、艺术、伦理、宗教、科学、哲学及相应的世界都是人类智慧的结晶。物质文明和精神文明都是人类用自己的智慧创造的。 始祖南猿　　能人　　直立人　　远古智人　　晚期智人 　　爱智是对智慧的追问和追求，是把智慧作为反思的对象。这种大智慧和大聪明，在中国哲学中的说法是"究天人之际，通古今之变""为天地立心，为生民立命"；在西方哲学的传统中，是"寻求最高原因的基本原理""提供一切知识的基础""发现生命的意义和使人崇高起来"；按照马克思主义哲学的看法，最根本的就是解决"现实的人及其历史发展"的问题。所有的这些问题，用通常的说法，就是哲学所研究的"世界观""历史观""人生观"和"价值观"等问题。 　　哲学是安身立命之学。哲学的这种"大智慧"和"大聪明"，正如我国哲学家冯友兰说"是使人作为人能够成为人，而不是成为某种人"。2018年在北京大学召开的世界哲学大会，会议的主题就是"学以成人"。哲学智慧	讲授关于哲学的一般理解，在对哲学的初步印象中了解哲学的思维方式和所构建的世界图景。 　　【课程思政】 　　学哲学、用哲学是我们每一个人安身立命的基础。在对世界的认识和了解中，我们要建立起科学的世界观、人生观和价值观。

续表

教学活动	设计意图
所说的"人"，是超越了具有特定身份和从事特定职业的"某种人"，这种智慧是理解和协调人与自然、人与社会、人与历史、人与文化、人与他人以及人与自我的智慧。 孔子　　　　泰勒斯　　　　马克思 　　哲学是反思的智慧、批判的智慧、变革的智慧。它不是既定的知识，不是现成的结论，不是实例的解说，而是追求生活信念的前提。马克思指出，辩证法在它的"合理形式"上，就是"在对现存事物的肯定的理解中同时包含对现存事物的否定的理解，即对现存事物的必然灭亡的理解；辩证法对每一种既成的形式都是从不断地运动中，因而也是从它的暂时性方面去理解；辩证法不崇拜任何东西，按其本质来说，它是批判和革命的"。 　　总的来说，哲学变革人们的思维方式、价值观念和审美意识，从而变革人的存在方式以及人与世界的相互关系。	

环节三：课程讲授对"自明性"的分析

教学活动	设计意图
人们常常用"抽象""高深"甚至是"玄虚""神秘"来形容"爱智"的哲学。这其实是一种误解。"爱智"的哲学只不过是把人们习以为常、不予追究的问题作为"问题"去追究，把人们视为不言而喻、不证自明的问题作为"问题"进行反思。就此而言，"对自明性的分析"这既是哲学研究的出发点，也是哲学智慧的座右铭。 　　【探究三：案例讨论】 　　人们常说"狼是凶残的"，所有的比喻、童话故事赋予狼凶残的本性。然而，当我们"涮羊肉片""剁羊肉馅""吃羊肉串"的时候，为何不说"人是凶残的"？我们是以什么标准来断言狼的凶残与人的合理？ 	1. 讲授哲学对"熟知"等不言自明的问题所进行的反思和批判，理解哲学的思维方式。 　　2. 通过案例讨论和小组活动的方式，启发同学们进行思考，感受哲学作为智慧之学的认知方式。

教学活动	设计意图
【学生回答】开展小组讨论，每个小组选代表发表意见。 【教师解读】肯定同学们把握准确的地方，同时作为一种现场诊断，了解同学们是否具备基本的哲学思维方式。 　　我们常说：熟知非真知。事实上，狼的凶残好像对于我们来说是一个十分熟知的问题，但经反思，我们会开始思考这是真知吗？我们常说"物竞天择，适者生存"，以何标准判断狼的凶残？为何人对其他动物进行捕食是合理的？是以"人"为中心去看待万事万物吗？如何确保"生态平衡""保护动物"，怎样理解"生态伦理"问题？人类能够超越"人类中心主义"吗？正如新冠疫情暴发后，我们该如何处理人和动物之间的关系，如何讨论动物伦理问题？人与动物之间如何构建生命共同体、命运共同体？ 　　熟知与真知对"自明性"的分析，根源于"熟知而非真知"，需要我们从"熟知"中寻求"真知"。比如那句耳熟能详的"规律是看不见的，又是可以被认识的"，既然看不见，我们又如何能够"被认识"？我们以何种方式确证我们所形成的认识是正确的？我们认识到的"规律"是客观的还是主观逻辑的产物？这种追问所提出的就是哲学始终关注的"思维和存在的关系问题"。 　　在日常生活中，人们常说"艺术是一种创造"。然而，从哲学的视角需要追问：到底什么是"创造"？在美术馆、展览馆看到各类艺术品，艺术到底是"创造"了什么？是作家创造出了词语？画家创造了油彩和画布，音乐家创造出了乐章，舞蹈家创造出了形态？为什么把艺术称之为"创造"呢？我们用什么来评价艺术"创造"的水平呢？ 唐宫夜宴　　　　　　　　　洛神 　　还有，我们学习了知识，吸收了智慧，要做时代的"真善美"的传播者。人们也常用"真善美"和"假恶丑"来进行评价。对此，哲学就会进一步追问：什么是"真善美"？什么是"假恶丑"？有何具体的区分标准？其标准是绝对的还是相对的，是永恒的还是历史的，是客观的还是主观的？哲学的追问把人们据以形成其结论的"前提"暴露出来，使这些"前提"成为批判性反思的对象。因此，我们也常说反思是"思想以自身为对象反过来进行思考"。 　　从另一个角度来说，"熟知"是对世界的"名称"式的把握，"真知"则是对世界的"概念"式的把握。把"熟知"误为"真知"，从根本上说，是把"名称"误作"概念"。哲学对"自明性"的分析，最重要的，就是对"熟知"的"概念"反思。	【课程思政】"熟知"并非就是"真知"，正是在"熟知"中隐含着"无知"哲学在追问和反思中去寻求"真知"。正因如此，哲学是一种反思的智慧、批判的智慧、变革的智慧。

教学活动	设计意图
我们可以从"语义三角"来尝试着理解什么叫概念意义，如图： 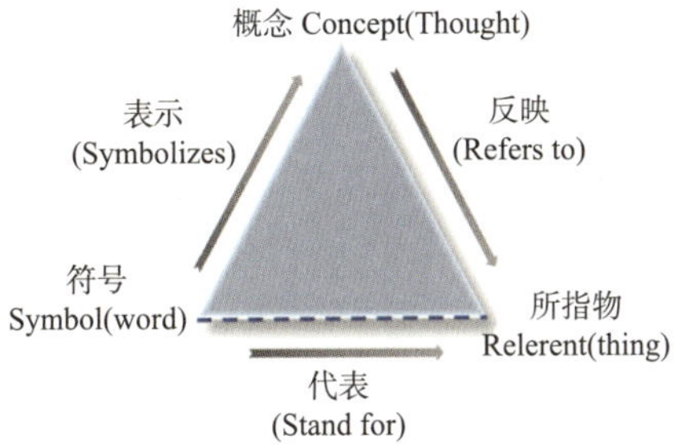 概念 Concept(Thought) 表示　　　　　　　　　反映 (Symbolizes)　　　　　(Refers to) 符号　　　　　　　　　所指物 Symbol(word)　　　　　Relerent(thing) 代表 (Stand for) **【探究四：游戏互动】** 现场实物展示"杯子"。请问同学们看到这个你想到了什么？ **【学生回答】**学习通中作答提交。 **【教师解读】** 　　有人可能内心想，毋庸置疑，任何一个普通人都会说"这是一个杯子"。但也有人会说，这是一堆物质材料，有的同学会说，这是个艺术品，还有的同学会笑称，这不过是我们心理的投射等等。 　　哲学是如何进行思考呢？哲学却要从"思维和存在的关系"提出问题：究竟什么叫"杯子"？如果我没有"杯子"的概念，我怎么会把"这个东西"称作"杯子"？离开我对"这个东西"的"感知"我能否知道"杯子"的存在？为什么能够"创造"出各种颜色、各种形状、各种材质不一的"高级"的"杯子"？在对"杯子"的这种追问中，的确是蕴含着无限丰富的哲学问题。 　　一是主体和客体的关系问题。作为认识主体的我们在认识杯子，作为客体的杯子被我们认识。我们与"杯子"构成认识的"主体"与"客体"的关系。那在人类认识活动中，究竟什么是认识的"主体"、什么是"客体"，两者有何关联？通过什么认识中介？ 　　二是感性和理性的关系问题。我们常说眼见为实，用眼睛看到的杯子，可以说是一种"现象"；而用思想把握到的杯子，是"本质"。我们常在认识过程中会将感性与理性相结合。那么，人的"感性"与"理性"是什么关系？在认识过程中是感性更可靠还是理性更可靠？事物的"现象"和"本质"有何关系？ 　　三是思维和存在的关系问题。在此我们说"这里有一个杯子"是客观存在的事实。但是设想一下，如果这里真的有一个杯子，但有个从不知道这个对象是"杯子"的人，又能否把面前的这个物体看作是"杯子"？如果他没有关于"杯子"的概念，他是否懂得"杯子"为何物？那"杯子"的存在与关于"杯子"的概念究竟有什么关系？ 　　四是个别与一般的关系问题。"杯子"的形状有大有小、有方有圆，"杯子"的材料有陶瓷的、有塑料的、有玻璃的、有金属的，颜色五颜六色，五彩缤纷，杯子的用途多样。那么，我们为什么能够把所有"这样的东西"都称之	3.通过游戏互动引导学生超越常识的思维方式，逐渐了解和构建哲学的世界途径和概念框架。 **【课程思政】** 　　哲学的思维方式能变革人们的思维方式、价值观念和审美意识，从而变革人的存在方式以及人与世界的相互关系。

教学活动	设计意图
为"杯子"？是"个别"包含"一般"，还是"一般"包含着"个别"？"一般"与"个别"的区分是绝对的还是相对的？ 　　五是"真善美"的关系问题。我们称其为"杯子"，并不是一个简单的事实判断，而是一个融事实、价值和审美为一体的综合判断。当我们说"这是一个杯子"的时候，既包括断定它是不是"杯子"的真与假的事实判断，还有是否有用以及有何用途的价值判断，还包括是使我愉悦还是使我讨厌的审美判断。那么，"真善美"三者之间究竟是何关系？我们判断真善美与假恶丑的根据和标准又是什么？ 　　如此想来，我们就不会认为"杯子"问题是荒唐、无聊和可笑的，而是亲切地体会到"熟知而非真知"的道理，体会到"名称不是概念"的道理，体会到对"熟知"的"名称"进行"概念"式追问的意义与魅力。 一杯子与一辈子	【课程思政】 　　在认识和改造世界过程中，要真正地进行哲学追问和反思，需要培养和锻炼理论思维能力，特别是善于从哲学层面上提出问题和分析问题的能力。

环节四：课堂讲授"关于哲学的隐喻"

教学活动	设计意图
【探究五：填词造句】 　　前面我们了解了关于哲学的基本思维方式，请问：你认为哲学是什么呢？请大家做个填空题，用个比喻来形容。 　　哲学是 _____。 　　【学生作答】超星学习通上传学生答案。 　　【教师解读】肯定同学们把握准确的地方，同时作为一种现场诊断，把握同学们对哲学的基本了解情况。	

教学活动	设计意图
在日常生活中，有人认为哲学是心灵鸡汤、是一种人生境界、是一种洞察世界的理性认识等等。关于哲学，对于哲学是什么，其实古往今来的哲学家们都有过深刻的阐述。德国古典哲学的集大成者、辩证法大师黑格尔曾经做过许多生动形象而又耐人寻味的比喻，一起仔细地品味这些比喻，认真地思考这些比喻。 　　一是密涅瓦的猫头鹰。"密涅瓦的猫头鹰"是德国哲学家黑格尔用来比喻哲学的一个著名隐喻。他认为哲学像密涅瓦的猫头鹰，不是在旭日东升的时候在蓝天里翱翔，而是在薄暮降临的时候才悄然起飞。密涅瓦是罗马神话中的智慧女神，对应希腊神话中的雅典娜。猫头鹰在古代被视为智慧的象征，因为它们在夜间活动，具有敏锐的视力和听觉，能够洞察黑暗中的事物。黑格尔用密涅瓦的猫头鹰在黄昏中起飞来比喻哲学，意在说明哲学是一种"反思"活动，是一种沉思的理性。按照黑格尔的说法，"反思"是"对认识的认识""对思想的思想"，是思想以自身为对象反过来而思之。	讲授哲学史上哲学家们对于哲学的深刻理解，在隐喻中感受什么是哲学、什么是哲学的智慧以及什么是哲学思维。

雅典娜　　　　　　　黄昏起飞的猫头鹰

　　当代杰出的哲学家路德维希·维特根斯坦是 20 世纪最有影响力的哲学家之一，他的哲学思想主要集中在语言哲学领域。在他的后期著作《哲学研究》中，提出了"游戏说"（Language-Game），这是他用来解释语言功能和语言使用的一个核心概念。同理，我们参与任何活动或学习知识，实质上是在学习并应用这些活动的规则。然而，规则并非一成不变，它们需要不断地更新和演变，以促进更高效的"游戏"形式，从而推动科学的进步、技术的革新和艺术的创造。

　　哲学的"反思"活动，是对这些游戏规则进行深入批判和审视的过程。它以"游戏"的存在和一定程度的发展为基础，只有在"游戏"发展到一定阶段后，哲学的反思才能发挥作用，如同在黄昏时分起飞的猫头鹰，洞察着白日的结束和夜晚的开始。这种反思活动不是简单的重复或模仿，而是一种创造性的、建设性的思考，旨在理解和超越现有的规则，为游戏的进一步发展提供新的可能性和方向。

　　二是"庙里的神"。"庙"之所以为庙，是因为庙里有被人供奉的"神"。如果庙里无"神"，那也就不称其为"庙"。正是借用"庙"与"神"的关系，黑格尔说："一个有文化的民族，如果没有哲学，就像一座庙，其他方

续表

教学活动	设计意图
面都装饰得富丽堂皇，却没有至圣的神那样。"庙宇是供奉神灵的地方，象征着崇高和神圣。将哲学比作庙里的神，暗示哲学具有崇高的地位和价值。哲学不仅是知识的积累，更是一种精神追求和智慧的体现。正因如此，"凡生活中真实的伟大的神圣的事物，其所以真实、伟大、神圣，均由于理念"。哲学作为时代精神的精华，是引领时代发展的崇高思想，尤其习近平总书记强调的"这是一个需要思想并且一定能够产生思想的时代"，哲学作为时代精神的精华，需要发挥引领和超越的作用，建立具有中国特色、中国风格的哲学社会科学的学科体系、学术体系和话语体系，是我们时代的迫切需要。 路德维希·维特根斯坦　　　　游戏规则的反思 　　三是厮杀的战场。哲学是"厮杀的战场"，这个比喻强调了哲学探索的复杂性、挑战性和动态性。哲学不仅是静态的知识体系，更是一种动态的思想活动，充满了辩论和冲突。首先哲学是思想的碰撞，哲学探讨的问题通常是深刻且复杂的，不同的哲学家和学派往往持有不同的观点和理论。这些观点之间的碰撞和辩论就像战场上的厮杀一样激烈。哲学也是理念的斗争，其核心在于对基本问题的不同理解和解释，哲学家们常常为了捍卫自己的理念和观点而展开激烈的辩论。哲学也是知识的探索，探索过程充满了不确定性和挑战，哲学家们在追求真理的过程中，不断地质疑、反驳和重建知识体系，这种过程就像战场上的厮杀。哲学是理性的挑战，需要挑战传统的观念和权威，通过理性的辩论和批判，推动知识的更新和思想的进步，这种挑战有时需要极大的勇气和智慧。而且哲学的发展往往伴随着思想的变革和革命，新的哲学观点和理论常常颠覆旧有的观念，这种变革的过程充满了挑战和冲突。	【课程思政】 　　哲学作为时代精神的精华，是引领时代发展的崇高思想，我们要建立具有中国特色、中国风格的哲学社会科学的学科体系、学术体系和话语体系，在哲学学习的过程中需要建立理论自信、文化自信。

环节五：课程总结

教学活动	设计意图
毫无疑问，对于哲学的思考可能伴随着我们的一生，在我们的世界观、人生观和价值观的形成过程中，在进入哲学思考的时候，我们起码可以得到这样一些初步的体会，我们可以开始走近哲学，了解什么是哲学。 　　哲学是"爱智"之学，哲学告诉我们"熟知非真知"，要开展反思和批判，哲学如同普照大地的阳光，它照亮了人类的生活世界，使得人类生活显现出意义的"灵光"。	1.帮助学生梳理本节的核心内容。

教学活动	设计意图
哲学是一种深邃的内省智慧，它超越了对事物的表面观察，深入到对知识本身的洞察——即对认知的认知。它要求我们进行深刻的思考和深入的体验，以揭示思想的内在本质。哲学智慧的精髓不在于教授思维技巧，而在于唤醒我们对思维本质的自觉，引导我们掌握思想的逻辑流程，进而获得对真理的深刻理解。 　　掌握哲学智慧是一个全面的过程，它要求我们运用理性进行审慎的思考和明智的判断，同时也需要我们投入真挚的情感和汲取丰富的生活经验。正如一句格言对老人和孩童可能有着不同的启示，哲学的深度和广度也随着个体的经历和感悟而变化。 　　哲学不应被简化为一系列知识性的结论或概念。仅仅记忆或复述哲学知识，就像动物听到音乐却无法领略其内涵一样，我们可能会捕捉到各种声音，却未能触及音乐的灵魂。真正的哲学就像真正的音乐，能够触动我们的心灵，激发我们的思维，引发深层次的思考和反思。 　　在哲学的广阔海洋中航行，能够激发我们对理论的热爱，拓展我们的视野，挑战我们的思维习惯，并提升我们的理论洞察力。哲学是一种不断探索和成长的旅程，它鼓励我们超越表面的知识，深入探索思想的深处，以达到更高层次的认识和理解。	2. 帮助学生确定本节的学习重点和知识。

环节六：课后作业、预习任务、推荐阅读

教学活动	设计意图
【课后思考】线上平台提交作业 　　1. 如今，天文学家研究星体，物理学家研究亚原子微粒，精神科医生研究健康人格的本质，神经生理心理学家研究人格的生理与心理间的关系。还留下了什么给哲学家做？过去几百年中，哲学是否在不断失去阵地？ 　　2. 你很清楚自己期待从英语、物理学、历史学或者商业管理中学到什么，那么你期待从哲学学习中获得什么呢？你如何辨别从哲学中学到的是不是你期待得到的？ 【推荐阅读】 	1. 帮助学生通过具体问题反思教学内容，学以致用，掌握知识点。 　　2. 帮助学生继续思考本节内容，扩展课后研究兴趣。

📖 八、板书设计

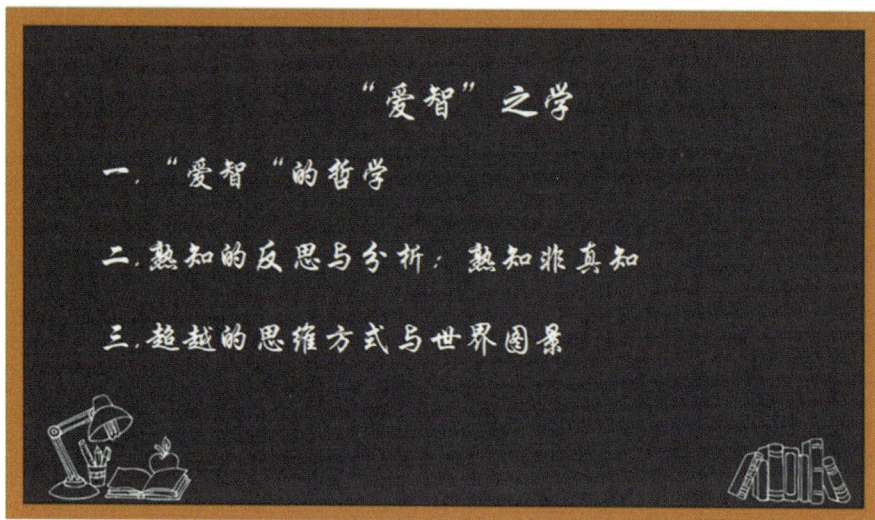

❓ 九、教学设计反思

本节内容属于《哲学导论》课程的开篇内容，本节教学设计通过内容的重组、启发式教学方法及多样化的教学活动，努力让学生对哲学有初步了解，并且逐步进入到哲学的视域，理解哲学的思维方式，以达成本节的知识目标、能力目标和素养目标。总的来说，在以下方面还可进行进一步的探索和提升：

（1）教学内容上还可进一步深入挖掘，多进行"两性一度"内容的探究学习和深化。例如，可以更加注重对哲学原著的深入解读，通过文本分析，让学生更贴近哲学家的思维方式和世界图景，直接接触哲学家的原始思想，这不仅能够增强学生对哲学概念的理解，体会哲学的深刻内涵，还能培养他们的批判性思维能力。开启多元哲学视角，兼顾马克思主义哲学、中国哲学和西方哲学的认识，让学生在比较中学习，理解不同文化背景下的哲学思想和世界观，从而拓宽他们的哲学视野。

（2）线上线下融合可更加多样，结合线上课程资源，为学生提供更丰富的学习材料和互动平台，使学习不局限于课堂，而是延伸到课外，增强学习的灵活性和自主性，实现课前、课中和课后的全空间拓展和贯通。

（3）在教学方法上，还可增加学生的自主学习时间，鼓励学生主动探索和思考，提高他们的学习主动性。通过设计问题驱动的教学活动，激发学生对哲学问题的探究兴趣和好奇心，引导他们进行深入的哲学思考。促进互动方式的多样化，在课堂上增加师生互动和学生互动的机会，如角色扮演、辩论等，使课堂更加生动有效。

（4）在教学评价上，采用师生评价、学生评价等多种评价方式，全面了解学生学习情况，及时给予反馈和指导。在课程中也可以适当设置测试，以检查学生对知识的掌握情况，根据评价结果，及时调整教学策略，不断优化教学内容和方法，以适应学生的学习需求，提高教学效果。

02　哲学与哲学观

章节名称：第一章 导论　第三节 哲学与哲学观

计划学时：45 分钟

一、教学内容分析

【主要内容】

1. 哲学观与哲学理论

2. 当代哲学观概览

3. 哲学与人类把握世界的基本方式

【地位作用】

追问和回答"哲学究竟是什么"，这不仅是哲学家们关注的首要问题，也是决定他们的哲学能否成为一种独特的哲学理论的首要问题，还是决定他们的哲学具有何种程度的合理性的首要问题。因此，了解这些多姿多彩的哲学理论，是人类对自身的追问、对世界的求索以及人类对自身与世界的相互关系的成果的追寻，是进一步开展哲学反思的理论基础。

二、学情分析

已有知识分析。本节内容属于哲学的基本知识内容，通过前一章的理论铺垫，学生对哲学有了初步的了解和印象，在同步课程《中国哲学史》和《西方哲学史》的初步学习中接触了哲学观，但并不理解哲学家们如何思考哲学问题、什么样的问题属于哲学问题、哲学家们形成了哪些重要的哲学理念和哲学观，对哲学所呈现的世界图景、思维方式和价值规范的价值与意义的了解尚不深入。

　　认知能力分析。经前期学习，学生初步具备哲学思维能力和认知能力，具有一定的好奇心和探索欲，但哲学的反思性批判性思维能力不强，对哲学家如何思考哲学问题、什么样的问题属于哲学问题理解不够深入，哲学的反思意识和问题意识不敏感，运用哲学来关注时代、关注现实的能力需要提升。

　　学习需求分析。（1）为深化专业的哲学学习，学生想要了解在哲学史上到底有哪些主流的、经典的哲学观，形成哲学思维能力和问题意识。（2）为进一步了解什么是哲学，学生通过学习想要了解哲学家们是如何思考和认识我们的世界的，形成哲学反思意识和思辨精神。

◎ 三、教学目标

【知识目标】

　　1. 学生能够理解哲学观与哲学理论的基本关系；

　　2. 学生能够掌握当代具有代表性的哲学观；

　　3. 学生能够区分哲学与其他几种不同的思想把握世界的基本方式。

【能力目标】

　　1. 会运用哲学与人类把握世界的基本方式；

　　2. 会对典型的哲学观理念进行反思和批判；

　　3. 会联系现实、联系时代对经典哲学观及哲学理念进行思辨。

【情感态度与价值观】

　　1. 哲学观和哲学理念是具有时代性、民族性的，是百花齐放的，丰富的哲学观与哲学理念不仅会使我们了解哲学的意蕴，更重要的是使我们自己体会到什么是哲学思考，获得哲学的"爱智之忱"和哲学的辩证智慧。

　　2. 现代中国哲学以融会中西哲学、贯通新旧文化为底色，以传播和应用马克思主义哲学为主流，开展中华优秀传统文化的创新性转化和创造性发展，致力于改造社会与人生。

　　3. 要结合时代发展和民族复兴的现实需要，在马克思主义哲学的立场、观点和方法下，中西融通、古今汇通，建立具有中国风格、中国态度，能传播中国话语，讲述中国故事的哲学体系。

四、教学重点、难点、创新点及解决措施

【教学重点及解决措施】

1. 学生理解哲学观与哲学理念之间的关系；

2. 学生能探究当代的典型的具有代表性意义的哲学观；

3. 学生能掌握人类认识世界的基本方式及各方式之间的特征差异。

主要通过案例讲授、快问快答课堂游戏、小组活动和讨论等措施帮助同学们分析探究，在问题引导中推动学生开展探究性活动，形成自己的理论思路。

【教学难点及解决措施】

1. 梳理关于当代典型的代表性的哲学观的基本要义及理论视角；

2. 理解哲学与其他例如神话、宗教、艺术等认识世界的基本方式之间的差异。

"讲学练"相结合：采用提问、讲解、反思和练习的方式，使学生掌握各哲学观的逻辑起点、理论根据、基本内容及对其的反思审视。

【教学创新点及解决措施】

本堂课的创新点包括：通过重组教学内容，对日常生活中习以为常未经审视的有关问题开展哲学反思，理解什么是哲学问题，哲学家们如何思考、从何视角思哲学。

在不同于常识的哲学思维体操训练之下，使得学生能知其然并知其所以然，理解哲学的思维指向和把握世界的方式，区分哲学与常识、与科学的不同的把握世界的方式。

五、教学策略

【思维导图】

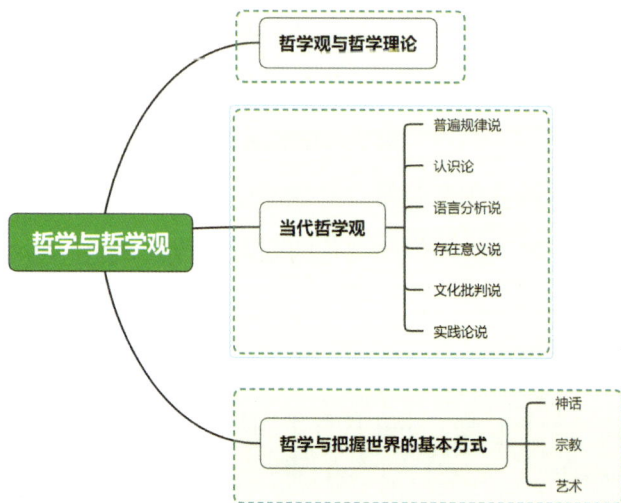

【教学模式及方法】

1. 启发式教学法：通过男女生性别差异等有关问题进行导入，启发学生思考审视问题。

2. 讨论教学法：通过问题设定，小组开展讨论，开展探究性学习。

3. 理论讲授法：对哲学史上经典的哲学观进行分析讲解，引导学生掌握各种不同哲学观的基本要义，掌握其哲学观何以产生、有何内容等。

【教学内容重组与加工】

以"三八女神节"对性别界限的思考为例，让同学们理解和掌握哲学思维方式；通过对经典哲学问题、案例的设置，来理解和把握哲学观所呈现的概念体系和世界图景。

【教学资源与技术手段】

建设多样化、多维度的教学资源，通过科研教学融合，双向赋能推动思想卓越；线上线下融合，多维互促拓展学习空间。具体使用的资源如下：

1. 线上资源库：（1）智慧树自建在线课程《哲学导论》，https：//coursehome.zhihuishu.com/courseHome/1000105558#teachTeam，由黄大年式教师团队主讲。（2）超星学习通。在学习通上上传有关学习资料，进行课前、课中、课后测试，推荐有关线上资源阅读学习。

2. 思政素材库：包括习近平新时代中国特色社会主义哲学思想的哲学基础，中华优秀传统文化的创新性转换和创造性发展，马、中、西哲学的对话交流融合、中国哲学的返本开新，马克思主义哲学中国化时代化等专题。

3. 思辨素材库：根据不同主题、不同章节、不同内容整合了思辨资源，用于在教学中开展哲学思辨，培养学生的反思性、批判性思维。本节所用的思辨素材有：（1）男女究竟有何差异？（2）什么是最真实的？

4. 科研成果库：收集学科学界有关经典研究、最新最前沿的研究成果，用于学生的课前阅读、课后拓展，在本节中使用到了有关文献：

［1］曹典顺，邱玉婷．哲学范式建设视阈中的中国学派建设自觉［J］．当代中国马克思主义哲学研究，2023（00）：1-22.

［2］强乃社．中国马克思主义实践哲学研究的规律论和规范论路径［J］．河北学刊，2024，44（03）：23-34.

［3］靳晓燕．重读马克思，展示马克思哲学的当代价值［N］．光明日报，2024-

04-11（011）.

［4］陈波.哲学的目标——追求真理［J］.社会科学战线，2023（09）：12-26.

［5］张颖天.汉语哲学的价值内涵与时代任务［N］.光明日报，2023-07-24（015）.

［6］安维复，陈敏.中西技术哲学新态势比较及其启示——基于期刊文献的考察［J］.自然辩证法研究，2023，39（06）：3-10.

5.习近平系列讲话数据库：推进习近平新时代中国特色社会主义思想进教材、进课堂、进头脑，带领学生深入解析习近平在哲学社会科学工作座谈会上的讲话。

【教学信息收集与处理】

首先通过视频观看引导学生思考和审视日常生活中的问题，了解学生思考问题时是否掌握了何为哲学问题。其次，通过教学现场的课堂讨论反馈掌握情况，通过互动游戏和探究，一起讨论目前所掌握和了解的哲学观，全面了解哲学家们的思维方式和哲学观点，并通过熟知的影视剧，分析了解哲学与其他把握世界不同方式的差异。最后，开展课后习题和测验，精选相关书籍介绍给学生，引导学生通过研读课外书籍来拓展自己的知识深度与广度，培养研究性学习习惯来培养哲学思维。

【教学参与的切入】

本堂课在面向学生主体进行教学过程中，通过激发学生探究不言自明的熟知观点，师生共同分析和反思。教师通过案例分析，启发学生进行概括和总结，剖析哲学观与哲学理念的特征和关系，帮助学生构建哲学的思维方式和理解方式。在进行哲学思辨时，充分调动学生积极性，设置探究活动吸引学生的兴趣，参与课堂，在思维体操式训练中让学生理解不同的哲学观，体会哲学是一种反思的智慧、批判的智慧、变革的智慧。

▽ 六、课前探究

本小节属于导论章节中的内容，主要讲授哲学观与哲学理论、当代哲学观概览以及哲学与人类把握世界的基本方式。课前已在微助教上安排了预习任务及有关思考题：

1.了解或者熟悉哪个哲学家，其主要观点是什么；

2.古今中外的哲学家为何如此思考问题，其思考的逻辑起点是什么。

🌐 七、教学过程

以男女性别差异问题引入

知识讲授（10min）
哲学观与哲学理论（4min）
当代的哲学观（4min）
人类把握世界的基本方式（2min）

课程导入（5min）

课程讲授

课程结语（3min）

课后作业推荐阅读（2min）

课堂互动（25min）
视频讨论：男女性别的差异何在？（2min）
提问互动：按真实度对对象进行排序（5min）
　　　　　列举熟悉的哲学观（5min）
探究活动：人类把握世界的基本方式有哪些？（5min）
师生互动：（4min）
生生互动：（4min）

环节一：课程导入

教学活动	设计意图
"哲学究竟是什么"这是哲学的最引人入胜而又最令人困惑的问题，也是古往今来的哲学家最感兴趣而又最为头痛的问题，在前面一章中我们已经有了初步的接触。今天我们进一步来了解古往今来的哲学家们是如何思考问题的，有哪些哲学理念，又形成了哪些哲学观。 　　【视频导入】"性别不是边界线，偏见才是"https：//www.bilibili.com/video/av289493097/ 	1.通过"三八女神节"引出对性别的哲学思考，促进学生对日常问题的哲学反思和探索，掌握哲学的思维方式。

教学活动	设计意图
【探究一：提问互动】看完视频，请问带给大家何种思考？ 【学生回答】学生自由讨论并回答。 【教师解读】肯定同学们把握准确的地方，同时作为一种现场诊断，了解和把握同学们的哲学反思能力。 　　很多看似普通的日常的问题，都可以视为哲学的研究领域。这类问题可能会关涉女性与男性的生理差异、社会角色的差异、社会分工的问题，尤其也关涉现今的女性就业、放开三胎生育政策等现实问题。作为关注人类自身存在和发展的哲学，对于女性地位的关注和讨论，是重要的哲学问题。 　　哲学关注女性在社会分工中的地位、关注女性在家庭中的伦理诉求，关注女性自身的存在与发展。我们不禁会思考：哲学不是宗教，为什么它也给予人以信仰？哲学不是艺术，为什么它也赋予人以美感？哲学不是科学，为什么它也启迪人以真理？哲学不是道德，为什么它也劝导人以向善？难道哲学什么都是又什么都不是吗？ 　　黑格尔曾经十分感慨地说："哲学有一个显著的特点，与别的科学比较起来，也可以说是一个缺点，就是我们对于它的本质，对于它应该完成和能够完成的任务，有许多大不相同的看法。"那么，我们就从哲学与哲学观入手，来了解古今中外的哲学家们如何看待世界、如何看待我们人与世界的关系，开始我们的艰苦而又愉快的哲学思想遨游。	2.通过提问和讨论，让学生思考哲学的功能和作用，逐步探索和形成哲学观。

环节二：哲学观与哲学理念

教学活动	设计意图
每个真正的哲学家，都把"哲学观"作为自己的哲学思考的首要问题，并以自己的哲学观去创建自己的哲学理论，由此便形成了哲学史上多姿多彩的哲学理论。正是这些多姿多彩的哲学理论，表现和推进了人类对自身的追问，表现和推进了人类对世界的求索，表现和推进了人类对自身与世界的相互关系的理解，历史地变革了人们的世界图景、思维方式、价值观念、审美意识和终极关怀，从而塑造和引导了新的时代精神。 【探究二：游戏互动之快问快答】请说出一个自己熟知的哲学家，并写出他最经典的一句话，阐述他的哲学思想。 【学生回答】学生在学习通提交答案。 【教师解读】不论是孔子、老子、朱熹、柏拉图、苏格拉底、亚里士多德，还是黑格尔、马克思、海德格尔，古今中外的哲学观或"哲学理念"是多种多样的；而且这些各种各样的哲学观或"哲学理念"，都形成于哲学的人类性、民族性、时代性和个体性的统一之中。任何一种哲学观或"哲学理念"都是哲学家以时代性的内容、民族性的形式和个体性的风格，探索人类性问题的某种"聚焦点"上形成的。 【探究三：案例分析】 　　同学们，有以下几种事物，希望你对其进行一个排序：	1.讲授哲学观与哲学理论之间的关系，在对哲学的初步印象中了解哲学与世界图景、思维方式、价值观念、审美意识之间的关系。

续表

教学活动	设计意图
第一类：桌子、椅子、正在上课的老师 第二类：原子、电子、基因 第三类：心灵、灵魂、信念 第四类：权力、正义、国家 第五类：点、数字、圆周率这类抽象的对象 第六类："清朝的康熙皇帝" 第七类：离我们50亿光年远的星球 对于以上这七类对象，请你按照真实度从高到低进行排序。 【学生回答】在学习通投票，形成柱状分析图。 【教师解答】 　　大部分人一般倾向于认为的"实在"，就是那些相对于我们感官来说最真实、最显然和最清晰的东西。但有时对于感官来说视网膜上的成像未必就是完全真实，我们也常说"横看成岭侧成峰"。科学家告诉我们，椅子是不可见的粒子——属于各种排列中的原子和分子以及高速旋转的电子等组成的，而有的哲学家会说，那种相对于你的感官如此明显和清晰的东西其实并不是椅子本身，而是你的感觉。也正是在这样的认识中，哲学也形成了唯理论、经验论等不同的哲学观或"哲学理念"。 　　所以，通过刚才的案例我们可以发现： 　　（一）哲学观点或"哲学理念"并非单一不变，而是多元化的。人们对于哲学的不同见解自然会导致多样的哲学观点或"哲学理念"的形成，并通过这些观点之间的相互批判来推动哲学的进步。 　　（二）哲学观点或"哲学理念"并非随意形成，每一种观点或理念都蕴含着人类、时代和民族的特点，它们在人类历史进程中不断演变，进而影响和改变人类的世界观、历史观和人生观。 　　（三）哲学理论的重大或根本性变革，通常表现为哲学观点的转变和"哲学理念"的更新。因此，我们应从哲学观点或"哲学理念"的变革角度出发，来审视和评价不同的哲学理论，并以此来理解哲学发展的历程。 　　在哲学的演进历程中，哲学家们的观点经历了多次具有里程碑意义的变革。这些变革以古希腊哲学、西方近代哲学、马克思主义哲学和现代西方哲学为代表。 　　亚里士多德把哲学定义为"寻求最高原因的基本原理"，黑格尔把自亚里士多德以来的全部哲学观点归结为这样一句话"真理的王国是哲学最熟悉的领域，也是哲学所缔造的，通过哲学的研究，我们是可以分享的"。恩格斯则总结"全部哲学，特别是近代哲学的重大的基本问题，是思维和存在的关系问题"。马克思则在《关于费尔巴哈的提纲》中第一次提出"人的思维是否具有客观的真理性，这并不是一个理论的问题，而是一个实践的问题"。"哲学家们只是用不同的方式解释世界，而问题在于改变世界"。到了20世纪，西方现代哲学在对哲学的多元解读中，催生了"分析哲学"运动和"解释学"	2.通过提问的方式，启发学生进行思考，对哲学观和哲学理念的特征以及历史发展在探究中有更深入的理解。 【课程思政】 　　哲学观和哲学理念是具有时代性、民族性的，是百花齐放的，丰富的哲学观与哲学理念不仅会使我们了解哲学的意蕴，更重要的是会使我们自己体会到什么是哲学思考，获得哲学的"爱智之忱"和哲学的辩证智慧。

教学活动	设计意图
理论。这些理论促成了"科学主义"与"人本主义"的对立与融合。同时，在对现代化的深入反思中，一种被称为后现代主义的哲学思潮开始兴起。 亚里士多德　　黑格尔　　恩格斯　　马克思	

环节三：课程讲授当代哲学观

教学活动	设计意图
以追问和回答"哲学究竟是什么"为标志的"哲学观"问题，不是哲学中的"一个问题"，而是全部哲学的根本问题，是决定如何理解和解释其他哲学问题的根本问题。或者说，人们对哲学的其他所有问题的理解与解释，都取决于对"哲学究竟是什么"这个哲学观问题的回答。 　　【探究四：分组讨论】 　　大家现在也正在学习西方哲学史和中国哲学史，目前你了解哪些哲学观？请每组说出一种并进行评价和反思。 　　【教师解读】 　　肯定同学们把握准确的地方，同时作为一种现场诊断，把同学们疏漏的哲学观知识进行补充、并做出总结。 　　总的来说，结合哲学史，我们大致可以概括出以下几种代表性的哲学观： 　　一是普遍规律说。人类在面对这个多样化和不断变化的世界时，总是努力在最深层次上理解其内在一致性，并利用这种一致性来解释世界的各种现象及相关知识体系。从古希腊哲学追求探求"最高原因的基本原理"到德国古典哲学致力于寻找"所有知识的基础"并构建"所有科学的逻辑框架"，其核心都是探索普遍规律。美国当代科学哲学家瓦托夫斯基进一步指出，追求普遍规律的驱动力在于"都是企图把各种事物综合成一个整体，提供出一种统一的图景或框架"。 泰勒斯提出"世界的本原是什么"　　中国哲学之"五行"	1.通过提问的方式，启发学生们思考和探究经典的哲学理论，开展哲学反思和批判，加深学生对这部分知识的理解与掌握。 　　2.理论讲授当代具有代表性的哲学观，主要包括普遍规律说、认识论说、语言分析说、文化存在说、文化批判说等。

续表

教学活动	设计意图
二是认识论说。西方哲学的演进可分为古代本体论、近代认识论和现代语言哲学三个主要阶段，近代哲学的变革被特别称为"认识论转向"。这一转向意味着哲学家们首先探究世界的本质，接着审视我们如何认识这个世界，最终关注语言作为表达这些认识的媒介工具。恩格斯在《路德维希·费尔巴哈和德国古典哲学的终结》中对这种认识论的基本观念进行了深刻的阐释，并强调"哲学，尤其是近代哲学的核心问题，是思维与存在的关系"。列宁在《哲学笔记》中进一步明确指出，辩证法，即黑格尔和马克思主义的认识论，正是针对这一核心问题的关键视角。 三是语言分析说。语言分析是现代西方哲学的一个重要分支，它起源于哲学的"认识论转向"，进而发展为"语言转向"。这一转向的核心在于认识到语言在人类认知体系中的关键作用。人类依赖语言来理解、表达自己的认识，并通过语言来阐释对世界及自身认识的理解。因此，尽管"语言转向"看似是一种回归，但它实际上促进了哲学对自身认知的进一步深化。 四是文化存在说。探索存在的意义，类似于古希腊哲学中的格言"认识你自己"。在现代哲学的"语言转向"中，对存在意义的探讨主要体现在对语言的人文主义解读上。语言不仅是人类的一种工具，更是人类存在的一种方式；人是历史文化的产物，而历史和语言是紧密相连的。存在主义哲学认为，人的存在具有独特性，即人的存在是"存在先于本质"的，这与其他所有存在形式不同，后者是"本质先于存在"。这意味着，除了人之外的所有存在，它们的本质已经预先决定了它们将会成为什么样的存在（例如，种瓜得瓜、种豆得豆）；而人则不同，人不断地超越自己过去的状态，通过自己的行动来塑造自己的本性，比如哪吒的"我命由我不由天"。 五是文化批判说。"批判"不仅是人类特有的活动方式，也是哲学的根本特征之一。哲学通过理论形式集中体现了人类的批判本能，它让人们在肯定现存事物的同时，也包含对其否定的理解。这种理解认为每一种既成形式都是动态的、暂时的。因此，辩证哲学本质上是批判性和革命性的。法兰克福学派的代表人物霍克海默认为，哲学的真正社会功能在于对流行观念的批判。这种批判的主要目的是防止人们在现存社会组织中逐渐丧失方向感，被	【课程思政】 在近代哲学观的学习中可以了解到，哲学观或哲学理念的论争，愈益显著地成为现代中国哲学的突出的重要问题。"五四"以来，马克思主义哲学传播于中国，西方哲学思潮流行于学界，中国传统哲学在时代的巨变中而被重新阐扬。

教学活动	设计意图
 电影《哪吒之魔童降世》 灌输的观点和行为所迷失。批判的目的是让人们认识到自己行为与结果之间的联系，看到个人存在与社会生活之间的联系，以及日常行为与所认同的伟大思想之间的联系。这有助于"防止人类对社会的有价值的、和平和幸福的倾向丧失信心"。 　 马尔库塞　　　　　《单向度的人》 　　六是实践观。实践观是马克思主义哲学的核心，它与现代西方哲学的"语言转向"形成鲜明对比。马克思强调，应以"实践"的视角来理解所有的哲学问题。在《关于费尔巴哈的提纲》中，他批评了旧唯物主义仅从客体或直观的角度来理解事物，忽视了人的感性活动和实践的重要性。同时，他也指出唯心主义虽然强调了人的能动性，但同样没有真正理解"现实的、感性的活动本身"。马克思认为，无论是旧唯物主义还是唯心主义，它们都没有从"实践"的角度去深入探讨"思维和存在的关系"。	【课程思政】 　　综观现代中国哲学，可概括为以融会中西哲学、贯通新旧文化为底色，以传播和应用马克思主义哲学为主流，以引进和品评西方哲学、重释和阐扬中国传统哲学、介绍和发展马克思主义哲学为基本内容，以哲学为武器而改造社会与人生为目的的总体性特征。

环节四：课程讲授哲学与人类把握世界的基本方式

教学活动	设计意图
人与世界的现实关系是极其丰富的，这既是因为世界具有无限的丰富性，也是因为人类具有把握世界的各种基本方式。 　　【探究五：探究互动】有一部非常火爆的电视剧《三生三世十里桃花》，艺术来源于生活又高于生活，从这个作品中你可以看出人类把握世界的基本方式有哪些吗？	1.通过学生感兴趣的案例开展探究，了解除哲学之外的人类掌握世界的基本方式。

教学活动	设计意图
【教师解读】 肯定同学们把握准确的地方，同时作为一种现场诊断，把同学们疏漏的知识进行补充、并做出总结。 这是一部玄幻剧，把世界"幻化"，剧中上神、狐族等都是一种神话把握世界的方式。其次，三生三世是说前世、今生和来世，在日常中熟知的"三生石"，也有深刻的宗教意味。再有，电视剧本身就是一种艺术形式，不论是情节、场景、人物命运等的展现都是一种艺术的把握方式。 通过探究会发现，以人类的实践活动为基础的人类把握世界的基本方式主要包括：神话、宗教、艺术、科学、哲学等等，因此也构成了人的"神话世界""常识世界""宗教世界""艺术世界""科学世界"等。因此在对各种哲学观的当代阐释中，需要我们具体地探讨哲学与人类把握世界的其他基本方式的相互关系。 一是"神话"。神话是一种通过"幻化"手法来理解人与世界的方式。它不仅将人类行为与宇宙事件联系起来，还用人类行为来解释宇宙现象，构建了一个充满神话色彩的世界观。在这种视角下，自然现象如风调雨顺或旱涝灾害，晴朗或雷电，都被解读为神灵的恩赐或惩罚，宇宙事件被拟人化，带有情感和意志的色彩。神话反映了人类对深层意义的追求。面对浩瀚的宇宙，人类不愿接受自己只是短暂的存在，更不愿接受自己最终无声无息地终结。因此，神话赋予了生命活动以宇宙事件的深远意义，生命的消逝也被看作是灵魂转移和再生的开始，从而为人类的存在赋予了更深远的意义。 盘古开天　　　　　　雷公电母 二是"宗教"。宗教通过神圣的象征赋予人类存在以"神圣"的内涵。在宗教信仰中，神圣形象将各种力量汇聚为至高无上的力量，将各种智慧汇	2. 通过互动探究和理论讲授神话、宗教和艺术等其他把握世界的基本方式，进而了解其与哲学的差异和关系。

续表

教学活动	设计意图
聚为洞察一切的智慧，将各种情感升华为至高无上的情感，将各种价值观统一为至善至美的价值。因此，宗教中的神圣形象成为力量的源泉、智慧的基础、情感的准则和价值的尺度。人们从这些超然的神圣形象中汲取存在的根本意义。人类创造宗教，是为了在其中找到存在的意义。然而，这恰恰揭示了人类存在的悖论：生活的意义依赖于宗教的神圣性，这似乎意味着人们将自己的本质力量投射给了宗教的神圣形象，表现出一种自我异化，暗示着人们尚未找到自我或再次失去了自我意识；如果消解宗教的神圣意义，生活本身似乎就失去了神圣的内涵，失去了最高的指导、评判标准和尺度，生活变得无序和迷茫。 　　三是"艺术"。艺术是人们感知和理解世界的一种独特方式，它构建了一个充满艺术性的意义世界。在这个艺术的世界里，我们的感受变得更加强烈，生命的色彩也更加丰富，形成了一个"审美"的领域。艺术帮助我们条理化个人的感受，调整并提升我们的情感体验。它还使我们的情感具体化、清晰化，让我们在想象的世界中体验到真实的感觉。艺术本身并没有创造物质媒介如画布、颜料、肉体、声音、语言或文字，但它通过这些媒介创造出美的线条和色彩，和谐的舞姿和韵律以及形象和意境。艺术不仅创造了美的形式，还创造了一个艺术意义的世界，将宗教神圣形象的情感意义转化为艺术世界的审美价值。	【课程思政】 　　我们要结合时代发展和民族复兴的现实需要，在马克思主义哲学的立场、观点和方法下，融合中国传统哲学，吸收西方进步理念，建立具有中国风格、中国态度，能传播中国话语，讲述中国故事的哲学体系。

环节五：课程总结

教学活动	设计意图
通过对本节的认识和了解，我们可以发现，现代哲学中的各种各样的哲学观，从根本上说，都是以自己的独特理解去阐释哲学对人类的生存与发展的特殊价值。哲学观念的深度合理性和解释力，主要体现在其对人类存在方式和人类与世界关系的深刻理解上。例如，马克思的实践论哲学因其深刻揭示了人类的特殊存在方式和与世界的特殊关系，而被认为具有高度的合理性和解释力。 　　人类与世界的现实关系复杂而丰富，这不仅因为世界本身具有无限的多样性，还因为人类通过多种基本方式来理解和把握世界。这些方式，如神话、常识、宗教、艺术、科学和哲学，都基于人类的实践活动。因此，在对哲学的理解和当代哲学观念的阐释中，重要的是具体分析哲学与其他认识世界的基本方式如何相互作用和相互影响。	1. 帮助学生梳理本节的核心内容。 　　2. 帮助学生确定本节的学习重点和知识。

环节六：课后作业、预习任务、推荐阅读

教学活动	设计意图
【课后作业】 　　1. 中国哲学、西方哲学和马克思主义哲学有何共通和差异？	

续表

教学活动	设计意图
2. 我们在哲学专业学习中如何打通中国哲学、西方哲学和马克思主义哲学？ 3. 你认为我们该如何构建具有中国特色的哲学社会科学话语体系？怎样凸显我们的中国风格和中国气派？ 【推荐阅读】	1. 帮助学生通过具体问题反思教学内容，真正学以致用，掌握知识点。 2. 帮助学生继续思考本节内容，扩展课后的研究兴趣。

八、板书设计

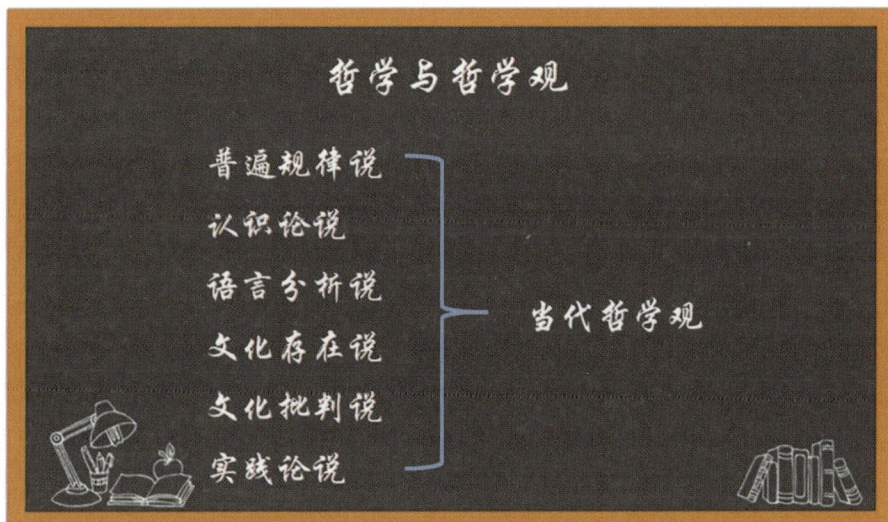

九、教学设计反思

在教学内容上，还可以进一步深化对哲学与其他把握世界的基本方式的差异和特征的理解，尤其是它们之间的相通性。这不仅有助于学生充分掌握人类在认识世界中为什么会形成这些不同的方式，知其然并知其所以然，而且能够深入探讨各方式之间的思维方式、世界图景和价值规范有何根本性的异同。通过这样的教学，学生可以初步达成对哲学的认知和理解的目标，从而更好地把握哲学的本质和价值。其次，对哲学观的探讨可以通过提前布置文本解读，让学生在原著研读中真正走进不同哲学家、不同哲学流派不同维度的思考方式。这不仅包括马克思主义哲学，也包括中国传统哲学和西方哲学的典型代表，通过比较和分析，学生可以更好地理解不同哲学流派的异同，实现中西哲学的融通和古今哲学的汇通。

在教学方法方面，我们可以设置更具探究性的问题和互动方式，让老师充当知识的"助产士"，引导学生主动思考和探究。例如，可以设计一些开放性的问题，让学生在小组讨论中提出自己的观点，并在课堂上进行分享和辩论。这样的教学方式可以激发学生的思考，培养他们的批判性思维和创新能力。同时，我们还可以利用现代教育技术，如在线讨论平台、虚拟现实等，为学生提供更丰富的学习资源和更多样化的学习体验。

通过这些技术，学生可以更直观地理解哲学概念，更深入地探讨哲学问题。在课程思政资源上，还可以进行进一步的挖掘和深入。例如，中华优秀传统文化的创新性转换和创造性发展如何进行融合探讨，马克思主义哲学的中国化时代化如何进一步推进等等，都可在教学中进行融入和设计。通过这样的教学，可以增进学生的理论自信、文化自信，培养他们成为具有国际视野和民族自豪感的现代公民。

03 哲学与常识

> 章节名称：第二章 哲学的视域　第一节 哲学与常识
>
> 计划学时：45 分钟

一、教学内容分析

【主要内容】

1. 常识与经验的世界图景

2. 常识与形而上学的思维方式

3. 哲学对常识的超越

【地位作用】

在哲学思考中，需要进行思维的跃迁，需要跳脱出常识的思维层面。常识是人类把握世界的各种方式中最基本和最普遍的方式，是其他的各种方式得以形成和发展的基础，人们也常习惯于以常识方式去理解和解释哲学。因此，区分哲学与常识的思维方式是哲学专业学习的一个重要基础和前提。

二、学情分析

已有知识分析：（1）在知识背景上，学生可能已经接触过一些基本的哲学概念，如唯物主义和唯心主义，但对于哲学的深层次问题和哲学与常识的关系可能了解不多。（2）学生可能对哲学有一种既定印象，认为哲学是深奥难懂的，这可能会影响他们的学习兴趣和参与度。

能力状态分析：（1）由于缺乏系统的哲学训练，大部分学生对于哲学的抽象概念和理论可能存在理解上的困难。（2）学生可能习惯于具体的、经验性的知识学习，对于哲学的思辨性和批判性思维可能不太适应。（3）学生可能对哲学持有好奇和探索的心态，但也可能存在畏难情绪，尤其是在面对哲学的复杂性和抽象性时，学生可能期待通过哲学课程来提升自己的思维能力和解决实际问题的能力。

情感态度分析：（1）学生可能对哲学与日常生活的联系感兴趣，例如哲学如何帮助我们理解世界和指导行为。（2）学生可能对哲学史上的重要思想家和流派感兴趣，尤其是那些对现代社会有深远影响的思想。（3）对本节内容的理解看起来较为容易，但是实质上要进入深刻的哲学反思就会有一定的思维要求，因此理解起来虽然不难，但也容易陷入常识化的泥淖当中，学生的求真向善的精神和哲学追根溯源的思辨精神需要不断加强。

三、教学目标

【知识目标】

1. 能够对日常中凝固的、经验性的常识进行反思；

2. 理解哲学与常识之间的差异，进一步深化理解哲学；

3. 开展对形而上学的思维方式进行审视和批判。

【能力目标】

1. 学生能够构建哲学的概念系统、思维方式和世界图景；

2. 能够形成对常识思维方式进行反思和批判的能力；

3. 能够实现对常识思维的超越，提升哲学思考能力。

【情感态度与价值观】

1. 常识是人类把握世界的最基本的方式，对人类的存在和发展具有最重要的生存价值，但我们对于常识不能盲目接受，随波逐流，需要反复审视，保持思想的独立性。

2. 变常识的世界图景为科学的世界图景，则不仅仅要以科学的知识内容去变革常识的经验内容，更重要的是以科学的思维方式和哲学的思维方式去变革常识的思维方式。要在哲学与常识的思维方式对比中，开展反思，构建科学的概念体系、思维方式和世界图景。

四、教学重点、难点、创新点及解决措施

【教学重点及解决措施】

1. 理解常识的思维特征和思维局限；

2. 掌握形而上学的由来、内涵、思想价值和局限；

3. 树立哲学的思维方式，把握哲学对于常识的超越。

主要通过实验活动探讨、案例讲授、小组活动和讨论等措施帮助同学们开展探究性活动，在苏格拉底式的"反诘法"中推动学生进行哲学思维体操训练。

【教学难点及解决措施】

1. 哲学与常识的差异对比，理解哲学对常识的超越之处；

2. 常识与形而上学的思维方式，掌握常识的思维价值和局限。

"讲、学、练"相结合：采用提问、讲解、反思和练习的方式，使学生深入掌握常识与哲学在思维方式、世界图景和价值规范等方面的差异。

【教学创新点及解决措施】

本堂课的创新点包括：通过形而上的问题带动对形而下的探讨，重组教学内容，对熟知的有关常识问题开展哲学反思，真正理解"未经审视的人生不值得过"，真正了解哲学作为一门"求真"的学问，相较于常识的超越性和反思性。

围绕如何将哲学的抽象概念与学生的日常生活经验联系起来，使学生能够感受到哲学的实用性和趣味性；如何激发学生的学习兴趣，使他们能够积极参与到哲学问题的探讨中来；如何帮助学生建立起批判性思维，不仅仅是接受知识，而是能够主动思考和质疑。以生动形象的案例和游戏活动激发学生兴趣并开展思维体操训练，使得学生能知其然并知其所以然，掌握哲学的思维体系，构建批判性思维。

五、教学策略

【思维导图】

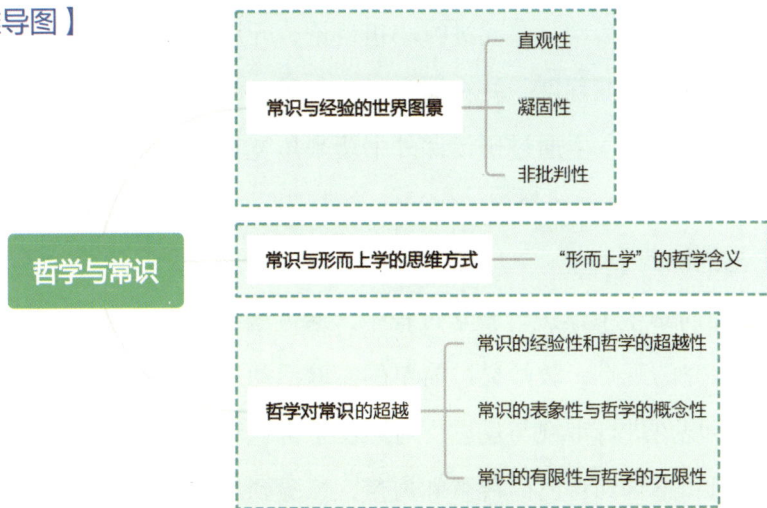

哲学与常识

- 常识与经验的世界图景
  - 直观性
  - 凝固性
  - 非批判性
- 常识与形而上学的思维方式 —— "形而上学"的哲学含义
- 哲学对常识的超越
  - 常识的经验性和哲学的超越性
  - 常识的表象性与哲学的概念性
  - 常识的有限性与哲学的无限性

【教学模式及方法】

1.启发式教学法：通过"人类进化图"导入，启发学生对人类未来的思考，实现常识思维向哲学思维的转换。

2.讨论教学法：通过实验活动、小组讨论、案例分析，开展探究性学习和哲学反思，鼓励学生参与讨论和辩论，通过互动式学习来提高他们的思辨能力和参与度。

3.理论讲授法：分析"常识"特点和局限，引导学生掌握哲学对常识的超越性，使得学生掌握哲学的世界图景、概念框架和价值规范。

【教学内容重组与加工】

从日常生活中习以为常的认识开始，通过小实验导入进行分析，通过"芝诺悖论"等经典案例逐步深化到对于"常识"与"哲学"的思维差异的探讨，引入多媒体教学资源，如视频、图片等，使哲学课堂更加生动和有趣，深刻地领略哲学的深刻性和思想性，理解哲学对常识的超越性。

【教学资源与技术手段】

通过学习通随堂练习、实时监控教学进程与课后反思，建设"在线课程"实现资源共享；结合多媒体教学与传统黑板板书展示多元素教学内容；通过小组讨论、头脑风暴等互动情境激活课堂活力，提高学生的课堂参与度；设置思想实验活动帮助学生对日常中的认识开展反思和批判，进行思维体操式训练；布置课外论文研读、大众哲学调研任务来培养学生研究性学习的习惯。

【教学信息收集与处理】

首先通过课前预习和习题测验了解学生认知水平，通过教学现场的实验活动、案例分析、角色扮演等活动，一起进行小组讨论，开展剖析反思，在课堂讨论中收集对于该学习内容的掌握程度，并在课堂中进行随堂测验。最后，推荐相关的经典书籍介绍给学生，引导学生通过研读课外书籍来拓宽自己的知识深度与广度，培养研究性学习习惯进而增强思辨意识。

【教学参与的切入】

本堂课在面向学生主体进行教学过程中，通过激发学生兴趣的话题引导由分组代表学生分享探究的观点，教师通过简单的实验活动启发学生进一步深化问题，让学生多维度、多视角进行审视与反思，对照反思常识和哲学的思维方式差异。当学生在学习中意识和感觉到自己的智慧和力量，体验到反思和思辨的乐趣，就能与哲学实现思维共振、感情共鸣，在思维体操式训练中让学生体会到个人观点和理论的局限性和漏洞，激发学生学习兴趣。

六、课前探究

本小节属于第一章"哲学的自我理解"模块的章节内容，布置课前大众哲学调研任务，由学生随机采访或者以调查问卷的方式调研非哲学专业的学生或者民众在日常生活中是否思考过哲学问题，思考过哪些自己认为是哲学问题的问题，并形成一篇简单的调研报告。

七、教学过程

以哲学与常识引入

课程导入（5min）→ 课程讲授

知识讲授（10min）
- 常识与经验的世界图景(3min)
- 常识与形而上学的思维方式(3min)
- 哲学对常识的超越(3min)

课程讲授 → 课程结语（3min）→ 课后作业、推荐阅读（2min）

课堂互动（25min）
- 视频讨论:你如何描绘人类的未来生活?(5min)
- 提问互动:我们经常说耳听为虚，眼见为实，在我们生活中已成为了常识。请问眼见一定为实吗?(5min)
- 师生互动:(5min)
- 生生互动:(5min)

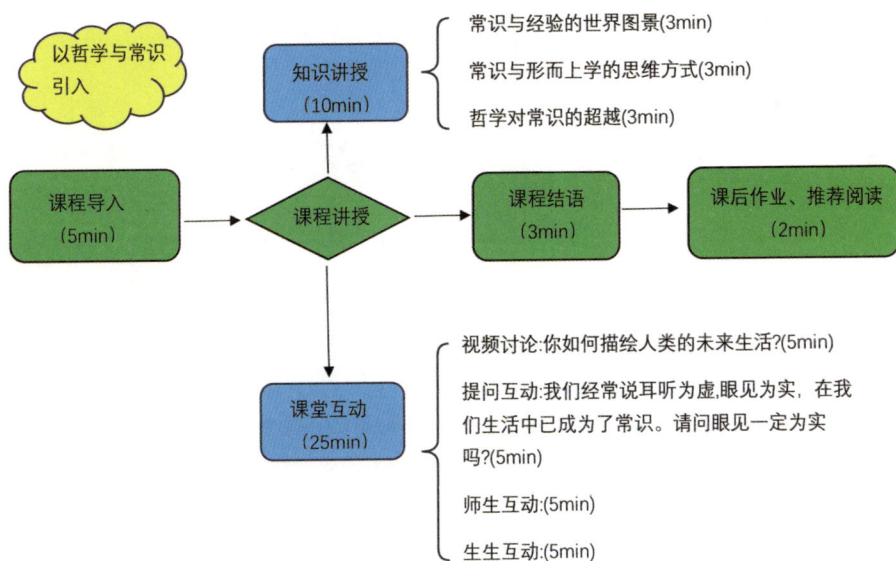

环节一：课程导入

教学活动	设计意图
我们了解和探讨了一些基本的哲学观，也初步了解了人类把握世界的几种基本方式。本节让我们更深层地走近哲学，在哲学与其他思维方式的对比中更深刻地了解哲学，也逐步从走近哲学到走进哲学。 　　【探究一：头脑风暴】这是有人创作的一张人类演变图，如果接下来由你创作，你如何描绘人类的未来生活？	

教学活动	设计意图
 **【学生回答】** 学生小组讨论并回答。 **【教师解读】** 　　人类在漫长的进化发展过程中，制造使用工具，提高生产力，这是人类生产工具发展的历史，也是人类自身发展进化的历史。随着生产力的不断发展，智能时代已到来，很多人会认为接下来人类迎来全面解放的自由时代；但也有不少声音会反思，科学技术的发展到底对人类是一种进化还是退化呢？例如现今的低头时代，碎片化阅读、懒于思考依赖于智能化搜索，对人类的认知和思维能力也产生了巨大影响，我们该如何看待人类的存在和发展？ 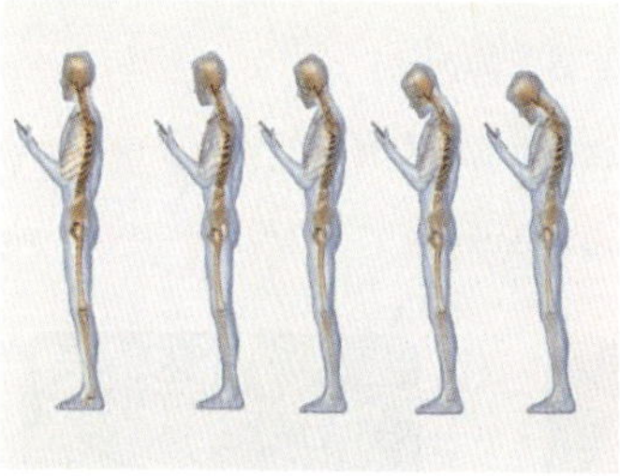  低头时代的低头一族 　　信息时代我们如何看待现代生活？大家发现，我们对很多问题的讨论，可以跳脱出一般的、最基本的、最普遍的思维方式，可以进行更深层次的、更为本质的追寻。在哲学思考中，我们需要进行思维的跃迁，需要跳脱出常识的思维层面。在人类理解世界的多种方式中，常识占据着基础而普遍的地位，它为其他方式的建立和发展奠定了基石。这种倾向在人们用常识去理解哲学时表现得尤为明显，有时会不自觉地将哲学概念简化为日常观念。今天，我们这堂课的目的就是深入探讨哲学与常识的关系，理解它们如何相互影响又相互区别。	1. 通过我们非常熟悉的人类进化图引出大家目前所构建的认知图示，引导从常识的认知向哲学的认知转换。 2. 通过提问和讨论，让学生去思考哲学所构建的世界图景。

环节二：课程讲授常识与经验的世界图景

教学活动	设计意图
我们通常都会说：你有点常识好吗？这属于常识问题等等。常识是普通、平常但又持久、经常起作用的知识，是人类生存的一种重要手段，对人类的生存具有重要价值。我们每个人都在生活中分享常识、体验常识、重复常识和	

续表

教学活动	设计意图
贡献新的常识。因此，常识是人类把握世界与自我的最具普遍性的基本方式。 【探究二：实验活动探究】 　　我们经常说耳听为虚，眼见为实，在我们生活中已成为常识。请问眼见一定为实吗？ 　　下面我们一起做两个简单的实验。一个玻璃杯盛满水，然后放入一根筷子。我们发现，筷子在水中变形了。第二个实验，一张报纸，一副眼镜，把眼镜放在报纸上，我们也发现透过眼镜看报纸，字体发生了改变。 筷子在水中弯曲　　　　　镜片中的字体变化 　　再比如，大家看以下两张视觉欺骗的图片。你是如何看待常识中说的眼见为实呢？从中可以看出常识有何特点？ 【小组讨论】学生在学习通提交小组讨论结果，形成词云。 【教师解读】 　　在常识概念框架中，人们的经验世界得到最广泛的相互理解，人们的思想感情得到最普遍的相互沟通，人们的行为方式得到最直接的相互协调，人们的内心世界得到最便捷的自我认同。但是，常识会让人不经意间在思想观念上随波逐流，没有反思和批判。 　　经验性是常识的根本属性。常识源于经验、与经验一致，并应用于经验。对经验的依赖构成了常识概念体系的核心。在这个体系中，概念总是紧密联系着经验现象，以经验现象为中心进行组织。由此形成的世界图景，本质上是经验性的世界图景。	1. 讲授关于常识与经验的世界图景，了解常识的思维方式的特点和局限性。 2. 通过课堂探究性实验，启发同学们对我们现有的常识问题进行反思和批判。

教学活动	设计意图

太阳东升西落　　　　　　种瓜得瓜

一方面，常识的世界图景由"共同经验"塑造，具有直观性。人们用常识的概念框架来理解世界，实际上是用经验的普遍性来把握世界，构建一个基于共享经验的共同世界图景。这种世界图景以经验的共同性为基础，与经验主体的直接经验相一致，并适合于解释这种经验。在"世界""主体"和"经验"的关系中，"经验"既是构建主体世界图景的纽带，也是"世界"在主体心中的反映。经验的普遍性和共同性，在常识世界图景的构建中发挥着中介和实质内容的双重作用。经验主体在常识概念框架与经验直观的统一中，实现了对经验世界的自我理解，以及与其他经验主体的相互理解，从而形成了人们的常识世界图景。

另一方面，由"共同经验"构成的常识的世界图景，又具有显著的凝固性或非批判性。这种世界图景通过历史传承中的共同经验得以延续，本质上是一种固定化、不易变动的视角，始终反映着共同经验的视角。对于个体而言，基于共享常识构建的经验世界图景，由于概念对经验现象的依赖性，概念总是随着不断变化的现象而变化，而概念本身往往仅作为描述经验的标签，导致常识的世界图景常常显得杂乱无章。更为关键的是，由于常识概念与经验现象紧密相连，任何超越经验的都可能对常识构成挑战。因此，常识本身往往缺乏批判性和反思性。由常识概念框架所塑造的经验世界图景，同样缺乏批判和反思，它倾向于接受现状而不是质疑或探索新的可能性。

【课程思政】　常识的思维方式，是形成于人们的日常生活，又适用于人们的日常生活的思维方式。所以，变常识的世界图景为科学的世界图景，就不仅仅是以科学的知识内容去变革常识的经验内容，更重要的是以科学的思维方式和哲学的思维方式去变革常识的思维方式。

环节三：课程讲授常识与形而上学的思维方式

教学活动	设计意图

通过观察日常生活会发现，人们经常的提问方式是"有"还是"没有"？"是"还是"不是"？"真的"还是"假的"？"对的"还是"错的"？"美的"还是"丑的"？"善的"还是"恶的"？"好的"还是"坏的"？等等。与这种提问方式相对应，人们经常的回答方式是："有"或者"没有"，"是"或者"不是"，"真的"或者"假的"，"对的"或者"错的"，"美的"或者"丑的"，"善的"或者"恶的"，"好的"或者"坏的"等。

经过对日常提问方式的分析就会发现在根源上隐含着一个思维公式：PVQ（要么P，要么Q），这是一种非此即彼、两极对立、互不相容的思维公式，并且我们习以为常。从本质上来看，就是我们所说的"形而上学"的思

1.讲授常识与形而上学的思维方式。了解形而上学的思维方式的特点和缺陷。

教学活动	设计意图
维方式。 【探究三：提问互动】 　　在哲学学习中，我们经常提到"形而上学"，请问大家了解什么是"形而上学"吗？从词源上了解"形而上学"吗？ 【教师解读】 　　在高中政治课程中了解过，"形而上学"和"辩证法"相对，也了解过"形而上者谓之道，形而下者谓之器"。我们需要全面系统地解读一下"形而上学"这个词的来历和含义。人们通常是在两种不同的意义上使用"形而上学"这个概念： 　　首先，"形而上学"这一概念在接近"哲学"的语境中使用，它代表着一种探索和证明超越经验的"存在"，即寻求世界统一性原理的学问。历史上，许多传统哲学家将"哲学"理解为对超验世界统一性的追求，因此他们在这个意义上将"形而上学"视作哲学的同义语或代名词。这种用法的起源可以追溯到亚里士多德，他是一位多产的哲学家。人们在整理他的著作时，将讨论世界本质、神、灵魂、意志和自由等主题的篇章编排在《物理学》之后，命名为《物理学之后》或《后物理学》。中国学者在翻译这部作品时，借鉴《易经》中的"形而上者谓之道，形而下者谓之器"，将其译为《形而上学》。朱熹也曾提到，"形而上者"是无形无影的"理"，而"形而下者"则是有形有状的"器"。 亚里士多德　　　　　　朱熹 　　其次，"形而上学"在与"辩证法"相对立的语境中使用，指的是一种否认矛盾存在的世界观，是一种在绝对对立中进行思考的思维方式。这种用法源自德国哲学家黑格尔，他是辩证法思想的集大成者。马克思和恩格斯在批判性地继承黑格尔的辩证法思想后，恩格斯明确指出，所谓的"形而上学"思维方式，就是在绝对对立中进行思考。他还具体地概括了形而上学的"思维公式"："是就是，不是就不是；除此之外，都是鬼话。"对于为什么这种思维方式和公式在人们的思维中占据重要地位，恩格斯给出了明确的回答："初看起来，这种思维方式对我们来说似乎是极为可取的，因为它是合乎所谓常识的。"	2.通过课堂互动，让学生们自我总结和反思日常中常见的"形而上学"的思维方式。

教学活动	设计意图
在"日常生活"中，在日常活动的范围内，"常识"是"极可尊敬的"。简单推论的常识可以满足人们日常活动中的形式逻辑推理；一般的生活常识可以作为技术格言和道德箴言，既满足日常活动中的处理各种事务的需要，又满足日常交往中的调节人际关系的需要；模糊的自然常识，在并非要求对自然现象作出精确解释的日常活动中，可以基本满足人的活动适应自然规律的需要。所以，要变革人们的常识的、"形而上学"的思维方式，即改变人们在"绝对不相容的对立中思维"，首要的是拓宽、深化和转换人们的"活动范围"。一旦人们进入"广阔的研究领域"，就必然超越这种常识的、"形而上学"的思维方式。	

环节四：课堂讲授哲学对常识的超越

教学活动	设计意图

不可否认，我们在生活中总要食得人间烟火，首先也是以常识为基础的日常生活世界。常识是人类把握世界的最基本的方式，常识对人类的存在和发展具有最重要的生存价值。因此，在日常的生活世界和活动范围中，常识是"极可受尊重"的。同时，人类把握世界的其他比如宗教的、艺术的、科学的和哲学的方式都是以人类的"共同经验"即"常识"为基础的。离开"常识"，既不会形成人类把握世界的其他方式，也不会实现这种方式的发展。但是，来源于并依赖于"常识"的人类把握世界的其他方式，却既不是常识的"延伸"，也不是常识的"变形"，而是对常识的"超越"。
 	
【探究四：提问互动】
    随着科技的发展与进步，人类开始迈入智能时代。你如何看待人工智能？你是否认为人工智能会替代人类智能？
【学生回答】超星学习通投票，并且阐述理由。
【教师解答】
    人工智能的发展与应用带给我们很多的便利，也为我们的日常生活和人类本身的存在方式带来了很多改变，比如智能手机、智能家居、扫地机器人、智慧公交、智慧社区，包括大学生活中的智慧校园，还有新近所熟知的自动驾驶汽车等等。关于人工智能的思考，有人认为人工智能是实用的、科学发展的成果，必须大力推广，必然要促使其代替人类智能；有人可能持中立态度，认为人工智能会不会替代人类智能不确定，但是在大数据、云储存、云计算等人脑所不及的方面是极其有益的事；但也有人认为不会替代人类智能，因为在技术上本身还未达到，而且会对人类自身的存在和发展产生巨大影响。对于这类问题的思考，我们会发现，如果只停留在常识性的层面，我们必然只会考虑其实用性。但哲学会追根溯源地思考：人工智能到底会不会超越人类智能？决定人工智能能或者不能超越人类智能的标准和依据是什么？人工智能会不会取代人类智能，有了人工智能人类何去何从，人类的存在及其劳动价值该如何凸显？人工智能会给人类劳动带来怎样的冲击？
	【课程思政】
	    常识是人类把握世界的最基本的方式，对人类的存在和发展具有最重要的生存价值，但我们对于任何认识都需要反复审视，保持思想的独立性，不能盲目接受，随波逐流。

续表

教学活动	设计意图

人工智能是否会是负责任的人工智能？如何对人工智能进行价值判断和伦理规范？在这样的一种追问和探究当中，哲学的思辨魅力也就得到了彰显。

在日常生活中，有些哲学思考也许会被认为是胡思乱想，但对改变人们常识的世界图景、思维方式和价值规范却至关重要。那么，到底哲学和常识之间有何差异呢？

通过这段时间的学习，同学们也已经逐步地开始和进入了哲学思考，大家一起来探究哲学与常识之间的思维差异。

一是常识的经验性与哲学的超验性。

常识：常识基于经验，依赖于人们通过感官直接感知到的现象。它通常不超越经验的范畴，是对现象的直观理解和描述。常识的局限性在于它往往停留在表面现象，缺乏深入的思考和理论体系。

哲学：哲学则试图超越经验，探索更深层次的问题，如存在的本质、思维与存在的关系等。哲学通过抽象和逻辑推理，试图找到普遍的、根本的原理和规律。它不仅关注现象，更关注现象背后的原理和本质。

二是常识的表象性与哲学的概念性。

常识：在常识中，概念往往是表象的附属品。人们通过直观的感知来形成概念，这些概念直接与具体的现象相关联。例如，"太阳"这个概念在常识中是与人们看到的太阳现象直接相关的。

哲学：在哲学中，概念则是更为抽象和独立的。哲学通过概念来构建理论体系，概念不仅是对现象的描述，更是对现象背后更深层次规律的探索。哲学的概念具有更强的普遍性和解释力，能够超越具体表象，达到更高层次的理解。

这种区分揭示了哲学与常识在认识世界时的不同路径和方法。哲学通过超越经验的思考和抽象的概念，试图达到对世界更深刻的理解，而常识则更多地依赖于直观的经验和表象。这种对比有助于我们理解哲学在人类认识过程中的独特价值和作用。

【探究五：思想实验】

芝诺提出：假如让乌龟先爬一段路，然后再让阿喀琉斯去追它，那么阿喀琉斯永远也追不上乌龟。你如何理解？

教学活动	设计意图
【学生回答】学生自由讨论并回答。 【教师解读】 　　阿喀琉斯作为古希腊神话中的一位以速度著称的英雄，其追逐缓慢爬行的乌龟的故事，乍听之下似乎荒谬至极。 　　在概念的层面上思考这个命题：阿喀琉斯在追上乌龟之前，必须首先到达乌龟的出发点；可是，这时乌龟已经又向前爬了一段，阿喀琉斯又必须赶完这段路。由于阿喀琉斯与乌龟之间的距离可以依次分成无数小段，因此阿喀琉斯虽然越追越近，但却永远追不上乌龟。这个命题在现实经验中显然是不成立的——在实际生活中，阿喀琉斯毫无疑问会迅速超越乌龟。然而，当这个命题被置于逻辑的框架下进行分析时，它却展现出了一种无法反驳的严密性，这也揭示了表象思维与理性思维、经验常识与哲学探究之间的张力。 　　哲学的任务并非仅仅是在经验层面上对常识进行简单的重复或验证，而是在超越经验的基础上，对这些常识进行深层次的反思和批判。哲学通过概念层面的深入分析，挑战并拓展我们对世界的理解，从而揭示出表象思维可能忽略的深层次真理。这种对经验常识的超越和反思，是哲学区别于其他思维形式的独特之处。 　　三是常识的有限性与哲学的无限性。在我们的存在中，个人经验的局限是显而易见的，我们无法完全理解时间的永恒流转或空间的无限延伸。然而，随着人类世代的累积经验，我们似乎能感知到时间的永恒和空间的无限。在这种常识性的认知中，人们尝试用有限的经验去累积和追求无限的概念，从而产生了神话和宗教信仰，例如我们所说的"三生三世"，用以弥补对无限性的认知空缺。相对地，哲学的理性思维则超越了经验的局限，它面向着无限的超验存在，并用这种无限的视角审视有限的经验。通过这种方式，哲学在有限与无限的对立中寻求统一，从而发展出辩证的哲学智慧。 　　比如哲学会思考人工智能代替人类智能之后人到底会处于何种地位、我们人类社会最终是否会进入一个全面虚拟的世界或者我们整个世界是否存在其真实性就有待讨论，我们本身就是一个"缸中之脑"呢？这些都是哲学的无限性的体现。	

环节五：课程总结

教学活动	设计意图
通过今天的学习我们了解到，在哲学的演进历程中，常识始终扮演着一个关键的批判性角色，它是哲学思想发展不可或缺的一部分。哲学不断地对常识进行深入的批判性审视，试图解答以下问题：常识所传达的信息究竟是什么？它是如何构建自己的思想框架的？常识所解释和信仰的内容究竟是什么？常识所构建的世界图景是如何形成的，又是如何演变的？常识的思考模	1. 帮助学生梳理本节的核心内容。

续表

教学活动	设计意图
式具有哪些特点？它所遵循的价值准则又是怎样的？人类的思想是如何超越常识，进而发展成科学思维的？科学与常识之间存在怎样的关系？常识与其他理解世界的方式，如神话、宗教、艺术等，又有何联系？ 　　总体而言，在哲学与常识的互动中，常识始终是哲学批判和反思的焦点。因此，哲学并非常识的简单扩展，而是一种对常识的深层次超越。哲学不是对常识的简单重复或另一种表现形式，而是对常识进行深入思考的结果；哲学不是对常识所构建的世界图景、思维方式和价值准则的简单描述，而是对这些构成要素进行批判性分析和反思的过程。	2.帮助学生确定本节的学习重点和知识。

环节六：课后作业、预习任务、推荐阅读

教学活动	设计意图
【课后作业】 　　请选取常识中的某个认识开展大众哲学的调研，并形成研究性的小报告，下节课选取代表进行展示。 【课后练习】 　　1.常识最本质的特性是 _____。 　　A.经验性　　B.超越性　　　C.批判性　　　D.直观性 　　2.哲学、常识和科学具有不同的 _____。 　　A.概念框架　　B.价值规范　C.世界图景　D.行为习惯 　　3.哲学对于常识的超越包括哪几个方面 _____。 　　A 常识的经验性与哲学的超验性 　　B 常识的表象性与哲学的概念性 　　C 常识的有限性与哲学的无限性 　　D 常识的非批判性与哲学的批判性 【推荐阅读】	1.帮助学生通过具体问题反思教学内容，真正学以致用，掌握知识点。 2.帮助学生继续思考本节内容，扩展课后的研究兴趣。

✉ 八、板书设计

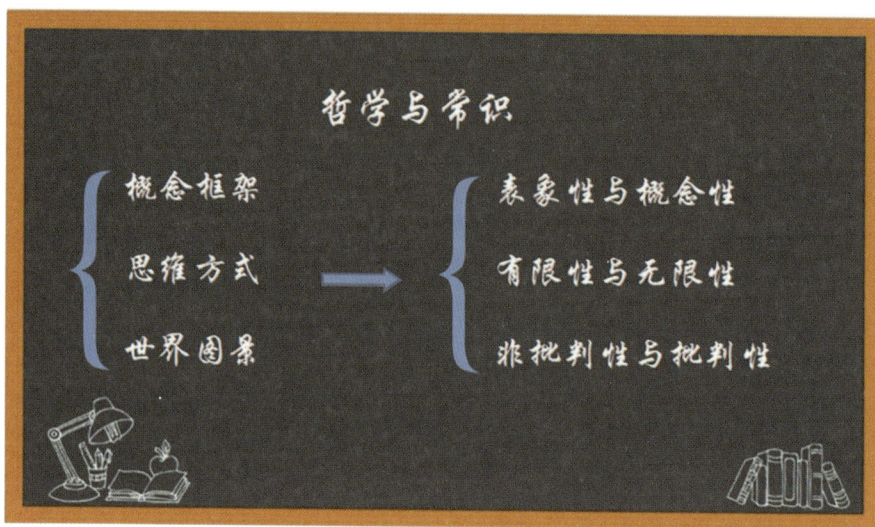

❓ 九、教学设计反思

在课程思政方面，深度挖掘课程所蕴含的思政元素是至关重要的。通过《哲学与常识》这一节的教学，我们不仅要传授知识，更要引导学生在领略常识与哲学的思维方式的过程中，学会真正地追根溯源、透过现象看本质。这样的教学不仅能够实现专业教育与课程思政的同向同行，而且能够引导学生真正地求真向善，开展反思批判。这种教育方式应该像盐溶于水一样，无声地渗透到学生的心中，影响他们的思想和行为。

在教学方法方面，可以采取多种策略来带动学生自主思考和反思生活中的常识。例如可以设计一些教学活动，让学生探讨哪些常识是"熟知非真知"，以及常识会给我们的认识带来怎样的遮蔽作用。通过这样的讨论，学生可以自主积极地反思常识生活中容易忽略的问题，跳出常识的"隐形的牢笼"。这种教学方法不仅能够提高学生的批判性思维能力，还能够培养他们的独立思考能力。

在课程内容的设计上，我们还可以引入跨学科的元素，将哲学与社会学、心理学、历史学等其他学科相结合，让学生从多个角度理解和分析常识与哲学的关系。这种跨学科的教学方法不仅能够拓宽学生的知识视野，还能够培养他们的综合分析能力。

在教学过程方面，对知识的灵活运用和巩固反思是至关重要的。我们不仅要在课堂上传授知识，还要鼓励学生在课后进行研究性和拓展性学习。为了确保学生能够真正地学有所成、学有所获，我们需要进行切实有效的监督、跟进和反馈。这包括建立和完善相关的评价体系，以确保学生能够达到预期的学习目标。

此外，我们还可以利用现代教育技术，如在线讨论平台和学习管理系统，来跟进学生的学习进度和成果。通过这些工具，教师可以及时地给予学生反馈，帮助他们及时调整学习策略，提高学习效率。同时，这些技术也可以作为学生展示自己学习成果的平台，让他们在同伴之间分享和讨论，从而增强学习的互动性和趣味性。最后，我们还需要关注学生的个体差异，尊重每个学生的学习风格和节奏。通过个性化的教学方法，我们可以更好地满足学生的学习需求，帮助他们克服学习中的困难，实现自我发展。

04　唯物主义与唯心主义

章节名称：第三章 哲学的论争　第一节 唯物主义与唯心主义

计划学时：45 分钟

一、教学内容分析

【主要内容】

1. "认识路线"问题视域下的唯物主义和唯心主义争论

2. 哲学唯心主义的认识论根源

3. 旧唯物主义的主要形态及缺陷

【地位作用】

唯物主义和唯心主义争论是哲学世界的主要论争之一。哲学的发展史，在一定的意义上就是哲学自我追问的发展史；哲学自我追问的发展史，在其表现形态上就是各种各样的哲学派别相互冲突、相互批判的历史。探索哲学的派别性，以及哲学在派别冲突中所实现的理论发展，对于哲学的自我理解，以及深化对哲学发展规律的认识，都是至关重要的。

二、学情分析

已有知识分析。学生在高中阶段通过哲学常识的学习，已初步了解唯物主义和唯心主义的对立，但是对二者只是存有概念性的印象，关于哲学史上为什么会呈现出唯物主义和唯心主义之间的经典论证，他们尚不具有充分的认知，尤其对于唯物主义和唯心主义之争的特点、根源、关系和价值了解比较表面。

能力状态分析。经过大学阶段哲学史和逻辑学的初步学习，学生已经对书本知识有一定的批判反思能力，但对于唯物主义和唯心主义之间的派别差异，学生需要基于既有的一般性概念，理解更丰富的哲学史知识素材，需要在哲学常识的基础上，对唯物主义和唯心主义给出自己的评价。

学习需求分析。学生不只是满足于知道唯物主义和唯心主义的概念，或者在内心确认自己到底是一位唯物主义者还是一位唯心主义者，他们期望对古今中外哲学的理解不只是标签化的，期待从标签中找到哲学家们或者说不同的哲学理论、思想或流派之间呈现出对立的一般性特征和内在分歧。

三、教学目标

【知识目标】

1. 学生理解无论是唯物主义还是唯心主义，并非仅仅是哲学派别之间的思想冲突，而是深刻地表征着人类自身存在的矛盾性。

2. 学生掌握唯物主义和唯心主义之争的特点、根源、关系和价值。

3. 学生能分析存在唯物主义和唯心主义两条认识路线的根源和本质。

【能力目标】

1. 能从人类存在的矛盾出发阐释古今中外哲学理论中的这一主要论争，而不是把这一论争单纯地视为哲学的自我冲突或哲学家们的主观对立，提升哲学的反思批判能力。

2. 能够揭示哲学世界论争的历史演化，从发展的观点去看待哲学世界的论争，把哲学世界的论争理解为哲学自身演进发展的基本形式，具备用哲学分析解决现实问题的能力。

【情感态度与价值观】

1. 哲学世界的论争是复杂的，哲学世界的冲突是在不同层次上进行的，哲学在层次上的递进又总是在论争分歧中实现的，要深度考察哲学世界的唯物主义和唯心主义之间的论争，培养"爱智"精神。

2. 哲学不仅是在不同派别的哲学论争中发展的，而且是在不同水平的哲学斗争中前进的，不能机械且简单地把唯物主义和唯心主义之间的论争归结为进步与反动的对立，要在进行具体的、深入的考察中求真。

3. 把全部哲学理论区分为唯物主义的和唯心主义的，这是运用划分哲学派别的标准考察哲学理论所得出的基本认识，不能混淆哲学发展进程中始终存在的两条认识路线以及其他重大的原则界限，要自觉地坚持和发展马克思主义哲学。

💡 四、教学重点、难点、创新点及解决措施

【教学重点及解决措施】

1. 辨析传统的唯物主义哲学和唯心主义哲学在思考世界"本原"问题时呈现出的分歧，了解僵持于"本原"问题的自然本体与精神本体的抽象对立。

2. 理解唯物主义和唯心主义在认识世界时采取的进路分歧，分析唯心主义认识论的形成根源。

主要通过案例讲授、启发式提问、小组活动和讨论等措施帮助同学们开展探究性活动。在苏格拉底式的精神助产术的引导下，使得学生思考进入哲学世界的论争语境中。

【教学难点及解决措施】

1. 哲学唯心主义的认识论根源以及旧唯物主义存在的种种缺陷。

2. 唯物主义与唯心主义的论争何以产生、有何表现、有何影响。

为了解决这一难点，本节将通过探究性学习结合经典文本作出精彩回答。同时，学生提前预习和课堂小组展示对古代"朴素的唯物主义"、近代"机械的唯物主义"的了解，由此为展示马克思主义的唯物主义对旧唯物主义的超越作铺垫。

【教学创新点及解决措施】

本堂课的创新点包括：通过基础理论的学习带动对人类自身存在境况的探讨与反思。重组教学内容，使学生感受到哲学世界的唯物主义和唯心主义的论争并不只是存在于书本上的理论之争。它表征的是人类存在的矛盾性，这种矛盾性可以从对日常生活中个人生活体验的反思中获得确认。

以生动形象的案例和游戏活动激发学生兴趣，在思维体操训练之下，使学生掌握哲学的思维体系，什么是本原问题意义上的唯物主义和唯心主义、为什么存在着唯物主义和唯心主义两条认识路线、哲学世界的唯心主义根源在哪里等，构建哲学的批判性、本质性、总体性和反思性思维。

📖 五、教学策略

【思维导图】

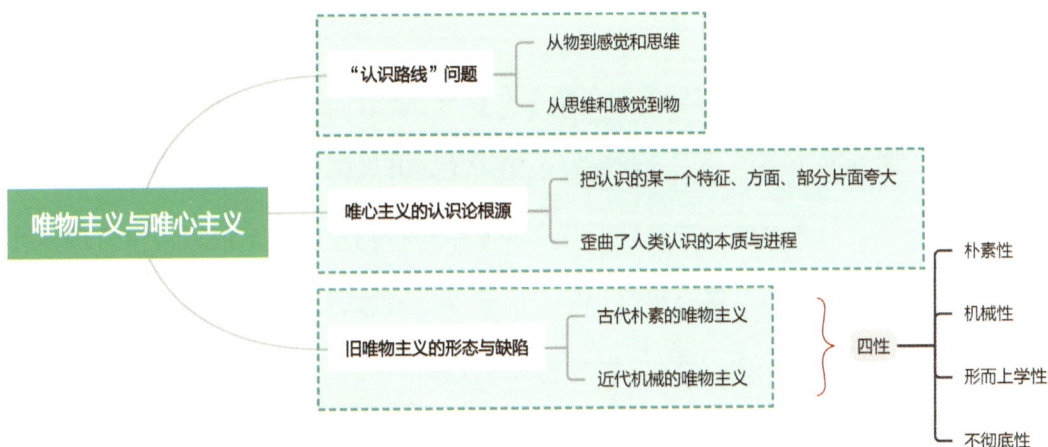

唯物主义与唯心主义
- "认识路线"问题
  - 从物到感觉和思维
  - 从思维和感觉到物
- 唯心主义的认识论根源
  - 把认识的某一个特征、方面、部分片面夸大
  - 歪曲了人类认识的本质与进程
- 旧唯物主义的形态与缺陷
  - 古代朴素的唯物主义
  - 近代机械的唯物主义
  - 四性
    - 朴素性
    - 机械性
    - 形而上学性
    - 不彻底性

【教学模式及方法】

1.启发式教学法：以"神奇旅程"视频和思想实验导入，启发学生进入哲学的自我反思。

2.讨论教学法：通过案例分析、小组课堂展示，开展探究性学习，查找哲学问题的答案。

3.理论讲授法：分析唯心主义和唯物主义论争的基本问题，引导学生掌握和反思哲学世界唯物主义和唯心主义各自的基本观点，唯心主义产生的根源以及旧唯物主义存在的致命缺陷。

【教学内容重组与加工】

按照理论到现实、表层到深层的逻辑，从日常生活中使用"物质""精神""观念"和"本原"这一词语的语境开始，引导学生进入哲学世界中不同哲学家们围绕世界本原问题和认识路线的考察，逐步深化到对于哲学世界本体论和认识论的追寻与探讨，并以代表性哲学家的经典论述为例，让同学们体会两种世界本原观和认识路线的分歧。

【教学资源与技术手段】

通过学习通随堂练习、实时监控教学进程与课后反思，建设智慧树"在线课程"实现资源共享；结合多媒体教学与传统黑板板书展示多元素教学内容；创设小组讨论、师生问答的互动情境激活课堂活力，提高学生的课堂参与度；设置思想实验帮助学生开展理论反思和批判，开展思维体操式训练；布置课外经典文献研读、课后思考任务来培养学生研究性学习的习惯。

【教学信息收集与处理】

首先通过课前预习和习题测验了解学生认知水平，通过教学现场的思想实验、案例分析、课堂展示等活动，一起进行小组讨论，开展剖析反思，在课堂讨论中收集学生对于该学习内容的掌握程度，并在课堂中进行随堂测验。最后，作为哲学导论课，精选几本优秀的书籍介绍给学生，引导学生通过研读课外书籍来拓宽自己的知识深度与广度，培养研究性学习习惯进而增强思辨意识。

【教学参与的切入】

本堂课在面向学生主体进行教学过程中，通过激发学生兴趣的话题引导分组代表学生分享探究的观点，师生共同分析。教师通过思想实验和案例分析启发学生进一步深化问题，让学生多维度、多视角进行审视与反思，对照思考个人观点与哲学家观点的相近或补充之处，实现思想与思想碰撞。在进行哲学思辨时，充分培养学生的批判性思维，在思维体操式训练中让学生体会到唯心主义和朴素、机械唯物主义的问题根源，知其然并知其所以然，释放出巨大的学习潜能。

▼ 六、课前探究

1. 进行大众哲学调研，就目前大众对唯物主义与唯心主义的认识撰写一个简单的调查问卷，并进行有关分析。

2. 基于自身目前对于唯物主义与唯心主义的认识，提出 3 个自身存在困惑的问题提交到线上平台。

🌐 七、教学过程

```
                        ┌──────────────────────────────────────────┐
                        │ "认识路线视域下的唯心主义和唯物主义"      │
              ┌─────────┤ 之争及反思(2min)                          │
  以物质和精神│ 知识讲授│ 唯心主义立场的产生根源及反思(4min);       │
    引入      │ (10min) │ 旧唯物主义的基本形态和缺陷(4min)          │
              └────┬────┘                                            │
                   │
   ┌────────┐    ┌──▼───┐    ┌────────┐    ┌──────────────┐
   │课程导入│───▶│课程讲授│───▶│课程结语│───▶│课后作业、推荐阅读│
   │ (5min) │    └──┬───┘    │ (3min) │    │   (2min)     │
   └────────┘       │        └────────┘    └──────────────┘
                    │
              ┌─────▼────┐   ┌──────────────────────────────────────────┐
              │          │   │视频讨论:假定存在这样一台机器,它的结构能    │
              │          ├───┤产生思想、感觉和知觉:设想一下这台机器按照  │
              │          │   │原有的比例放大,使得你能够像走进一间磨坊    │
              │ 课堂互动 │   │一样进入其中,参观它的内部,但你能观察到    │
              │ (25min)  │   │什么呢? 知觉来自哪里? (10min)              │
              │          │   │提问互动:为什么在认识论上,一些哲学家会采  │
              │          │   │取唯心主义的路径? 换言之,唯心主义的认识  │
              │          │   │论为什么一度在哲学上十分兴盛? (5min)       │
              │          │   │师生互动:(5min)                            │
              └──────────┘   │生生互动:(5min)                            │
                             └──────────────────────────────────────────┘
```

环节一:课程导入

教学活动	设计意图
同学们好! 上一堂课我们学习了哲学视域的独特性,我们已经知道了哲学思维与科学、常识思维的根本差异。今天,我们从哲学世界内部的论争开展思考。 　　【探究一:思想实验】视频播放《神奇旅程》片段 　　假定存在这样一台机器,它的结构能产生思想、感觉和知觉:设想一下这台机器按照原有的比例放大,使得你能够像走进一间磨坊一样进入其中,参观它的内部,但你能观察到什么呢? 知觉来自哪里? 　　【学生回答】学生自由讨论并在学习通线上平台回答。 　　【教师讲解】 　　有的人可能会认为知觉来自客观世界,来自实践,知觉以及依赖于它的一切都不能用形状和运动这些机械的理由来解释。有人也会认为,知觉来自个体主观,每个人的知觉有差异。 　　古往今来的哲学家们会基于某些共同的议题展开论争。"精神"和"自然界"谁为"本原"的问题,根源于人类的产生。人类使统一的世界分化为"物质"与"精神"两大类现象。寻找人的"生活世界"的"意义"的哲学,它的根本指向是寻求人类自己的"安身立命之本",因此,它对"精神"与"物质"关系问题的思考,最为直接的、也最深切的出发点,是人自身的"精神"与"物质"的矛盾。人类自身存在的矛盾性,是哲学反思最为坚实的生活基础。因此,也就出现了唯物主义与唯心主义的论争与差异。	运用思想实验唤起同学们参与课堂讨论的兴趣,探索哲学论争这一厮杀战场的缘由。

续表

教学活动	设计意图
哲学史，是充满着哲学家们互相批判、互相推翻、互相取代的斗争的历史，黑格尔把哲学史形象地比喻为一个"厮杀的战场"。哲学总是在自我批判和自我否定中发展的，因为哲学是"思想中所把握的时代"。今天我们来一起学习这些论争。	

环节二：课程讲授认识路线视域下的唯心主义和唯物主义之争

教学活动	设计意图
近代以来的西方哲学，实现了所谓的"认识论转向"，认识论问题逐渐成为哲学研究的重心。因此，哲学的发展提出了如何从认识论上划分唯物主义与唯心主义的问题。 　　按照列宁提出的两条认识路线，从认识论上划分唯物主义与唯心主义，就看它们从什么出发，把什么作为认识的根据和前提，把什么作为认识的对象和内容来源。"从物到感觉和思想"，就是把"物"作为认识的出发点，因而是哲学的唯物主义；反之，"从思想和感觉到物"，就是把"思想和感觉"作为认识的出发点，因而是哲学的唯心主义。 　　【探究二：案例讨论】 　　案例1：一天，王阳明和他朋友去山中游玩，当二人走到一朵花面前时，朋友指着那朵花说，你常说心外无物，这朵花在山间自开自落，和我们的心有何关系？王阳明回答："你未看此花时，此花与你心是同归于寂的；你来看此花时，则此花颜色一时鲜艳起来，便可知，此花不在你的心外"。 　　案例2：既然作为我们感觉对象的一切事物都是可感物，可感物由可感性质构成，而可感性质又离不开我们的感觉，因此说到底，不是事物通过可感性质决定我们的感觉观念，而是我们的感觉观念通过可感性质决定了事物，因此，存在即被感知。（To be is to be perceived）。 　　【学生讨论】对上述2个案例的观点进行辨析，阐述个人观点。 　　【教师解读】 　　"从物到感觉和思想"与"从思想和感觉到物"的"两条认识路线"的对立，之所以能够成为哲学唯物主义与哲学唯心主义的对立，是因为"两条认识路线"所表述的是在认识论上"物质"与"精神"何者为"本原"的问题。 　　恩格斯曾经明确地指出，唯物主义和唯心主义"这两个用语"，只是表明对"什么是本原的，是精神，还是自然界"这个问题的不同回答；"这两个用语本来没有任何别的意思，它们在这里也不能在别的意义上被使用"；如果"给它们加上别的意义"，就会造成思想的"混乱"。因此，对唯物主义与唯心主义"两条认识路线"的理解，必须确定在认识论上的"物质"与"精神"何者为"本原"的问题上；超过"本原"问题，就需要辩证地看待"物"与"感觉"和"思想"的关系。 　　列宁在与俄国马赫主义者的论战中，写下了《唯物主义和经验批判主义》，深刻地论述了认识的辩证本质和辩证过程。在对"两条认识路线"的	讲授唯物主义和唯心主义的论证并不只限于对世界本原的基本看法，而且也存在于沿着何种路线去认识或把握世界。

续表

教学活动	设计意图
 恩格斯　　　　　列宁 理解中，我们既要坚持"本原"问题上的唯物主义原则，又要克服"形而上学的唯物主义"的"根本缺陷"，辩证地理解认识的本质及其发展过程。在现实生活中，我们经常强调要"一切从实际出发""实事求是""按照事物的本来面目去认识事物"。这当然首先需要坚持"从物到感觉和思想"的认识路线。但是，如果只是简单化地理解为认真地"看"与仔细地"听"，就会忽视"思想"及其所包含的"理论"对"看"和"听"的能动作用，甚至把"理论"与"观察"对立起来，这就要求我们在哲学的层面上深入地探讨"理论"与"观察"等的辩证关系。 　　认识路线的问题关乎的不只是纯粹的理论问题，而且也关乎实践的方向和道路问题。无产阶级政党的群众路线和思想路线是辩证唯物主义认识路线在实际工作中的具体运用和体现。坚持唯物主义，反对唯心主义，反对"超越"和"调和"两条认识路线的对立，是马克思主义哲学的根本原则。 	【课程思政】 　　认识路线的问题关乎的不只是纯粹的理论问题，而且也关乎实践的方向和道路问题。无产阶级政党的群众路线和思想路线是辩证唯物主义认识路线在实际工作中的具体运用和体现。坚持唯物主义，反对唯心主义，反对"超越"和"调和"两条认识路线的对立，是马克思主义哲学的根本原则。

环节三：课程探究唯心主义立场的产生根源

教学活动	设计意图
【探究三：小组讨论】为什么在认识论上，一些哲学家会采取唯心主义的路径？换言之，唯心主义的认识论为什么一度在哲学上十分兴盛？ 　　【学生回答】每组选派代表进行回答。主要从人类认识的主观性、人类认识的局限性以及人类本身的矛盾性等各方面来进行解读。	1.讲授唯心主义立场的产生根源及其逻辑起点；

教学活动	设计意图
【教师讲解】 首先，我们不可简单地把古今中外哲学史上出现的唯心主义视作一种错误的、极端的，甚至反动的理论学说。其次，要试着从深层次分析这样的认识论得以产生的根源。 列宁在批判唯心主义时，十分注意从认识论上加以分析，反对将唯心主义说成是令人发笑的胡说八道。 列宁的两段论述是极其深刻的。人的认识不是直线，而人们在理解人的认识的时候，却往往是从认识的某个环节出发，把它作为解释人的认识的出发点。由此便造成了认识中的"直线性和片面性，死板和僵化，主观主义和主观盲目性"，而这些却恰恰是哲学唯心主义的"认识论根源"。这里最为重要也最为困难的理论问题，就是"逻辑先在性"问题。 在理解唯心主义的产生根源时，要尝试从多维度理解其中的原因。由于人类认识过程本身存在着歪曲世界图景的可能性，因而对于哲学唯心主义光是义愤的谩骂，辛辣的嘲笑，机智的俏皮话和简单的逻辑推论，是不行的。唯有从客观世界、认识主体、认识过程等方面着眼，我们才能充分理解列宁所谓的"直线性和片面性，死板和僵化，主观主义和主观盲目性"到底意指什么。	2.通过案例设计和提问的方式，让学生们在思考过程中把握唯心主义的思维方式的特点和问题。 【课程思政】 唯心主义为什么能够长期存在、普遍流行并受到哲学家们的簇拥？其产生的根源对于我们科学地认识世界十分重要。除社会根源之外，更深刻的原因还在于人类的认识活动的本身。

环节四：课程探究旧唯物主义的基本形态和缺陷

教学活动	设计意图
如果说在"本原问题"和"认识路线"方面，唯心主义有着列宁所剖析的深刻问题，那么唯物主义表现又如何呢？凡是唯物主义的就一定是正确的、完美的吗？ 正如人们常常对"唯心主义"这个概念感到困惑并由此产生误解一样，人们也经常对"唯物主义"这个概念产生另一种误解，即把哲学唯物主义庸俗化、绝对化和凝固化。为此，我们不仅需要了解哲学唯物主义的基本历史形态，而且需要理解这些历史形态之间的变革，特别是马克思的唯物主义哲学所实现的革命性变革。 【探究四：课程展示】请两组代表来讲解中西哲学中朴素唯物主义的基本理论。 【西哲组】赫拉克利特，朴素唯物主义的典型代表，前人泰勒斯认为构成世界的元素是水，阿那克西美尼认为是气，色诺芬尼认为是水、土，赫拉克利特认为是火，最后恩培多克勒来了一个大和解，认为构成世界的元素是水、气、土、火四种。朴素唯物主义中的原子论者，他们相信万物（甚至包括精神或灵魂）都是由细小精微的粒子构成，并将这种粒子称为"原子"。 【中哲组】中国古代朴素唯物主义者荀子肯定世界的物质性，并力图从某种具体的实物中寻找世界的本原，如他主张"天地合而万物生，阴阳接而变化起。天行有常，不为尧存，不为桀亡"；荀子否认世界是神创造的，把世界的本原归根为某种或某几种具体的物质形态，试图从中找到具有无限多	1.讲授朴素唯物主义、机械唯物主义的基本内涵和来源。 2.通过课堂展示的方式，让学生自我探究和深入了解旧唯物主义的基本内容和理论局限。

教学活动	设计意图
样性的自然现象的统一，正所谓"制天命而用之"。	

【探究五：提问互动】为什么以赫拉克利特和荀子为代表的古代唯物主义者，其唯物主义主张被视作具有"朴素"的色彩？朴素唯物主义"朴素"在哪里呢？

【教师讲解】

古代的唯物主义哲学把万物的"本原"归结为某种物质形态，是依靠笼统的直观，即通过经验观察再加上想象和猜测而形成的理论，具有明显的自发性和朴素性，因而人们往往称之为"自发的唯物主义"或"朴素的唯物主义"。

古代唯物主义哲学是在反对原始宗教的斗争中产生的。它的主要特征是以自然原因解释自然现象。它构成了人类最早的理论思维形式。古代的唯物主义是与朴素的辩证法天然地结合在一起的，确信世界万物都处于运动变化之中，并试图以"对立造成和谐"的观点来说明事物变化的规律。

古代的唯物主义确信人的感觉和思想与经验对象的一致性，以及感觉和思想的可靠性，但是，并没有明确地提出和自觉地探索"思维和存在的关系问题"。因此，古代的唯物主义还不是在反思"思维和存在的关系"的意义上去回答各种哲学问题，而是在直接断言世界本身的意义上去寻求"万物的统一性"。就此而言，古代的唯物主义还是一种非反思的即"独断"的理论形态。

【探究六：情景模拟】请同学们想想电影《星际迷航：下一代》中的指挥官戴特（Date）。戴特是个人形机器人，当我们看到乔迪定期打开他头上的盖子维修时，才发现戴特实际上是一台非常复杂精密的电子机器。《星际迷航》中许多煽情的内容都在处理一个令人迷惑的问题：戴特是有生命的吗？他是人吗？

【学生回答】在超星学习通上投票并进行即时统计，不同意见组选派代表回答给出判断原因。

【教师讲解】

有人认为戴特完全符合人的基本行为特征，感觉不出差异，人也是机器。有人认为毕竟只是机器，不具备人的自由意志、欲望、情感等。关于这一问题的讨论我们可以追溯到近代的唯物主义。同朴素唯物主义中的原子论相近，哲学家霍布斯捍卫和发展了原子论，并且用运动的原子解释人类的心

教学活动	设计意图
灵及其运作，比如我们如何对欲望、厌恶、选择、思考、勇敢、贪婪等个人特质给出纯粹物理的原子论解释。 霍布斯的回答非常现代，同时又令人疑惑。当光线摄入我们的眼睛或者声音传入我们的耳朵时，眼睛或耳朵中的原子开始振动，即开始运动。然后这种运动传递到相邻的原子，并通过一系列连锁反应往下传递，直到大脑中的原子开始振动。大脑中原子的振动即为我们所说的视觉或听觉，看见或听见。 从这个理论可以看出，近代的唯物主义以近代实验科学对自然现象的实证研究为基础，以新的实证知识和科学方法论证世界的物质统一性，摆脱了古代唯物主义的朴素性；近代的唯物主义自觉地提出和探讨了"思维和存在的关系问题"，主要是研究了认识内容的来源等问题，确认了唯物主义的反映论和可知论原则，但是我们也通过刚才的探究了解到，它实际是一种机械唯物主义。 【探究七：提问互动】那么机械唯物主义为什么说是"机械"的呢？ 【教师解读】近代的唯物主义具有明显的局限性：其一，机械性。它把自然界中各种现象和过程统统归结为机械运动，一概用力学规律加以解释。其二，形而上学性。它没有达到对"概念"本性的辩证理解，无法以概念的运动去描述事物的运动，因而也就不可能以矛盾的观点去解释世界。其三，唯物主义的不彻底性。马克思和恩格斯对费尔巴哈曾作出这样的评论："当费尔巴哈是一个唯物主义者的时候，历史在他的视野之外；当他去探讨历史的时候，他绝不是一个唯物主义者。在他那里，唯物主义和历史是彼此完全脱离的。" 同学们要注意，在一个时期内，人们又简单地以政治上的革命与反动、进步与保守、正确与错误等去划分哲学的唯物主义与唯心主义，似乎凡是"唯物主义"便是革命、进步与正确，凡是"唯心主义"则是反动、保守与错误。其结果，就不仅仅是使哲学唯心主义抽象化和漫画化，而且也把哲学唯物主义简单化和凝固化了。尤为严重的是，人们往往从这种贴标签式的简单划分中，忽视甚至是无视作为现代唯物主义的马克思主义哲学与旧唯物主义的原则区别，以最一般的、最抽象的唯物主义去看待和解释马克思主义哲学。因此，我们非常有必要考察唯物主义的历史形态，从而重新理解马克思主义的"现代唯物主义"。	【课程思政】 哲学不仅是在不同派别的哲学论争中发展的，而且是在不同水平的哲学斗争中前进的。不能简单地把唯物主义和唯心主义之间的论争归结为进步与反动的对立，要对唯心主义进行具体的、深入的考察。

环节五：课程总结

教学活动	设计意图
哲学世界的唯物主义和唯心主义论争主要存在于世界的本原以及认识的路线问题两个层面。 　　在世界本原问题上，唯物主义主张物质是世界的本原，精神从属于物质；唯心主义则强调精神的第一性，物质的第二性。在认识的路线问题上，唯心主义主张沿着从思想和感觉到物的进路把握世界；而唯物主义则坚持物质对意识的决定作用，主张从物到感觉和思想。 　　唯心主义虽然张扬了人的能动性方面，但只是"抽象地"发展了人的能动性方面。唯心主义的产生，按照列宁的分析有如下根源："直线性和片面性，死板和僵化，主观主义和主观盲目性。" 　　旧唯物主义有古代朴素的唯物主义和近代机械的唯物主义两种。古代朴素唯物主义的朴素性主要体现在古代的唯物主义哲学把万物的"本原"归结为某种物质形态，是依靠笼统的直观，即通过经验观察再加上想象和猜测而形成的理论。近代机械唯物主义的缺陷主要体现在它只是简单套用力学的世界观，不能够以矛盾的观点看待世界，在历史观上仍然是唯心主义的，立场不够彻底。 　　因此，通过对本节的了解和学习，我们知道唯物主义和唯心主义的论争贯穿在古今中外的哲学世界中。哲学通过这一论争，内在地实现自身的发展和变革。无论是唯心主义还是旧唯物主义，都存在一定的不完善性，需要更高级的哲学出面加以完善。	1. 帮助学生梳理本节的核心内容； 　　2. 帮助学生确定本节的学习重点和知识。

环节六：课后作业、预习任务、推荐阅读

教学活动	设计意图
【课后作业】 　　1. 如何以哲学的而非常识的眼光来看待哲学世界的唯物主义和唯心主义之争？ 　　2. 在今天，讨论哲学世界的唯物主义和唯心主义论争为何是必要的？意义到底何在？ 　　3. 马克思和恩格斯创立的现代唯物主义，是哲学唯物主义的高级形式。它的高级性可以体现在哪些方面？ 　【推荐阅读】 　　赵修义，张翼星等编. 守道 1957：1957 年中国哲学史座谈会实录与反思［M］. 上海：上海人民出版社，2012. 	1. 帮助学生通过具体问题反思教学内容； 　　2. 帮助学生继续思考本节内容，扩展课后的研究兴趣。

📝 八、板书设计

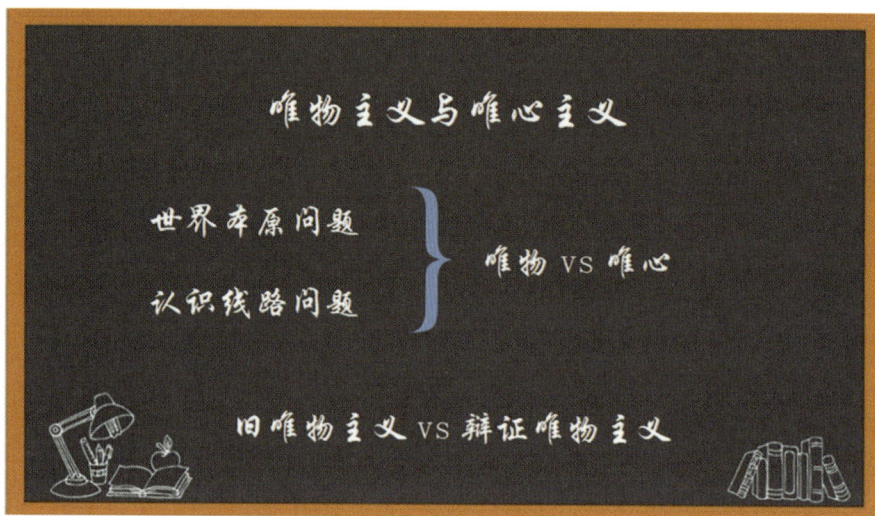

❓ 九、教学设计反思

在进行教学设计时，我们的目标是更新学生对唯物主义和唯心主义的固有观念，打破教条化的认知。这意味着我们需要让学生理解，哲学的争论并非抽象的、遥远的，而是与我们的世界观和方法论息息相关。因此，教学活动的设计要紧密围绕这一目标展开，确保学生能够通过课程学习，形成对这两种哲学观点的深刻理解。因此，围绕着教学的知识、能力和素养目标，在以下方面还可持续优化：

（1）在教学活动的设置中，还可以适度增加生动性。理论性较强的内容往往容易让学生感到枯燥。因此，教学活动的设计需要尽可能地生动活泼，有趣有料。本节的设计中已经尝试了多种互动和探究方式，但同时还可以通过案例分析、历史故事、辩论赛等形式，让学生在参与中学习，感受唯物主义和唯心主义的论争在哲学世界的真实存在和重要性。

（2）在教学方法上，可以考虑采用多种方式来增强学生的参与感和体验感，力促教学方法的多样性。例如，通过角色扮演让学生站在不同哲学家的立场上进行辩论，或者通过小组讨论的方式让学生探讨唯物主义和唯心主义在现代社会的应用。这些方法不仅能够提高学生的参与度，还能促进他们对哲学观点的深入思考。

（3）在教学内容上可以进一步丰富和立体化。除了介绍唯物主义和唯心主义的基本观点，还可以探讨它们在不同历史时期的发展和变化，以及它们对现代社会的影响。此外，我们还可以引入一些跨学科的内容，如心理学、社会学等，让学生从多个角度理解这两种哲学观点。

（4）在学生的自主探究方面，可以设计一些开放性的问题，鼓励学生自己去查找资料、分析问题，并形成自己的观点。通过这种方式，学生不仅能够更深入地理解哲学观点，还能培养他们的批判性思维和独立思考能力。

（5）教学反馈是提高教学质量的重要环节。在课程结束后，我们可以通过问卷调查、学生访谈等方式收集学生的反馈，了解他们对课程内容的理解和感受，以及对教学方法的建议。这些反馈可以帮助我们不断优化教学内容和方法，提高教学效果。

（6）最后，我们需要对教学效果进行评估。这可以通过学生的在线学习情况、课堂互动表现、作业完成情况等多方面进行。通过评估，我们可以了解学生对唯物主义和唯心主义的理解程度，以及他们是否能够形成成熟的见地和深刻的认识。

05 辩证法与形而上学

章节名称：第三章 哲学的论争　第二节 辩证法与形而上学

计划学时：45 分钟

一、教学内容分析

【主要内容】

1. 哲学世界的"思维方式"问题
2. 辩证法的概念解析与澄清
3. 辩证法的自在性和自为性特点
4. 辩证法的批判性本质

【地位作用】

辩证法与形而上学论争是哲学世界的主要论争之一。该论争关乎哲学世界不同思维方式的对立和分歧。哲学的发展史，在一定的意义上，就是哲学自我追问的发展史；哲学自我追问的发展史，在其表现形态上，就是各种各样的哲学派别相互冲突、相互批判的历史。探索哲学的派别性，以及哲学在派别冲突中所实现的理论发展，对于哲学的自我理解，以及深化对哲学发展规律的认识，都是至关重要的。

二、学情分析

已有认知分析。 学生在高中阶段通过哲学常识的学习，已经知道哲学中有形而上学和辩证法的对立，但对二者只是存有初步印象。关于哲学史上为什么会呈现出形而上学和辩证法之间的经典论证，他们尚不具有充分的认知。学生对《哲学导论》话语中，尤其是马克思主义哲学语境下的辩证法与形而上学之争的焦点尚比较模糊。

能力状态分析。经过大学阶段哲学史和逻辑学的初步学习，学生已经对书本知识有一定的批判反思能力。就辩证法与形而上学的对立而言，学生能够基于既有的一般性概念，去理解更丰富的哲学史知识素材。但学生还需在哲学常识的基础上，能够在课后对哲学世界存在的辩证法与形而上学论争给出自己的评价。

学习需要分析。学生不只是满足于既已知晓的辩证法与形而上学的概念，或者在内心确认自己到底是在形而上学地思考问题还是在辩证地思考问题。他们期望对古今中外哲学的理解不只是标签化的，他们期待从标签中找到哲学家们或者说不同的哲学理论、思想或流派之间呈现出对立的一般性特征和内在分歧。

三、教学目标

【知识目标】

1. 学生能全面、深入地掌握辩证法究竟是什么，能总结分析辩证法的特点及其辩证法的本质属性；

2. 学生能追根溯源理解辩证法与形而上学之争的实质和根源，掌握并非仅仅是哲学派别之间的思想冲突或人类在思考问题时采取进路的差异，而是深刻地表征着人类自身存在的矛盾性；

3. 学生能理性看待形而上学和辩证法思考问题时各自采取的进路，会运用辩证法来认识现实生活中所面对的各类问题。

【能力目标】

1. 具备运用辩证法看待世界、分析问题的高度自觉，具备站在唯物主义立场上辩证地看问题的能力。

2. 能够尝试从人类存在的历史性去揭示哲学世界论争的历史演化，把哲学世界的论争理解为哲学自身演进发展的基本形式，具备反思性批判性思维能力。

3. 把全部哲学世界的理论思维区分为形而上学和辩证法两大类，这是根据"怎样想"问题而得出的基本认识，要形成坚持和发展运用辩证法的思维方式解决问题的能力。

【情感态度与价值观】

1. 哲学世界的论争是十分复杂的，哲学世界的冲突是在不同层次上进行的，哲学在层次上的递进又总是在论争分歧中实现的。因此，通过本讲使学生能够从思维方式这个层面去考察哲学世界的形而上学和辩证法之间的论争，培养"爱智"精神。

2. 哲学不仅是在不同派别的哲学论争中发展的，而且是在不同水平的哲学斗争中前进的，形而上学和辩证法之间的论争并不能简单归结为进步与反动的对立，需要我们辩证地看待问题，要能理性思辨求真。

3. 辩证法不仅仅是关于思维与存在的统一和发展的学说，而且还是"一种崇高的人生态度和人生境界"。真正掌握辩证法理论和思维方式，要有追求高尚精神生活和追求真理的持久热情和顽强毅力，要自觉地坚持和发展马克思主义哲学提出的唯物辩证法的思维方式来认识和解决问题。

四、教学重点、难点、创新点及解决措施

【教学重点及解决措施】

1. 把握辩证法和形而上学在"怎样想"的问题上存在的对立与斗争，带领学生明晰哲学上所谈论的思维方式是什么。

2. 辨析与澄清辩证法的概念，使得学生清楚辩证法在哲学世界到底意味着何种思维方式，进一步讨论该思维方式较之于形而上学思维方式的根本差异以及显著优势，从词源学、经验常识和概念思维层面，层层递进展示对辩证法的界定。

主要通过案例讲授、启发式提问、小组活动和讨论等措施帮助同学们开展探究性活动。在苏格拉底式的精神助产术的引导下，使得学生思考进入哲学世界的论争语境中。

【教学难点及解决措施】

本讲的难点是讲解作为一种思维方式的辩证法具有的两大特点——自在性与自为性，以及辩证法思维的批判性本质。为此，本讲将结合辩证法本身的划分方式，来讨论辩证法的特性。在向学生讲解辩证法思维方式的本质时，本讲将联系人类特有的活动方式，来帮助学生理解辩证法思维的批判性。

【教学创新点及解决措施】

本堂课的创新点包括：通过基础理论的学习带动对人类思维方式和人生态度与人生境界之间微妙关联的探讨与反思。重组教学内容，使学生感受到哲学世界的辩

证法和形而上学的论争并不只是存在于书本纸上的理论之争，它表征的是人类在思维世界的深层矛盾性，这种矛盾性可以从对日常生活中个人的人生态度和人生境界的审视中获得确认。

以生动形象的案例和游戏活动激发学生兴趣，在"剥洋葱式"的逐步深化的思维体操训练之下，使学生能知其然并知其所以然，掌握哲学的思维体系，构建哲学思维的批判性、本质性、总体性和反思性思维。

五、教学策略

【思维导图】

```
                            ┌─ 词源学上的辩证法
            辩证法的概念解析与澄清 ─┼─ 经验常识的辩证法
                            └─ 哲学思维层面的辩证法

辩证法与形而上学   辩证法的自在性与自为性特点 ─┬─ 辩证法的自在性
                                      └─ 辩证法的自为性

                            ┌─ 辩证法的哲学前提批判
            辩证法的批判性本质 ─────┴─ 形而上学的非批判性
```

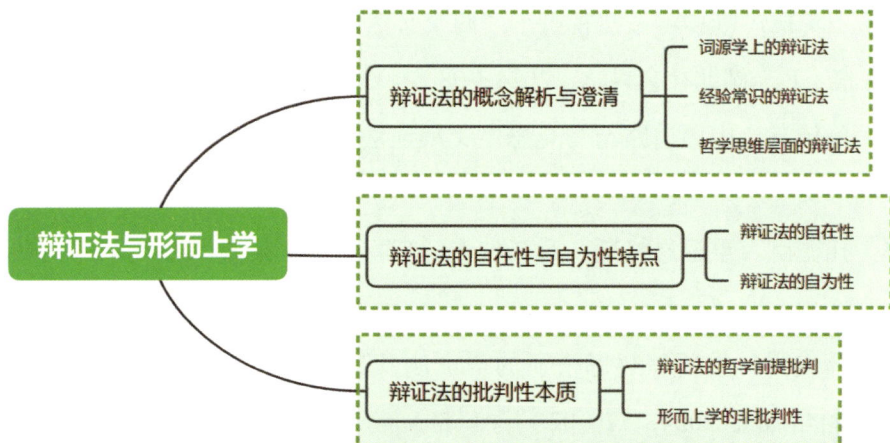

【教学模式及方法】

1. 启发式教学法：以"中医辩证施治"导入，启发学生进入哲学的自我反思。

2. 讨论教学法：通过案例分析、小组讨论开展探究性学习，开展哲学思考。

3. 理论讲授法：分析唯心主义和唯物主义论争的基本问题域，引导学生掌握和反思哲学世界唯物主义和唯心主义各自的基本观点，唯心主义产生的根源以及旧唯物主义存在的缺陷。

【教学内容重组与加工】

按照理论到现实、表层到深层的逻辑，从日常生活中使用"辩证""变化""发展"和"矛盾""联系"这一词语的语境开始，引导学生进入哲学世界中不同哲学家们围绕思维方式问题展开的论争，逐步深化到对于哲学世界辩证法和形而上学两种思维方式的探讨，并以代表性哲学家的经典论述为例，让同学们体会两种思维方式的含义、特点和本质。

【教学资源与技术手段】

1.线上资源库：（1）智慧树自建在线课程《哲学导论》，https：//coursehome.zhihuishu.com/courseHome/1000105558#teachTeam，由黄大年式教师团队主讲。（2）超星学习通。进行课前、课中、课后测试，开展小组讨论、抢答、投票等活动，实时监控教学进程，推荐有关线上资源阅读学习。

2.思辨素材库：本节所用的思辨素材有：（1）辩证法是变戏法吗？（2）阿喀琉斯是否能追上乌龟？

3.科研成果库：供学生在课前及课后进行探究和拓展阅读，在本节中使用和推荐的有关文献：

［1］王坤丽. 唯物辩证法视野下"两个必然"与人类命运共同体理论契合关系的四维考察［J］. 湖北社会科学，2024（08）：42-49.

［2］单传友. 中国道路与马克思主义辩证法的时代重构［J］. 江汉论坛，2024（06）：83-89.

［3］孔德臣. 重返恩格斯：对三种误解唯物辩证法模式的批判［J］. 湖北社会科学，2024（06）：5-15.

［4］薛俊强. 重新理解恩格斯的辩证法及其方法论意义［J］. 武汉大学学报（哲学社会科学版），2024，77（02）：61-69.

［5］杨淑静. 何谓唯物辩证法——从马克思的博士论文说起［J］. 吉林大学社会科学学报，2023，63（06）：168-176+234.

4.思政素材库：本节使用到了以下有关资源：

［1］林进平. 把握"两个结合"的唯物辩证法精神，建设中华民族现代文明［J］. 学术研究，2024（02）：1-7.

［2］张政，王立文. 论习近平新时代中国特色社会主义思想的辩证唯物主义底蕴［J］. 山东社会科学，2024（04）：22-30.

［3］许全兴.《实践论》和《矛盾论》对马克思主义哲学中国化的启示［J］. 中国社会科学，2013（12）：22-35+204-205.

【教学信息收集与处理】

课前进行在线预习了解基础知识点，并通过习题测验了解学生认知水平，通过教学现场的理论讲授、思想实验、观点辨析等活动，开展小组讨论、案例分析，在课堂讨论中收集对于该学习内容的掌握程度情况。最后，帮助学生通过具体问题反思教学内容，真正理解并学到知识点；介绍阅读经典和前沿文献，布置有关思考习题，帮助学生继续思考本节内容，扩展课后的研究兴趣，拓宽自己的知识深度与广度。

【教学参与的切入】

在本堂课的教学中，通过运用贴近日常的案例唤起同学们的参与课堂主题的兴趣，使他们进入哲学论争的话题语境中，以案例引导学生探究思维方式、辩证法的含义，在案例中感受思维方式的重要性和魅力，掌握辩证法的思维方式，并进一步通过观点辨析、头脑风暴引导学生思考辩证法的根本特质，掌握辩证法的批判本性。

▽ 六、课前探究

1. 进行本节的智慧树在线课程预习。

2. 课前了解马克思、恩格斯《德意志意识形态》和列宁的《唯物主义和经验批判主义》和《哲学笔记》等经典文本的主要内容。

🌐 七、教学过程

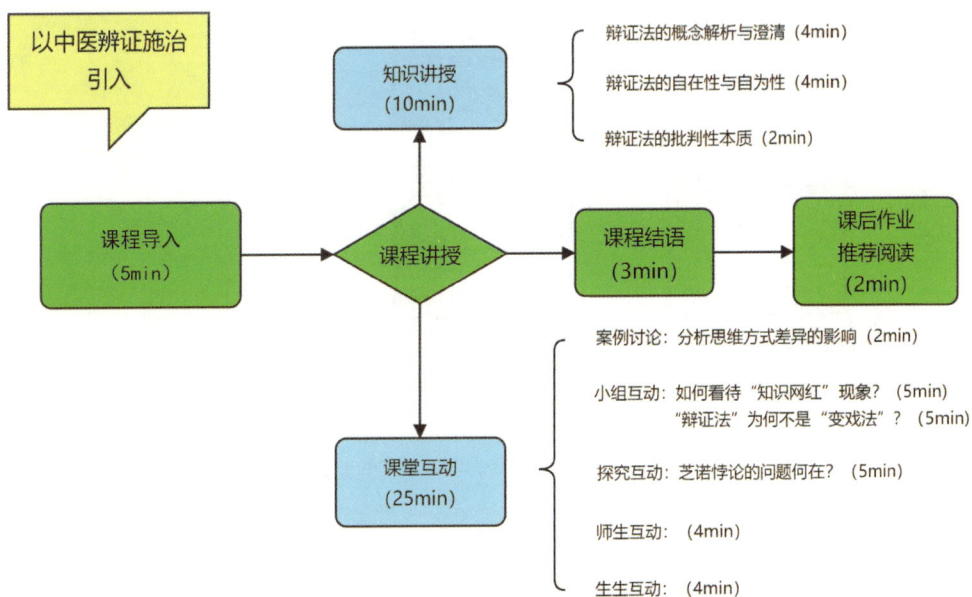

环节一：课程导入

教学活动	设计意图
在前面的课堂中我们已经学习了什么是哲学，哲学研究什么，也了解了哲学视域的独特性，本节来继续深入探讨古往今来的哲学家们在哲学这个厮杀的战场中到底进行了哪些论争。 　　【探究一：视频导入】比如遇到一些疾病，去看中医，医生说要对某一病症辨证施治。那么究竟何为"辨证地施治"？ 　　【教师解读】我们常会说不以孤立、静止、片面的观点来看病，不同于头痛医头、脚痛医脚。"辨证施治"是中医最具特色的诊断和治疗疾病的方法，"辨证施治"是中医治疗学中的总纲。"辨证"是诊断疾病或诊断推理过程；施治是论证决策治疗方案的过程。运用望、闻、问、切四诊收集资料，然后对这些资料进行分析，这就是"辨证"，包括辨病因、辨病位、辨病性、辨病情及辨病机，然后辨出病症，即病名和症名，从而完成了辨证过程。比如感冒，就有风寒、风热、暑湿等多种病症，治疗上是完全不同的。 　　辩证法具有极强的思维力量。原来我们对辩证法可能有粗浅的认识，在日常生活中我们也常常会说"要辩证地看待问题"，但是现在作为哲学专业的学生，更有必要深入了解一下辩证法是什么？辩证法有何魅力？为什么辩证法有如此魅力？	运用贴近日常的案例唤起同学们的参与课堂主题的兴趣，使他们进入哲学论论争的话题语境中。 　　【课程思政】 　　中医的辨证法思想博大精深，是重要的现实践与运用。

环节二：课程讲授"何为人的思维方式。"

教学活动	设计意图
我们常说"思路决定出路"，思维方式对我们认识和改造世界具有重要作用。古往今来的哲学家们会根据不同的思维方式来"想问题"。若要哲学地考察，人类思维有哪些主要的思维方式呢？什么是哲学所界定的思维方式？ 　　接下来请观看如下图片，思考何为思维方式：  　　这幅图片正看是巫婆，倒看是美女。有时候反过来思考，往往会取得意想不到的效果。比如，市场上出售的无烟煎鱼锅就是把原有煎鱼锅的热源由锅的下面安装到锅的上面。这就是利用逆向思维，对结构进行反转型思考的产物。 　　【探究二：案例分析】请结合如下几个案例思考思维方式的差异性会带来什么影响？ 　　案例1：洗衣机的静音问题 　　当初，为了解决洗衣机脱水缸的颤抖和由此产生的噪声问题，工程技术	通过案例引导学生探究思维方式的含义，在案例中感受思维方式的重要性和魅力。

教学活动	设计意图

人员想了许多办法：先加粗转轴，无效；后加硬转轴，仍然无效。最后，他们来了个逆向思维，弃硬就软，用软轴代替了硬轴，成功地解决了颤抖和噪声两大问题。

案例2：吸尘器的发明

1901年，伦敦举行了吹尘器的表演，它用强大的气流将灰尘吹走。吹尘器除尘后，地面是干净了，可吹起的灰尘却呛得人透不过气来。一位设计师却由此联想如果反过来"吸尘"是否可行呢？不久，一个简易的利用负压的"吸尘器"诞生了。我们今天使用的真空吸尘器，还是根据这一原理设计的。

【学生回答】在超星学习通中提交自己对思维方式的理解，形成词云，抓取学生的思维指向。

【教师解读】教师针对回答做出评论，给出哲学意义上的思维方式内涵：

所谓思维方式是一定时代人们的理性认识方式，是人的各种思维要素及其结合，按一定的方法和程序表现出来的相对稳定的定型化的思维样式，是主体观念地把握客体，即认识的发动、运行和转换的内在机制和过程。人们的思维方式是同一定的历史时代、实践发展水平和科学文化背景联系在一起的，是社会发展各种思想文化要素的综合反映和综合体。

思维方式，是思维的内容与形式相结合的逻辑，是思维范畴的"联系的必然性"及其"差别的内在的发生"的逻辑，是思维"自己构成自己"的逻辑，因而是思维的存在方式。我们之前也了解了常识的思维方式、科学的思维方式，思维方式是思维的本体论、认识论和方法论的统一，也即是在反思思维到底是什么，思维与存在的关系，如何思维等问题。

辩证法和形而上学作为两种思维方式，我们在讨论它们之间的对立与斗争之前，首先应当明确这样一些基本认识：

其一，思维方式既是思想的"程式"和"方法"，又是思想的"框架"和"逻辑"，因而需要从本体论、认识论和方法论的统一中去看待辩证法与形而上学这两种思维方式。

其二，人类以常识的、科学的和哲学的三个层次的概念框架去把握世界，它们直接地表现为三种不同的思维方式，因而需要从常识、科学和哲学的相互关系中去看待辩证法与形而上学这两种思维方式；

其三，人类的理论思维是历史的产物，每个时代的理论思维都具有不同的内容和形式，因而我们需要从不同的时代特征和不同的时代水平去看待辩证法与形而上学这两种思维方式的对立与斗争。

环节三：课程探究辩证法的概念辨析与澄清

教学活动	设计意图
不同的思维方式便会构成不同的世界图景。我们常说要辩证地看问题。那么，辩证地看问题到底是一种什么样的思维方式？ 　　【探究三：分组讨论】请同学们试着辩证地看待"知识网红"现象？ 　　【学生回答】小组讨论选派代表回答。 　　【教师解读】考查学生的辩证思维能力，在课堂上进行即时诊断。 　　可能有的人认为：关注，但不盲从。想要获取知识，就不要把"知识网红"当作唯一的权威，要靠自身的理性判断。期待平台方不断完善内容监管和审核机制，建立起专业人才库，同时有专业的顾问为内容把关，让知识分享更加专业化，更具有责任感。有的人可能认为："陷入学习"的可能性很小。短视频式零散的知识分享的确很吸引人，但究竟是看热闹还是真的在学东西，完全看个人选择。 　　"辩证"一词源出古希腊文，原意是谈话和论战。古希腊哲学家把在辩论时通过揭露和克服对方议论中的矛盾以取得胜利的艺术称作辩证法。众所周知，在哲学领域，辩证法是与形而上学相对应的一对范畴，也是不同的思维方式的体现。 　　在认识上我们要避免常识性的误区。通常是在经验常识的思维方式中去解释辩证法及其与形而上学的关系。例如，关于辩证法和形而上学的通常解释是"辩证法认为，世界上一切事物都是发展变化的，事物发展的原因在于它内部的矛盾性。相反，形而上学用孤立的、静止的和片面的观点去看世界，把一切事物看成彼此孤立的和永久不变的，如果说到变化，也只是限于数量的增减和位置的变更，而不承认事物的实质的变化；并且硬说一切变动的原因在于事物外部的力量的推动"。这是我们常用的思维方式，但是否真正掌握了哲学上辩证法的基本要义呢？请对以下思想实验进行分析： 　　【探究四：思想实验】 　　芝诺悖论： 　　1. 飞矢不动：设想一支飞行的箭。在每一时刻，它位于空间中的一个特定位置。由于时刻无持续时间，箭在每个时刻都没有时间而只能是静止的。鉴于整个运动期间只包含时刻，而每个时刻又只有静止的箭，所以，飞行的箭总是静止的，它不可能在运动。 　　2. 阿喀琉斯追不上乌龟。阿喀琉斯是古希腊神话中善跑的英雄。在他和乌龟的竞赛中，他速度为乌龟十倍，乌龟在前面 100 米跑，他在后面追，但他不可能追上乌龟。乌龟会制造出无穷个起点，它总能在起点与自己之间制造出一个距离，阿喀琉斯就永远也追不上乌龟！ 　　同学们认为芝诺悖论的问题在哪里？ 　　【学生回答】各组选派学生回答，找出悖论中的思维漏洞。 　　【教师解读】 　　这种解释的问题在于，它没有区分经验层面的常识思维与概念层面的哲学思维，以致人们的思想总是滞留在经验层面，以常识思维去看待哲学思维。	通过案例分析引导学生探究辩证法的基本含义，掌握辩证法的思维方式。 　　【课程思政】 　　哲学不仅是在不同派别的哲学论争中发展的，而且是在不同水平的哲学斗争中前进的，形而上学和辩证法之间的论争并不能简单归结为进步与反动的对立，需要我们辩证地看待问题，形成辩证思维、批判性思维。

续表

教学活动	设计意图
列宁在《哲学笔记》一书中，就以黑格尔对古希腊哲学家芝诺分析为例，深刻地阐述了经验层面的常识思维与概念层面的哲学思维的区别。芝诺的错误，是由于他试图从运动的本质上去理解"运动的真实性"，但却不能以概念的辩证法去把握运动的结果，而绝不是由于他在"感觉的确实性"上否认运动，即绝不是由于他在经验层面上否认"运动"。正因如此，列宁由对芝诺的"飞矢不动"这个命题的分析，而得出了极为重要的哲学结论："问题不在于有没有运动，而在于如何在概念的逻辑中表达它。" 从现象上看"运动"就是物体在某一瞬间在一个地方，在接着而来的另一瞬间则在另一个地方；但是，这种解释所描述的是运动的结果，而不是运动自身；它没有指出运动的可能性，而把运动描写成为一些静止状态的总和、联结。因此，芝诺的"飞矢不动"的命题是错误的。所以，我们在把握哲学层面的辩证法时，应当注意避免误区。	

环节四：课堂探究辩证法的批判本性

教学活动	设计意图
学生在了解辩证法的自在性和自为性之后，还需要从更根本的方面深化对辩证法与形而上学的对立与斗争的理解。 提醒同学们，辩证法在同形而上学相对照时，最根本的性质在哪里？ 【探究五：观点辨析】有人认为，辩证法就是"变戏法"或者说诡辩，你怎么看？ 辩证法 = 变戏法？	通过观点辨析引导学生思考辩证法之为辩证法的根本特质，掌握辩证法的批判本性。

教学活动	设计意图
【学生回答】学生通过头脑风暴，指出辩证法和变戏法与诡辩的差异。 【教师解读】 　　很多同学在学习辩证法的时候都容易犯知性思维的错误。事实上，对辩证法的最大曲解，就是以知性思维方式去理解辩证法，从而把辩证法变成某种公式化、形式化的东西。所谓知性思维，主要是指形式逻辑思维。以这种知性思维去理解和解释辩证法，辩证法很容易被曲解为诡辩论类的东西。例如，按照形式逻辑同一律的要求，则 A= A；而按照所谓辩证法的形式原则，则 A=A，同时 A 又不等于 A。从知性思维原则无论如何也无法理解这种形式矛盾，因为它将使任何思维确定性的要求化为乌有了，去除了思维的客观性，逐渐地就导致了相对主义、诡辩论，使得思维陷入了貌似机智的绝对混乱之中。 　　另外，还有很多同学，由于未对辩证法的"批判性"引起应有的重视，或者仅仅把"批判性"视为辩证法的一种"功能"，因而使辩证法成为一种非反思的思维方式，从而把辩证法当作某些知识性的现成结论，也需要进行深刻剖析。 　　【探究六：提问互动】同学们在对辩证法的了解中，认为辩证法为什么是"批判"的呢？形而上学是"批判"的吗？ 　　【学生回答】超星学习通中随机选人回答。 　　【教师解读】 　　辩证法之所以在本质上是批判的，从根本上说，是因为人对世界的统一关系是否定性的统一，思维对存在的统一关系是否定性的统一对世界的关系，是人以"物种的尺度"和"人的尺度"去改造世界，把世界变成人所期待的世界，让世界满足人的需要。因此，这种人与世界、思维与存在之间的否定性统一性关系，构成了辩证法批判本性的现实基础，即：人以否定的、批判的态度去看待现存的一切。马克思说，辩证法在它的"合理形态"上，就是"在对现存事物的肯定的理解中同时包含对现存事物的否定的理解，即对现存事物的必然灭亡的理解；辩证法对每一既成的形式都是从不断地运动中，因而也是从它的暂时性方面去理解；辩证法不崇拜任何东西，按其本质来说，它是批判的和革命的"。 **刻舟求剑** 辩证法 VS 形而上学 　　与辩证法的批判本性相反，形而上学的本性在于它的非批判性。哲学层面的形而上学理论，并不是一般地否认"矛盾""运动""变化"和"发展"，而主要是否认思维与存在的"矛盾"，否认思维和存在的矛盾关系的"发	【课程思政】 　　辩证法不仅仅是关于思维与存在的统一和发展的学说，而且还是"一种崇高的人生态度和人生境界"。真正掌握辩证法理论和思维方式，要有追求高尚精神生活和追求真理的持久热情和顽强毅力，要有超越狭隘功利目的的哲学态度。

续表

教学活动	设计意图
展"。形而上学的思维方式之所以是在"绝对不相容的对立中思维",之所以认为"是就是,不是就不是,除此之外,都是鬼话",从根本上说,就在于它离开人的实践活动及其历史发展,不是把思维与存在的统一看作矛盾运动中的统一、历史发展中的统一,而是看作直接的统一、不变的统一。因此,它在对现存事物的"肯定的理解"中总是排斥对它的"否定的理解"。它对每一种"既成的形式"总是排斥从它的"暂时性方面"去理解。这就是与辩证法相对立的形而上学的非批判性本性。	

环节五：课堂小结

教学活动	设计意图
通过这节课的学习我们会发现哲学世界的辩证法与形而上学的论争主要存在于方式层面。其中辩证法主要是以运动、变化、发展、联系和矛盾的观点看世界、想问题,而形而上学则并非看不到事物的运动、变化、发展和联系,主要是在思考事物或问题的时候,倾向于用孤立、静止、片面、永恒的观点去表征实际事物。 辩证法具有自在性和自为性。其中自在性是指辩证法是物质世界本身所固有的,辩证法又是物质世界长期发展的产物——人类思维——所固有的,辩证法又是思维与存在的关系所固有的,辩证法同样是人类的实践活动所固有的。而辩证法的自为性是指辩证法本身需要自觉的"发展和锻炼"。辩证法以批判性作为自己的本质,是一种比形而上学更完备的思维方式。	1. 帮助学生梳理本节的核心内容。 2. 帮助学生确定本节的学习重点和知识。

环节六：课后作业、预习任务、推荐阅读

教学活动	设计意图
【思考题】 1. 辩证法和形而上学两种思维方式论争的分歧在哪里? 2. 为什么说批判是辩证法的本性?如何准确理解辩证法的批判? 【推荐阅读】 1. ［苏］奥伊则尔曼主编. 辩证法史：德国古典哲学［M］. 徐若木,冯文光译. 北京：人民出版社,1982. 2. 孙正聿. 辩证法研究［M］. 长春：吉林人民出版社,2007.	1. 帮助学生通过具体问题反思教学内容,真正理解并学到知识点。 2. 帮助学生继续思考本节内容,扩展课后的研究兴趣。

八、板书设计

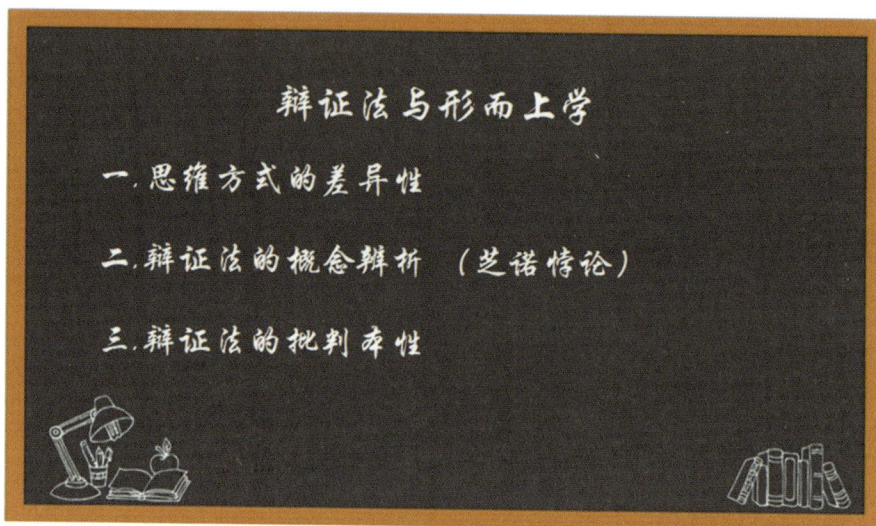

辩证法与形而上学

一、思维方式的差异性

二、辩证法的概念辨析 （芝诺悖论）

三、辩证法的批判本性

九、教学设计反思

本节在教学中需要高度重视的是应避免将辩证法简化为一套固定的模式或公式，而是要引导学生理解其深层次的哲学意义和实践价值。在教学设计中可以站在学生的角度思考，可以通过调查问卷、小组讨论等方式，了解学生对辩证法和形而上学的初步认识和兴趣点，然后根据这些信息调整教学策略，使教学内容更加贴近学生实际需求。

在本节结束后，一是需要反思学生是否真正理解了辩证法的实质，辩证法是一种动态的、发展的思维方式，它强调事物的相互联系、相互作用和变化发展，不能将其视为一种公式化或形式化的工具。二是需要查看学生是否存在以知性思维方式去理解辩证法的倾向。知性思维倾向于将事物静态化、孤立化，而辩证法则要求我们动态地、联系地看待问题。教学中应设计活动，如案例分析、角色扮演等，帮助学生从知性思维转变为辩证思维。

在教学内容方面，本节的理论性较强，内容往往难以吸引学生的注意力。因此，教学设计需要尽可能地生动活泼，有趣有料，例如引入历史故事、现实案例等，让学生在具体情境中感受辩证法和形而上学的论争，从而增强他们的学习兴趣和理解深度。另外，尤为重要的是，教学中不仅要讲解辩证法和形而上学的理论，还应探讨它们在现实生活中的应用。例如，可以讨论辩证法在解决社会问题、科技创新等领域的实际作用，这样的讨论有助于学生理解这些哲学概念的现实意义。

在教学过程中，应鼓励学生批判性地思考辩证法和形而上学的观点，而不是被动接受。可以通过设置辩论、批判性写作等活动，让学生在探讨和辩论中深化对辩证法和形而上学的理解，培养他们的批判性思维能力。

06 哲学的批判性与批判性思维

> 章节名称：第四章 哲学的思维方式　　第二节 哲学的批判性与批判性思维
>
> 计划学时：45 分钟

一、教学内容分析

【主要内容】

1. 什么是批判性思维？

2. 为什么要学习批判性思维？

3. 如何学习批判性思维？

【地位作用】

哲学思维不仅是一种反思性思维，而且是一种批判性思维。哲学的批判性体现为思维的反思性和思维的批判性。深入学习了解哲学的批判性思维是开展哲学思考、了解哲学思维方式的重要手段，学生通过学习"哲学思维的方式"进一步深入了解哲学思维的内核，从反思性思维进一步深入了解到批判性思维，为之后开展哲学问题的学习奠定良好基础。

二、学情分析

认知水平分析。经课前调研和测试，学生在对"哲学思维"或反思性思维已有一般的了解；本节内容承上启下，理论有一定的延续性，但学生从认识论上对"批判性思维"尚未开展系统全面的学习，还需要不断深化认知。

能力状态分析。学生需要具备基本涉及哲学思维方面的知识，通过课后作业和课前预习了解，学生们对于批判性思维已有初步认识；对于海德格尔的问题形式以及康德的批判和思维概念已有一定了解。但同时发现，学生对于批判性思维的含义还没有确切的理解；对于学习批判性思维的目的了解尚不深入。

情感态度分析。通过前期学习初步具备反思性思维意识，还需通过学习"哲学思维的方式"进一步深入了解哲学思维的内核，从反思性思维进一步深入了解到批判性思维，在学习和思维训练中不断地思辨求真。

◎ 三、教学目标

【知识目标】

1. 学生能够理解"批判性思维"的含义；

2. 学生能掌握批判性思维问题的结构形式；

3. 学生能够理解和掌握"四假象"；

【能力目标】

1. 学生在学习中能够运用批判性思维的方法；

2. 学生能够具备一定的批判性意识；

3. 学生能够形成独立分析哲学文本的能力。

【情感态度与价值观】

1. 批判性思维不仅仅是一种哲学思维，更是一种生活态度，具有批判性思维的人能理性地与他人交流、交往与合作。对于全球化时代下的世界公民而言，具备批判性思维是对每个中国学生的基本要求；

2. 思维是人之为人的重要属性，人与其他存在者最大的不同在于人有思维、人能"思考"，即使人类自身身体机能有限，但因为有其思维的能力，所以人能在宇宙间获得尊严。做一个勤于思考、善于思考的人，才是一个对国家、对社会有用的人；

3. 人既不全知、也不全能、全善，人是有限的。人的本性的有限性在认识能力上的体现在于人拥有感性直观，而"非理智直观"，人拥有概念的思维，且需要遵循一定规则。因此，我们需要认识到自己的无知与不足，常审视自我，开展反思，获得更加理性、科学的认识；

4. 信息大爆炸的时代中，每个人都可以自由地发声，但并不代表每个人都是理性地发声。尽管人潜在地拥有自由思考的能力，但并不是所有人现实地拥有自由思考的能力，我们需要理性思考和判断，需要掌握思考的技巧，能够做到"切问而近思"，能够提出"真问题"，去学真理、求真知。

四、教学重点、难点、创新点及解决措施

【教学重点及解决措施】

1. "批判性思维"的内涵；

2. 学习批判性思维的意义；

3. 培根的"四假象"说。

主要通过案例讲授、启发式提问、小组活动和讨论等措施帮助同学们开展探究性活动，在苏格拉底式的"反诘法"中推动学生进行哲学思维体操训练。

【教学难点及解决措施】

1. 批判性思维的含义；

2. 批判性思维的运用。

【教学创新点及解决措施】

本堂课的创新点包括：通过基础理论的学习带动现实问题的探讨，重组教学内容，对日常生活中习以为常未经审视的对于真理的有关认识开展哲学反思，对时代发展中的问题进行哲学审视。

以生动形象的案例和游戏活动激发学生兴趣，在"剥洋葱式"逐步深化的思维体操训练之下，使学生能知其然并知其所以然，掌握哲学的思维体系，构建批判性思维。

五、教学策略

【思维导图】

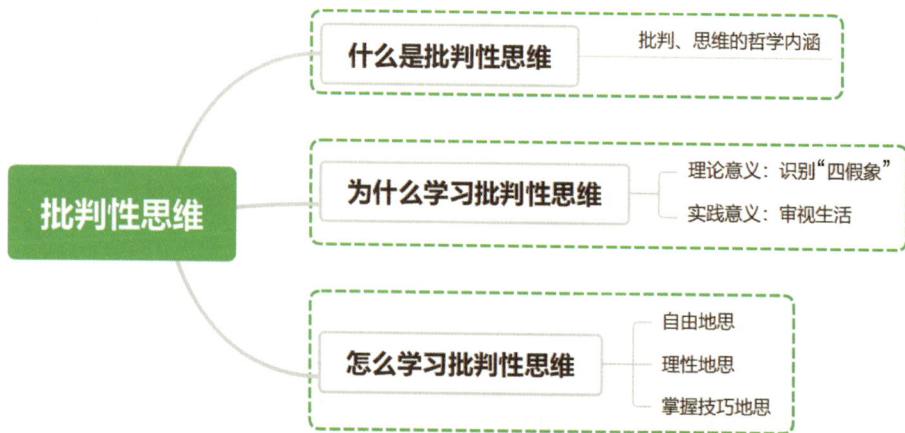

【教学模式及方法】

1. 启发式教学法：以柏拉图《理想国》洞穴之喻导入，引导学生批判性的思考。

2. 讨论教学法：通过案例分析、小组讨论，开展探究性学习，查找理论漏洞。

3. 理论讲授法：通过分析"批判"和"思维"的含义，进而澄清"批判性思维"的基本内涵。

【教学内容重组与加工】

通过分析帕斯卡尔、爱因斯坦和康德关于"批判"和"思维"的论述，明晰批判和思维的含义；通过研读培根《新工具》中的"四假象"学说，让学生意识到批判性思维的重要性。

【教学资源与技术手段】

利用在线开放课程（MOOC）平台，如《批判性思维》课程为学生提供丰富的视频讲座和互动讨论题，以增强学生的自主学习能力和批判性思维。开展混合式教学，结合线上资源和线下课堂教学，线上用于自学和完成考核任务，线下用于重点提示和练习，以及课堂测试，提高学习效率和深度。通过学习通建立互动讨论平台，建立线上讨论区，鼓励学生就哲学问题进行讨论，通过对话和辩论提升批判性思维能力。建立哲学案例库，收集历史上的哲学辩论和现代哲学问题，让学生在分析案例中锻炼批判性思维。

【教学信息收集与处理】

利用多媒体工具，使用新媒体技术，如在线问卷、学习管理系统（LMS）等，收集学生的基本信息和学习偏好，帮助教师快速收集和整理大量数据。在课堂上，通过学习通平台即时开展小组讨论、投票、小组互评等互动方式，收集学生对特定哲学问题的看法和理解程度。通过课后作业、小测验和讨论板，收集学生对课程内容的掌握情况和批判性思维能力的发展。利用教学软件和应用程序，如思维导图工具，帮助学生组织和处理信息，促进批判性思维的发展。

【教学参与的切入】

从学生关心的现实问题入手，如社会热点、伦理困境等，激发学生的兴趣、吸引学生的注意力，促进学生的主动学习和深入思考，进一步引导学生运用批判性思维进行分析和讨论，并让他们意识到哲学思考的实际价值。将理论讲解与案例分析结合，通过讲授批判性思维的定义、特点和作用，结合历史上的哲学案例，如苏格拉底的"诘问法"，来展示批判性思维的实际应用，帮助学生理解批判性思维在哲学探究中的重要性。通过问题驱动，提出具有挑战性的问题开展互动讨论，提出问题和回答问题来培养他们的批判性思维。

▽ 六、课前探究

本堂课作为《哲学导论》课中"哲学思维方式的多维性"中的重要一节，课前探究使学生对何以求得真理这一问题产生兴趣非常重要，教师设计的课前探究包括：

1. 学生追问什么是批评性思维；

2. 学生尝试对人类认识过程中如何确保思维客观性开展哲学反思。

🌐 七、教学过程

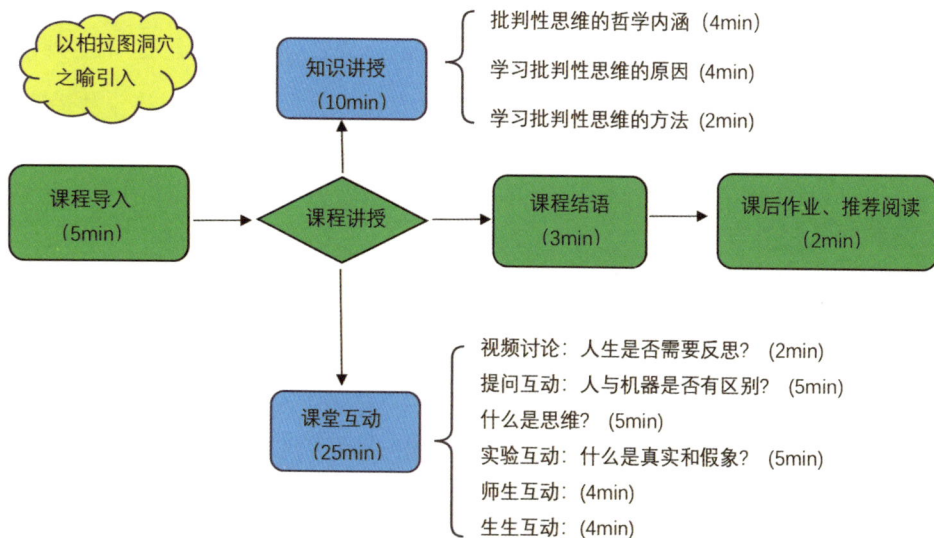

环节一：课程导入

教学活动	设计意图
了解了"哲学的反思性与反思性思维"，本节深入探讨批判性思维。哲学思维不仅是一种反思性思维，而且也是一种批判性思维。 【视频播放：《疯狂原始人》片段】 【提问互动一：启发探究】你是如何看待原始人的洞里与洞外的世界的？看完这段视频有何感想？ 【学生回答】超星学习通进行抢答。 【教师解答】《疯狂原始人》虽然是一部极其轻松欢乐的喜剧电影，但是实质上可以带给我们很多思考，能引起我们深刻的反思。可能我们会联系人生、联系到对现实世界的理解、联系到人类认识的可能与局限等方面。从哲学上来看，可以说与柏拉图《理想国》中"洞穴比喻"有着异曲同工之妙。 　　为了让大家深切体会到这一点，我们今天一起来做这个思想实验。现在请大家和我一起去想象、去感受："假定有一些从小就被捆绑着不能转身的囚犯面朝洞壁坐在一个山洞里，洞口外面有一堆火在洞壁上照出一些来往木偶的影子，这些囚徒一直以为这些影子就是现实的事物；直到有一天一个囚徒解除了束缚，转身看到火光下的木偶，才知道以前看到的只是一些影子；等他走出洞口，看到阳光照耀下的万物，才知道那些木偶也不是真正的事物本身，不过是人与自然物的摹本。但他这时还不能直接看太阳，只能看太阳在水中的倒影，等到他逐渐适应了，他才能看见太阳，并终于明白了太阳才是最真实的东西。" 　　很多时候，我们便是"洞穴中人"，就像经典影片《楚门的世界》，我们所见、所闻、所感并非真实之物。我们中很多人，或许一辈子都活在"洞穴"中、生活在"诸假象"中，未能走出洞穴。从"洞穴"走出并不容易，每一步都伴随着痛苦、恐惧、未知，同时也伴随着希望。人的一辈子在某种意义上就是逃脱洞穴！ 电影《楚门的世界》剧照	1.通过观看感兴趣的经典电影，引导学生做哲学思考。 　　2.通过思想实验，让学生体验到思考的魅力与愉快。

环节二：课程讲授"什么是批判性思维"

教学活动	设计意图
本节我们讨论三个问题： 1. 什么是批判性思维？ 2. 为何要学习批判性思维？ 3. 如何学习批判性思维？ 【提问互动二：小组讨论】 霍布斯认为，当光纤射入我们的眼睛或声音传入我们的耳朵时，眼睛或者耳朵中的原子开始运动。然后这种运动传递到相邻的原子，并通过一系列连锁反应往下传递，直到大脑中的原子开始振动，大脑中的原子的振动即为我们所说的视觉或听觉，看见或听见。当我们在思考时，也只不过是某些原子以特定的方式在振动。你赞同这种观点吗？你怎么看？ 【学生回答】各组选派代表回答。 【教师解读】霍布斯的这种观点或许让我们觉得他把"人当成机器"，在某种程度上是对"人类意识的忽略"、对人类情感的消解……我们会从各种不同的视域提出自己的观点，进行某种批判与反思。那么，什么是批判性思维呢？ "批判"（die Kritik）和"思维"（Das Denken）这两个概念是西方哲学史中最为核心的概念。 　　何为"批判"？讨论"批判"概念，人们绕不开康德。"康德哲学"以"批判哲学"著称，他的三大批判《纯粹理性批判》《实践理性批判》《判断力批判》奠定了"批判哲学"的基石。 	1. 讲授什么是"批判性思维"，通过分析哲学文本，让学生深入、细致地理解批判性思维的内涵。 【课程思政】 　　通过思想实验，学生将深切体会到"批判性思维"并不仅仅涉及认识而且涉及人的生活方式。

教学活动	设计意图
三大批判的任务是什么？三大批判之间的关系是什么？三大批判如何构成批判体系的基石？在《纯粹理性批判》第一版序言第二段，康德指明了"纯粹理性批判"批判的对象及任务："我所理解的纯粹理性批判，不是对某些书或体系的批判，而是对一般理性能力的批判，是就一切可以独立于任何经验而追求的知识来说的，因而是对一般形而上学的可能性和不可能性进行裁决，对它的根源、范围和界限加以规定，但这一切都是出自原则。" 　　从这段话可分析出：1. "批判"的对象不是书或体系，"书"或"体系"不过是运用"理性"后所得到的结果，而是一般的理性能力。康德试图通过审查一般理性的能力，裁定它们的范围和界限，阻止试图作超验运用的思辨理性。2. "批判"是理性作审查、裁决、规定的活动。 　　"批判"是人的理性所具有的一种审查、裁决、规定的能力。理性对什么是合理的、什么是不合理的作出"审查"，随后对"不合理的东西"作出裁决，最后划清界限，使它们井水不犯河水。 　　【提问互动三：课堂启发】什么叫"思维"？ 　　【教师解读】 　　法国思想家布莱兹·帕斯卡尔将思维与人的尊严结合起来思考。他写道："我很能想象一个人没有手、没有脚、没有头。然而，我不能想象人没有思想：那就成了一块顽石或者一头畜生了。"于帕斯卡尔看来，于人而言，最重要的不是身躯，而是人的思想。人的独特之处在于人能"思考"，这是人区别于其他事物的地方。"人只不过是一根苇草，是自然界最脆弱的东西；但他是一根有思想的苇草。用不着整个宇宙都拿起武器来才能毁灭他；一口气、一滴水就足以致他死命了。然而，纵使宇宙毁灭了他，人却仍然要比致他于死命的东西更高贵得多；因为他知道自己要死，以及宇宙对他所具有优势，而宇宙对此却是一无所知。""因而，我们全部的尊严就在于思想。正是由于它而不是由于我们所无法填充的空间和时间，我们才必须提高自己。"这是帕斯卡尔对人的理解，人与其他存在者最大的不同在于人有思维、人能"思考"，甚至人的全部尊严就在于思考。概言之，思维是人的本质规定。	【课程思政】 　　思维是人之为人的重要属性，人与其他存在者最大的不同在于人有思维、人能"思考"，即使人类自身身体机能有限，但因为有其思维的能力，所以人能在宇宙间获得尊严。做一个勤于思考、善于思考的人，才是一个对国家、对社会有用的人。

教学活动	设计意图
爱因斯坦在《自述》中如此写道："准确地说，'思维'是什么呢？当接受感觉印象时出现记忆形象，这还不是'思维'。而且，当这样一些形象形成一个系列时，其中每一个形象引起另一个形象，这也还不是'思维'。可是当某一形象在许多这种系列中的一个起支配作用的元素，因为它把那些本身没有联系的系列联结了起来。这种元素便成为一种工具、一种概念。"我认为，从自由联想或者"做梦"到思维的过渡，是由"概念"在其中所起的或多或少的支配作用来表征的。比如我们在日常学习中，常常设计的思维导图。 爱因斯坦与其他思想家在探讨大问题时，并不是单刀直入，而是以否定的方式去探讨。爱因斯坦首先指出：1. 感官所接受的记忆形象不是思维；2. 记忆形象的系列也不是思维。随后指出，只有当"某一形象"在许多这种系列的一个起支配作用的元素时，它才是思维。爱因斯坦对于思维的理解与康德不谋而合。在《纯粹理性批判》"先验方法论"的"要素论"的"先验分析论"中，康德花了近百页的篇幅讨论"直观"与概念之别、思维与概念之间的关系。 康德看来，我们的知识产自内心的两个来源：其一，接受表象的能力（感性）；其二，通过这些表象认识一个对象的能力。通过感性，一个对象被给予我们，通过知性，被给予我们的表象与表象的关系被思维。知性是一种对感性直观的对象进行思维的能力。概言之，感性与直观相关，知性与思维相关。"思维"一个对象需要运用概念，因此讨论思维时，人们不得不讨论概念。 爱因斯坦　康德 结合三位思想家就"思维"的论述，我们可以归纳出：思维是人所特有的一种能力，它与人的尊严相关。思维是理性或知性的一种能力，一种运用概念作判断、推理的能力。 通过分析"批判"和"思维"这对概念的含义，简而言之："批判地思维"是理性/审查、裁决概念、判断、推理的一种能力。	

环节三：课程讲授"为什么要学习批判性思维"

教学活动	设计意图
哲学之路是一条思之路，如何通向"思"之路，学习"批判地思"或"哲思"是通向哲学之路的方式之一。 　　（一）理论意义 　　1.通过批判地看（阅读）、批判地听（听他人的主张、理由、推理）、批判地思，人们将学会批判地考察一切，摆脱盲从、摆脱服从权威的心理，开始勇敢、独立地思。这种品质是选择走哲学之路的人所必备的品质。因此，"学会批判地思"可视哲学之路的起点。这门课将为大家以后的研究哲学打下坚实的基础。在这门课上，希望大家大胆地思、自由地思。 　　2.识别四假象 　　人的有限性决定人既不全知、也不全能、全善，人的有限性使人时常受四类假象所欺骗，培根将这些假象归纳为：族类假象、洞穴假象、市场假象、剧场假象。	1.向学生揭示学习批判性思维的重要意义。 　　2.通过研读培根《新工具》中的"四假象"，让学生理解学习批判性思维的重要性与必然性。

　　一是族类的假象——人类

　　【探究一：实验互动】现在我们做一个物理实验，当我们将一根筷子插入一个透明的玻璃杯中，大家通过透明的玻璃杯会看到什么？

　　【学生回答】据观察结果进行回答。

　　【教师解读】

　　将"筷子"插入透明水杯中，人们双眼看到的是一双折断的筷子，我们发现"人类"认识本身是有限的。"人类"的有限性也揭示了人类不可避免的"族类的假象"。

　　"族类假象根植于人性本身，也即根基于人这一族或这一类中。""族类假象"是一种类假象，这类假象是"人类"这种存在者无法避免的假象。在整存在者序列中，完善的理性存在者（神、天使）—有限的理性存在者—无

教学活动	设计意图
理性存在者。相较于全知、全能、全善的神而言，人既不全知、也不全能、全善，人是有限的（有死的）。人的本性的有限性在认识能力上的体现：在于人拥有感性直观，而"非理智直观"，人拥有概念的思维，且需要遵循一定规则。人与生俱有的"配置"限制着人的能力。 　　二是洞穴的假象——个人 　　【探究二：游戏互动】请同学们观察以下图片，请问你第一眼看到的是什么？   　　【学生回答】学生在超星学习通提交答案。并将答案进行汇总，形成柱状分析图显示差异性。 　　【教师解读】我们常说"横看成岭侧成峰，远近高低各不同"，也常在日常中说：公说公有理、婆说婆有理。在认识过程中，我们也常会陷入"洞穴的假象"。 　　"洞穴假象是各个人的假象。因为每一个人（除普遍人性所共有的错误）都各有其自己的洞穴，使自然之光屈折和变色。""洞穴假象"侧重讨论身处于某一"背景"之下的人无法避免的假象，相较于族类假象是整个"人类"所共有的，洞穴假象则为个人所具有。这与个人假象的形成相关。洞穴假象的形成与个人的性格、个人所受教育、个人的家庭环境、个人的体验的不同而不同。这个"洞穴"如同一个巨大的背景，伴随着我们的所思、所行，我们很难摆脱这无形且巨大的背景对我们的影响。 　　三是市场的假象——【你—主体间—我】 　　【探究三：案例探究】 　　有个人请客，四个客人有三个先来了，主人心里很焦急，就说："该来的客人还不来？"一个敏感的客人听到了，心想："该来的没来，那我是不该来的？"便告辞走了。主人越发着急了，说："怎么不该走的，反倒走了呢？"又一个客人一听，想："走了的是不该走的，那我这没走的倒是该走了！"于是又走了。主人大叫冤枉，急忙解释说："我并不是叫他们走啊！"最后一位客人听了大为光火，说："不是叫他们走，那就是叫我走。"说完，头也不回地离开了。	【课程思政】 　　人的有限性使人时常受到四类假象欺骗，培根将这些假象归纳为：族类假象、洞穴假象、市场假象、剧场假象。人们难以根除这些假象，但通过不断的反思和审视，人们可以避免这些假象。

教学活动	设计意图
【教师解读】 　　人所以能够共处，一个重要的原因是人类拥有普遍可传达的语言。但公共"语言"也具有"私人性"。例如"疼痛"这个公共概念，每个人对它的理解是不同的。正因为公共语言的私人性的一面，语言存在着"歧义"。因此，在我们"对话"和"讨论"时，我们应当澄清一些最为基本的概念。 　　四是剧场的假象——［偶像—权威］ 　　"还有一类假象是从哲学的各种各样的教条以及一些错误的论证法则移植到人们心中的。我称这些为剧场的假象；因为在我看来，一切公认的学说体系只不过是许多舞台戏剧，表现着人们依照虚构的布景的式样而创造出来的一些世界。" 　　人为什么需要偶像？人为什么要给自己设立偶像？当偶像被摧毁时，人会如何？人为什么要"摧毁"偶像？人是需要偶像存在的存在者，没有偶像，人也会造出偶像。尽管尼采在偶像的黄昏中摧毁一切偶像，但他自己却成了新的偶像。人无法摆脱偶像，这是由人的本性——有限性与无限性所决定的。人的有限性使人意识到自己的局限和不足，在面对未知的生活时，人渴望有人指引。在有限者中有少数人具有比另一群有限者才能更为出众，但他也不过是有限者。	【课程思政】 　　人既不全知、也不全能、全善，人是有限的。人的本性的有限性在认识能力上的体现在人拥有感性直观，而"非理智直观"，人拥有概念的思维，且需要遵循一定规则。因此，我们需要认识到自己的无知与不足，常审视自我开展反思，获得更加理性、科学的认识。
（二）实践意义 　　1. "审视"当下的生活，寻找一种可能的生活。 　　批判地思会让人学会"审视当下的生活"，寻找适合自己、可能的生活。 　　同学们会感觉，大学以前的生活（中学的生活）是被"规定"的生活、是"被安排"的生活，在按部就班的学习中度过小学、初高中。在很大程度上，父母和社会会影响、安排着大家的生活，也间接影响你的"决定"，比如有关专业的选择等。他们反复告诫我："你应当好好读书，读书才有出息、挣大钱！""你应当尽可能考好的大学，这样你以后在社会上立足！" 　　老师也同样在这样的影响下成长，在后来进一步的成长中，开始接触哲学，思考苏格拉底的"未经审视的生活不值得过"，我发现生活有无数的路径和可能，生活有更多丰富的色彩和意义。我相信，当大家"批判地思"、开始反思时，大家或许也会寻找到适合自己的可能生活。人的一生，不过是在"众多可能性的生活"中选择一种自己认为最值得过的生活方式。 　　2. 防骗。 　　当下社会，网上诈骗满天飞。学习批判性思维在某种意义上有助于我们防止被骗。正如岳麓区洋湖派出所的宣传口号，"网上诈骗满天飞，提高防范是关键。任你骗术怎么变，我不赚钱应万变"。	【课程思政】 　　批判性思维不只是我们在专业学习中需要的基本素养，而且是与我们的存在方式密切相关的，最终可以回归实践，回到现实生活，影响到我们对于生活的认识和理解。

环节四：课程讲授如何学习批判性思维？

教学活动	设计意图
【探究四：提问互动】了解了何为批判性思维，为什么要学习批判性思维，请问我们该如何"学习"批判性思维？ 【学生互动】在超星学习通中提交小组讨论结果，形成词云。 【教师解读】 　　该问题可换成如何"学习"批判地思？学习"批判性思维"的三条重要法门就是"自由地思""勇敢地判断""学会思的技巧"。 　　第一，自由地思。自由不仅是人的属性，而且是人的本质。自由使人能够超越自然法则而居于自由世界，在自由世界里，人们能够自由地思考，但这只是人潜在拥有的一种能力。对于那些未曾体会到自由并认可自由价值的人而言，他们也就不会珍视思想自由。只有体悟到自由的人才知道自由的可贵。 　　第二，勇敢地运用理性做判断。尽管人潜在地拥有自由思考的能力，但并不是所有人现实地拥有自由思考的能力，也并不是每个人敢于自由地思考、敢于自由地表达自己的观点。"皇帝的新装"并不仅仅是一则寓言，而是对人性的刻画。每个人都能够是那一群睁着眼睛说瞎话的人，每个人也都能成为那一个说实话的小孩。 　　第三，学会思的技巧。人用概念思考，而不是让表象去思考。离开概念，人们便无从思考。概念是一种抽象表象，它不同于具体的表象。概念与概念之间通过系词联系在一起构成判断，从一个判断推导出另一个判断这便是推理。学会思考、学会辨析概念、审查判断以及学会推理。	讲授学习"批判性思维"的原则和方法。 【课程思政】 　　信息大爆炸的时代中，每个人都可以自由地发声，但并不代表每个人都是理性的。我们需要理性思考和判断，需要掌握思考的技巧，能够做到"切问而近思"，能够提出"真问题"，去学真理、求真知。

环节五：课程总结

教学活动	设计意图
本堂课我们探讨了三个问题：一是什么是批判性思维？二是为何要学习批判性思维？三是怎么学习批判性思维？ 批判性思维是人理性地分析概念、审查判断以及作出推理的一种思维能力。学习批判性思维不仅有理论意义也有实践意义，尤其会帮助我们识别族类假象、洞穴假象、市场假象、剧场假象这四假象。要学习批判性思维，首先需要培养自己的批判性意识，其次要掌握批判性思维的方法。	1. 帮助学生梳理本节的核心内容。

续表

教学活动	设计意图
事实上，批判性思维不只是我们在专业学习中需要的基本素养，是与我们的存在方式密切相关的，最终可以回归实践，回到现实生活，影响到我们对于生活的认识和理解，希望同学们能够做到"切问而近思"，能够提出"真问题"，去学真理、求真知。	2. 帮助学生确定本节的学习重点和知识。

环节六：课后作业、预习任务、推荐阅读

教学活动	设计意图
【课后作业】 　　完成学习通上的课后作业，并且就有关思想实验进行基本了解，预习下一节的内容。 【推荐阅读】 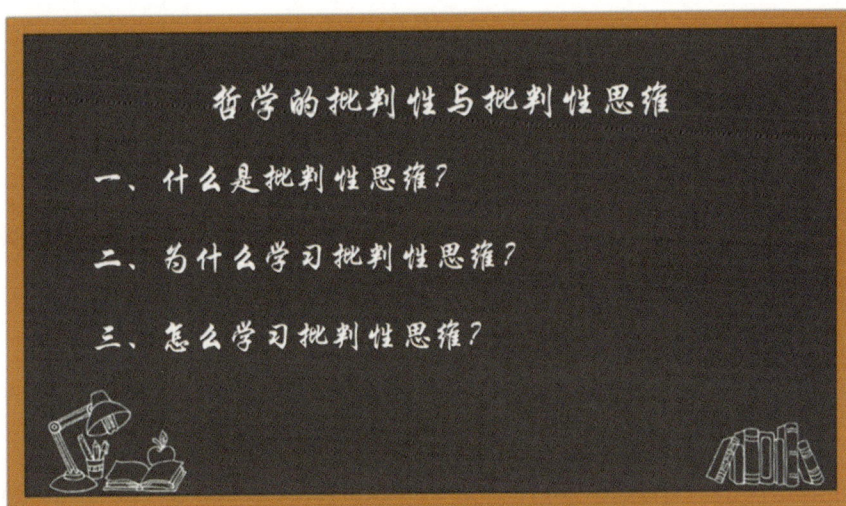	1. 帮助学生通过具体问题反思教学内容，真正学以致用，掌握知识点。 　　2. 帮助学生继续思考本节内容，扩展课后的研究兴趣。

八、板书设计

哲学的批判性与批判性思维

一、什么是批判性思维？

二、为什么学习批判性思维？

三、怎么学习批判性思维？

？ 九、教学设计反思

在教学目标的设定与实现上，教学目标的设定应当明确，旨在培养学生的批判性思维能力，使他们能够识别、分析和评估哲学论证的有效性。在课程设计中，我们是否成功地传达了批判性思维的重要性，以及它在哲学探究中的核心地位？我们需要评估学生是否理解并运用批判性思维来分析哲学问题，以及他们是否在讨论中展现出独立思考和逻辑推理的能力。

在教学内容的选择与组织上，需要反思是否选择了恰当的哲学文本、案例和问题来引导学生进行批判性分析，内容是否足够丰富？是否包含了对哲学论证的逻辑结构、证据支持和潜在偏见的分析？此外，我们还需要考虑内容的组织是否逻辑清晰，是否有助于学生逐步构建批判性思维的技能。

在教学方法的创新与应用上，需要反思是否采用了多样化的教学方法，如讨论、辩论、案例分析等来促进学生的主动学习和深入思考。尤其是是否有效地利用了小组合作学习，以培养学生的沟通能力和团队协作精神，同时也需要考虑是否利用了现代教育技术，如在线讨论平台、多媒体资源等，来增强教学的互动性和趣味性。另外，学生在课堂上的参与度直接影响学习效果，我们需要思考学生是否积极参与课堂讨论，是否愿意分享自己的观点并接受他人的批评。我们是否创造了一个安全、开放的学习环境，让学生敢于表达不同意见。此外，我们还需要考虑是否鼓励学生在课外进行自主学习，如阅读推荐材料、参与在线论坛等，以扩展他们的知识和视野。

最后，教学效果的评估与反馈也十分关键。我们需要反思是否采用了多元化的评估方式，如课前调研、口头报告、小组项目、课堂参与等，来全面评估学生的学习成果。评估标准是否明确、公正，是否准确反映学生的批判性思维能力？同时，我们还需要考虑是否及时收集并反馈学生的学习成果，以及是否根据反馈调整教学策略，以提高教学质量。

07 概念分析与思想实验

> 章节名称：第四章 哲学的思维方式　第三节 概念分析与思想实验
>
> 计划学时：45 分钟

📖 一、教学内容分析

【主要内容】

1.什么是概念分析？

2.什么是思想实验？

3.概念分析与思想实验的作用是什么？

【地位作用】

哲学思维是一种概念思维，学哲学在某种意义上是学习如何运用哲学概念做哲学思考。哲学思考便是在脑袋里运用概念做思想实验。因此，分析概念、辨析概念，并运用概念做思想实验这是培养哲学思维的重点。

👥 二、学情分析

【认知水平】

1.经课前调研和测试，学生在对"反思性思维"和"批判性思维"已有一般的了解；

2.本节内容承上启下，在学生已有认知的基础上，让学生进一步学习"概念分析"与思想实验。

【能力状态】

学生需要具备基本涉及哲学思维方面的知识，通过课后作业和课前预习了解，学生们具备：

1. 对于概念分析和思想实验有初步认识；

2. 对于反思性思维和批判性思维有初步认识。

但同时发现，学生还在以下方面存在问题：

1. 对于概念分析的含义还没有确切的理解；

2. 对于思想实验的含义缺乏确切的理解。

【学习需要】

1. 学生通过学习"反思性思维"与"批判性思维"想进一步了解运用哲学思维的内核，深入到哲学分析与思想实验；

2. 学生通过学习，想要了解概念分析和思想实验的含义。

【学习问题】

1. 什么是概念分析？

2. 什么是思想实验？

3. 概念分析与思想实验的作用？

三、教学目标

【知识目标】

1. 学生能够理解"概念分析"的含义；

2. 学生能够理解"思想实验"的含义；

3. 学生能理解与把握"概念分析"与"思想实验"之间的关系。

【能力目标】

1. 学生在学习中能够运用概念分析的方法；

2. 学生能够有意识地做思想实验；

3. 学生能够在研读哲学文本过程中，辨析、澄清概念，模拟哲学家们所提出的思想实验。

【情感态度与价值观】

1. 从事哲学研究在某种意义上便是和概念打交道，去理解、明晰抽象的哲学概念，对于概念的认识和理解要形成追根溯源的探究能力和反思性思维。

2.思想实验是一种具有巨大思维力量的思考形式，很好地体现了发现的逻辑，能让我们通过有效地重组以往的经验而获得新知识。要充分掌握思想实验的方法，获得新知，形成创新思维。

3.通过学习、评价和实行思想实验，可以培养积极主动学习与批判性思维的能力。哲学的"爱智慧"的要义是合理地相信，从而培养思辨能力。

4.哲学从来就不提供现成的、一成不变的东西。哲学史是一个厮杀的战场，方法比具体结论更为重要。要学习和养成缜密的思维、精确地表述的习惯，形成批判性思维，并用以审视现实生活，指导生活。

四、教学重点、难点、创新点及解决措施

【教学重点及解决措施】

1."概念分析"的内涵；

2."思想实验"的内涵；

3."概念分析"与"思想实验"之间的关系。

主要通过案例讲授、启发式提问、小组活动和讨论等措施帮助同学们开展探究性活动，在苏格拉底式的"反诘法"中推动学生进行哲学思维体操训练。

【教学难点及解决措施】

1.概念分析的含义；

2.思想实验的含义。

【教学创新点及解决措施】

本堂课的创新点包括：通过基础理论的学习带动现实问题的探讨，重组教学内容，对日常生活中习以为常未经审视的概念开展哲学反思，让学生对哲学的反思性、批判性思维进行了深度体验。

以生动形象的案例和游戏活动激发学生兴趣，在"剥洋葱式"的逐步深化的思维体操训练之下，使得学生能知其然并知其所以然，掌握哲学的思维体系，构建批判性思维。

五、教学策略

【教学模式及方法】

1.讨论教学法：通过案例分析、小组讨论，开展探究性学习，查找理论漏洞。

2.理论讲授法：通过讲授"概念分析"和"思想实验"的含义，进而辨明"概念分析"与"思想实验"在哲学教学中的作用。

【教学内容重组与加工】

1.哲学思维是一种概念思维，学哲学在某种意义上是学习如何运用哲学概念做哲学思考。

2.哲学思考便是在脑袋里运用概念做思想实验。因此，分析概念、辨析概念，并运用概念做思想实验是培养哲学思维的重点。

【教学资源与技术手段】

利用智慧树在线课程数字化教学资源，进行课前学习和测试，开展线上线下相结合的混合式教学方式，线上了解基础知识，线下进行深度课堂教学，超越空间限制，提高教学效率和学生的学习积极性。通过多媒体教学工具，运用 PPT、视频、动画等多媒体工具，使抽象的哲学概念形象化，便于学生理解和批判。例如展示思想实验的具体案例，增强教学的直观性和互动性。建立学习通线上讨论区，鼓励学生就哲学问题进行讨论，通过对话和辩论提升批判性思维能力，进行即时互动和资料共享，提高学生的参与度和注意力。进行批判性思维训练，通过设计一系列的小组讨论和项目任务，如批判性阅读、批判性讨论、批判性写作和批判性评议，让学生在实践中应用和发展批判性思维。

【教学信息收集与处理】

课前，通过问卷调查或在线讨论平台收集学生对即将讨论的哲学概念和思想实验的先验知识和兴趣点，了解他们的困惑和预期，同时收集在线学习平台数据进行分析；在课中，通过讲述哲学家的故事或哲学史上的经典案例，激发学生的好奇心和探究欲，为深入探讨概念分析和思想实验奠定基础；通过学习通在线平台记录课堂互动情况，捕捉学生的发言和讨论，以便课后分析学生的参与度和对概念的理解程度，另外还可关注作业提交和测试成绩，通过分析学生的作业和测试结果，了解他们对概念分析和思想实验的掌握情况，以评估他们的学习进度。

【教学参与的切入】

　　本堂课在面向学生主体进行教学过程中，通过激发学生兴趣的话题引导各组代表学生分享探究的观点，教师通过思想实验示例启发学生进一步深化问题，让学生多维度、多视角进行审视与反思，对照思考个人观点与哲学家观点的相近或补充之处，实现思想与思想碰撞。在进行哲学思辨时，充分利用苏格拉底式的"反诘法"进行提问，在思维体操式训练中让学生体会到个人观点和理论的局限性和漏洞，激发学生学习兴趣、释放出巨大的学习潜能。

▽ 六、课前探究

　　本堂课作为哲学导论课中"哲学思维方式的多元性"中的重要一节，课前探究使学生对何以求得真理这一问题产生兴趣非常重要，教师设计的课前探究包括：

　　1. 概念分析在哲学学习中的重要性；

　　2. 洞穴比喻实验对于哲学思考、对于理解哲学概念有何帮助？

🌐 七、教学过程

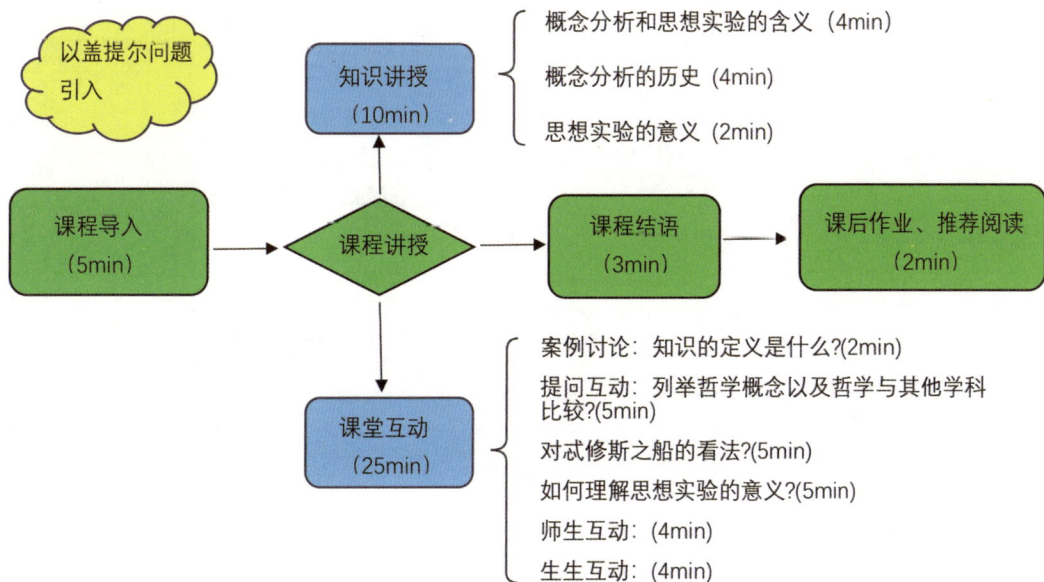

环节一：课程导入

教学活动	设计意图
在知识论当中，从柏拉图开始，传统对于"知识"这一概念的分析主张：所谓知识就是"可辩护的真信念"（justified true belief），也就是说"真""信念"与"辩护"合起来构成了知识的充分必要条件。那么，如果这三个条件同时得到满足了，那么是否意味着就一定有知识了呢？哲学家盖提尔对于传统的知识三要素分析提出了挑战，提出了"盖提尔问题"（Gettier's Problem）。 【探究一：思想实验】"空地上的奶牛" 　　一个农民担心自己的奶牛走丢了。这时送奶工到了农场，他告诉农民不要担心，因为他看到那头奶牛在附近一块空地上。虽然农民很相信送奶工，但他还是亲自看了看，他看到了熟悉的黑白相间的形状。过了一会，送奶工到那块空地上再次确认。那头奶牛确实在那，但它躲在树林里，而空地上有一大张黑白相间的纸缠在树上，很明显，农民把这张纸错当成了奶牛。问题出现了，虽然奶牛一直都在空地上，但农民说自己知道奶牛在空地上时是否正确？请问，你认为这种推理是否符合我们对知识的认定和理解呢？ 　　【学生回答】小组讨论，进行有关逻辑推理，找到对应的知识论中对"知识"的充分必要条件的反驳和批判，将讨论结果上传学习通。 　　【教师解读】 　　在上述思想实验所假想的情境当中，我们会发现传统对知识的分析是有问题的，自从柏拉图以来，命题知识一直被标准地定义为已被证明的真信念，这种分析如下：A 知道 P，当且仅当（1）P 是真的，（2）A 相信 P，（3）A 有充分的理由相信 P。在以上的案例中尽管所有这三个条件都得到了满足，但 A 并不知道 P。 　　因此，大家可以发现，哲学从不被动接受知识，总会在反思与批判中去验"真"，去真正求"真"。本堂课我们将学习概念分析与思想实验。	1.通过引入盖提尔提出的思想实验，让学生意识到思想实验的重要性。 2.通过思想实验，让学生体验到思之愉快。

环节二：课程讲授"概念分析及其历史"

教学活动	设计意图
哲学对于许多人来说是一个既让人充满好奇又让人感到有些费解的东西。人们通常对哲学留下这样的印象：哲学是关于一系列不相关主题以及看上去难以相容的观点汇集。从事哲学研究在某种意义上便是和概念打交道，去理解、澄清那些抽象的哲学概念。	1.通过回顾以往知识，实现"温故而知新"的效果。

续表

教学活动	设计意图
【探究二：提问互动】请问在你目前所了解到的哲学知识中，你熟悉了解哪些概念？请列举。 【学生回答】在学习通提交答案形成词云，查看学生对哲学概念术语的掌握程度。 【教师解读】对于物质、意识、唯物主义、唯心主义、形而上学、辩证法等是大家非常熟知的，也是在以往学习中就有过初步认识的。学生对于概念术语有一定的了解，任何学科都有其概念体系。例如，物理学要分析"时空""能量""热量""熵"等这些物理概念。但是，我们会思考，这些概念是怎么来的呢？哲学思考中如何对这些概念进行分析？ 1. 概念分析（conceptual analysis） （1）所谓概念分析究竟是什么，究竟在做什么？ （2）为什么要用概念分析法？ （3）为什么哲学家用概念分析法又总得出有争议，甚至错误的结论？ 【探究三：案例分析】哲学和其他学科有很多相同的术语，但它们概念并不完全相同。请你说一说什么是"运动"。 【学生回答】学习通随机选人。根据现有的认知理解作答，日常语言中的运动、物理学中的运动、哲学上的运动等，了解学生对哲学概念的掌握程度。 【教师解读】 哲学家用"知识"等概念构造的描述世界的理论，与普通的物理、化学等科学理论的真正不同之处在于，哲学家构成理论的"知识"等基本概念不是用语言描述定义的概念，而是由知觉、记忆及神经元网络的复杂模式识别功能共同构成的。我们可以称这些概念为"基于直觉的"概念，称这些概念所构成的理论为"基于直觉的"理论。注意，这并不是说他们的理论完全不用日常语言。这只是强调，在理论的核心概念中，起到最核心作用的是一些知觉记忆，以及基于这些知觉记忆的复杂模式识别能力。但这些概念同样能够在一定程度上正确地描述世界，包括解释、预测世界中的一些事件。 因此，所谓概念分析并不是揭示一个已有概念的真实内在结构，而是试图提出一个新的、用语言定义的、与已有概念等价的概念。等价性至少要求新的概念与已有的概念表征相同的事物。 比如，辩证法中是如何得出"联系"的观点的呢？事实上，物理学的进步、气象学上的支撑，包括对人类社会人与人之间关系的认知，做概念分析之前，哲学家已经在过去的认识过程中积累了超大量认识成果，不论是自然科学还是社会科学领域，人们已取得如何区分个体物体、如何判断因果关系等的观察结果，并且已经在这些观察结果的基础上，依靠长期进化形成的大脑复杂模式识别能力，构造了各种基于直觉的概念及理论，来识别、描述、解释、预测相关的现象和规律。哲学家的概念分析更像是理论科学家的工作，是对已有的观察结果及已有的理论进行整理、分析与重构。	2. 讲授什么是"概念分析"，让学生深入、细致地理解概念分析的内涵。 【课程思政】 从事哲学研究在某种意义上便是和概念打交道，去理解、明晰抽象的哲学概念，对于概念的认识和理解要形成追根溯源的反思性思维。

教学活动	设计意图
  2. 概念分析的历史 （1）概念分析的历史可追溯至柏拉图的对话录，苏格拉底的"反诘法"。形式："××的本质是？"知识是得到辩护的真信念（JTB）。在理想状态下，理解某物就是知道某物的定义或本质，也就是知道它的充要条件。但是，实践中可能无法实现，往往概念的界限并不清晰。 （2）维特根斯坦论"游戏"：没有什么特征是所有游戏共有的，游戏之间分享一种"家族相似性"，而非共有一个相同的本质或内核。我们的观念体系内部充满了各种矛盾，通过将模糊的概念限定得更清楚来消除一些矛盾。 （3）分析哲学中广泛使用的分解哲学问题／概念／命题的技术。将概念分解为其组成部分，获得知识和对问题更好的理解。"将一个不严格的、前科学的概念转化为一个新的严格的概念。"罗素、怀特海、弗雷格等人认为，逻辑方法本身应该是哲学的一部分，它可以帮助我们更好更确切地认识真理，可以让人类的知识获得绝对的确定性。逻辑上的不可能是违反了某条逻辑律。例如，世界上没有圆的方、已婚的单身汉、最大的数字。	3. 讲授概念分析的历史。

环节三：课程讲授"思想实验"及其意义

教学活动	设计意图
【探究四：思想实验】"薛定谔的猫" 一只猫、一些放射性元素和一瓶毒气一起被封闭在一个盒子里一个小时。在一个小时内，放射性元素衰变的概率是50%，如果衰变，那么一个连接在盖革计数器上的锤子就会被触发，并打碎瓶子，释放毒气，杀死猫。这件事是否会发生的概率相等，你认为这只猫到底是死的还是活的呢？ 【学生回答】学习通进行即时投票，不同观点选派学生代表阐述理由。 薛定谔的猫	1. 通过思想实验的示例让学生感受思想实验的思维力量和特征，理解哲学与思想实验之间的关系。

续表

教学活动	设计意图
【教师解读】 　　这是非常有名的思想实验"薛定谔的猫"。薛定谔认为盒子被打开前，盒中的猫被认为是既死又活的。这个实验的核心思想是因为事件发生时不存在观察者，盒子里的猫同时存在在所有可能的状态中（既死又活）。薛定谔最早提出这个实验是在回复一篇讨论量子态叠加的文章中。薛定谔的猫同时也说明了量子力学的理论是多么令人无法理解。 　　1. 什么叫"思想实验" 　　"思想实验"是指"一种由于现实限制无法实际完成的、用于检验一种假设或理论的思辨性实验方案，其目的是要考察给定问题的潜在原理"。更确切地说，思想实验也就是通过穷尽一切可能举反例的方法从而有效检验概念间的逻辑关系。 　　思想实验早在古代就已经有了萌芽，古希腊科学家阿基米德在研究面积和体积时，"想象将均匀材料切成一定形状的平面物体，通过称量来测量它的面积，这样就对它们的关系有所了解，然后再从数学上进行证明"。思想实验最初主要从物理学中发展起来，这与物理学主要始于研究宏观物体的运动有关。 $$g = a$$ 物理学中的思想实验 　　公元前 5 世纪，芝诺用思想实验论证了"阿喀琉斯追龟""飞矢不动"等命题。思想实验在中国也有人做过，在古代庄子的《天下篇》中，就有"一尺之棰，日取其半，万世不竭"的例子论证物质的无限可分。 　　哲学中有许多思想实验，例如：忒修斯之船、缸中之脑、电车难题、中文屋、孪生地球、黑白玛丽、薛定谔的猫。大家应该听说过这些实验，接下来我们了解一下忒修斯之船这个实验： 　　【提问互动：思想实验】忒修斯之船 　　有一艘名为忒修斯的船，它在海上行驶着，每隔几个月，船上某些部件就会被替换。如果将它的所有部件都进行更换，表面上仍然是这一艘船，但是所有的部分原本都不属于它，而原本的部件重新组装的话，究竟还是忒修斯之船吗？	【课程思政】 　　思想实验是一种具有巨大思维力量的思考形式，很好地体现了发现的逻辑，能让我们通过有效地重组以往的经验而获得新知识。要充分掌握思想实验的方法，获得新知，形成创新思维。 　　2. 通过经典的思想实验感受思想实验的思维方式、论证方法及其基本特征，并在了解中把握哲学中思想实验的意义。

教学活动	设计意图
【学生回答】请同学们在学习通上投票并阐述原因，形成统计结果。 　　【教师解读】 　　比如一个不断发展的乐队，直到某一阶段乐队成员中没有任何一个原始成员；对于企业，在不断并购和更换东家后仍然保持原来的名字；对于人体，人体不间断地进行着新陈代谢和自我修复等。 　　对于哲学家，忒修斯之船被用来研究身份的本质。特别是讨论一个物体是否仅仅等于其组成部件之和。这个实验的核心思想在于迫使人们去反思身份是否仅仅局限在实际物体和现象中。 　　2. 思想实验的意义 　　【探究五：小组讨论】大家逐步认识和了解了什么是思想实验，感受了思想实验的魅力，你认为哲学开展思想实验有何意义？ 　　【学生回答】各组选取代表发表观点，结合本堂课或以往课堂上的思想实验案例进行解读，力求有理有据。 　　【教师解读】适时引导学生的观点，肯定同学们解释正确的地方，了解学生对于思想实验的理解和掌握程度。 　　总体来说，思想实验可以从以下几个方面来探讨其意义： 　　（1）思想实验使得哲学理论变得具象化。从这些思想实验的例子中不难看出，哲学语境中的思想实验最大的优点在于可以使抽象的哲学理论变得具体，并且使问题的焦点更加突出，这是其他方法难以达到的。思想实验通过判断某理论能够在所有可能的情境中都成立来检测这些理论。如果它们不能，即如果存在某理论的反例，则我们有理由相信该理论是错的。比如我们课堂开始提到的盖提尔问题，面临伦理道德的电车难题。 　　（2）思想实验能启发获得新知识。思想实验是公认的有效的，能让我们免于经验的输入就可以获得关于世界的新知识。思想实验很好地体现了发现的逻辑，能让我们通过有效地重组以往的经验而获得新知识，它的有效性就在于它作为一个论证是有效的。思想实验可以帮助我们对理论进行评价，还可以生成任何未来的理论，这些都必须将其纳入考虑的材料。比如缸中之脑的思想实验，让我们去反思究竟人要如何去思考什么是真实。	【课程思政】 　　通过学习、评价和实行思想实验，可以培养积极主动学习与批判性思维的能力。哲学的"爱智慧"的要义是合理地相信，培养反思和思辨能力。 【课程思政】 　　哲学从来就不提供现成的、一成不变的东西。哲学史是一个厮杀的战场，方法比具体结论更为重要。要学习和养成缜密思维、精确表述的习惯，形成批判性思维，并用以审视现实生活，指导生活。

教学活动	设计意图
  （3）思想实验具有理论革命性。思想实验在科学和哲学革命的过程中起着推动作用。经典物理学经过 300 多年的发展，在爱因斯坦的思想实验中发生了变革：一个是，如果有人跟着光跑而企图抓住它，那么又会发生什么呢？另一个是，如果有人凑巧在一部自由下落的升降机里，那么又会发生什么呢？这些思考使他建立了全新理论——狭义相对论。比如笛卡尔的思想实验就引起了本体论向认识论的转向。 （4）思想实验与批判性思维关系密切。实际上，研究哲学就是通过构造各种各样的思想实验而进行思维训练，学习和养成缜密思维、精确表述的习惯。批判性思维以论证理论为核心理论，论证是批判性思维最核心的概念。从某种意义上讲，哲学中所使用的论证方法要比某个具体的哲学结论更为重要。哲学从来就不应提供现成的、一成不变的东西。纵观整个哲学史是一个厮杀的战场。但是，从为了达到这些观点所采用的具体论证，或者为反驳这些观点所构思出来的思想实验上面，我们能够看到并且学到哲学的智慧。 	

续表

教学活动	设计意图
总之，思想实验解释了哲学问题是如何产生的以及为什么寻求这些问题的解决之路。众所周知，科学实验在科学研究当中扮演着核心角色；同样地，思想实验在哲学研究当中亦扮演着十分重要的角色。因此，在这个意义上可以说，思想实验之于哲学研究的地位相当于科学实验之于科学研究的地位。 　　但是，另外一个需要注意的是，来自科学实践的科学实验往往是可以通过经验研究得到检验的；来自哲学实践的思想实验则不然。比如说，我们无法通过经验研究知道，如果 S 从正当的假命题 P 中推出正当的真命题 Q，那么 S 是否知道 Q。尤其是在讨论像认识论、伦理学这种与规范性相关的问题时，我们尤其要注意"是"与"应该"之间的鸿沟。因此，"无法通过经验研究进行检验"确是哲学思想实验的一个重要特征。 　　那么，在此预留一个问题： 　　【探究作业：小组展示】既然哲学思想实验无法以自然化的方式进行研究，无法通过经验研究进行检验，那么它是否应当被取消？请各个小组进行讨论，下堂课再进行课堂展示。	

环节四：课程总结

教学活动	设计意图
本节我们讨论了什么是概念分析以及概念分析的历史追溯；了解了什么是思想实验及其思想实验的意义，并对哲学中的概念分析和思想实验进行了深入探讨。可以说，哲学思维是一种概念思维，哲学思考便是在脑袋里运用概念做思想实验。概念分析指分析和辨析概念的一种思维活动，思想实验是一种做哲学的方式，而无论是概念分析还是思想实验都是人的一种思维活动。 　　值得注意的是，进入 21 世纪以来哲学界掀起了一场研究方法上的革新，即突破了传统的思想实验，开始运用计算模拟、认知实验、真实实验等新的方法研究哲学问题。这种突破传统思维的方法虽然也取得了一些引人注目的结果，但无论这些新的实验方法如何发展，总的来说，都是对传统的概念分析和思想实验的补充。	1. 帮助学生梳理本节的核心内容。 　　2. 帮助学生确定本节的学习重点和知识。

环节五：课后作业、预习任务、推荐阅读

教学活动	设计意图
【课后作业】 　　1. 请大家通过今天的学习和积累，课后搜集和了解其他 5 个以上的思想实验，上传至学习通平台，并在各小组之间完成互评。 　　2. 课堂作业：既然哲学思想实验无法以自然化的方式进行研究，无法通过经验研究进行检验，那么它是否应当被取消？下堂课进行课堂展示。	1. 帮助学生通过具体问题反思教学内容，真正学以致用，掌握知识点。

续表

教学活动	设计意图
【推荐阅读】 	2. 帮助学生继续思考本节内容，扩展课后的研究兴趣。

📝 八、板书设计

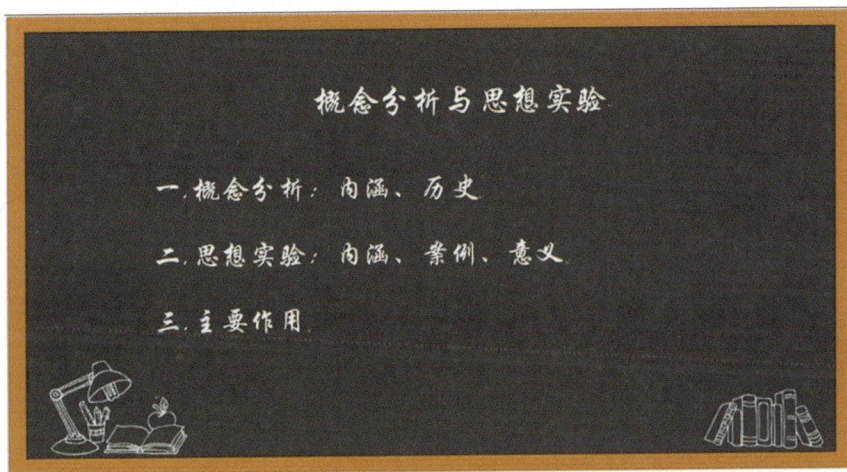

？ 九、教学设计反思

在教学目标与内容设置上，在"概念分析与思想实验"一节中，目标是让学生能够识别和分析哲学概念，并通过思想实验来探讨这些概念的理论意义和实际运用。内容设置上选择了几个关键的哲学概念，比如"运动""联系"等，并设计了一系列相关的思想实验，如"薛定谔的猫""忒修斯之船"等。

在教学方法上，采用了讲授与讨论相结合的方式。通过讲授，向学生介绍了概念分析的基本方法和思想实验的重要性。随后，通过小组讨论和案例分析，鼓励学生积极参与，提出自己的观点和疑问。然而，仅仅通过讲授和讨论可能不足以完全激发学生的兴趣和参与度，还需增加更多的互动环节，如角色扮演和辩论，以提高学生的参与感和投入度。

在学生理解方面，部分学生在概念分析时存在困难，尤其是在区分概念的不同层面和理解概念的复杂性方面。为了解决这个问题，还需在教学中使用更多的实例和类比，帮助学生更好地把握概念的细微差别。同时，部分学生在进行思想实验时往往缺乏批判性思维，他们倾向于接受实验的结论，而不是深入分析其背后的假设和逻辑。因此，需要引入更多的批判性思维训练，如逻辑推理和论证分析，以培养学生的批判性思维能力。

在教学资源与技术应用方面，我使用了多媒体教学工具，如 PPT 和视频，来辅助讲解和展示思想实验。这些工具在一定程度上提高了学生的学习兴趣，但我认识到可以进一步优化这些资源，使其更加直观和具有互动性。例如，可以考虑使用虚拟现实（VR）技术来模拟思想实验的场景，让学生有更深刻的体验。

在评估和反馈方面，目前主要依赖于课堂表现和书面作业，这种评估方式在一定程度上能够反映学生的学习情况，但也存在局限性。为了更全面地评估学生的学习成果，在未来的教学中将引入更多的评估方式，如口头报告、小组项目和同伴评价等。

08 宇宙论问题

章节名称：第五章 本体论的主要维度　第三节 宇宙论问题

计划学时：45 分钟

📖 一、教学内容分析

【主要内容】

1. 决定论的基本内容

2. 目的论的基本内容

3. 决定论与目的论的价值意义

【地位作用】

本堂课是哲学中形而上学内容中的重要议题，是关于世界的本原也即实在从何而来、何以表现和宇宙从何而起、要往哪去的一种追根溯源式的追问，是形而上学问题讨论的重要部分，也反映了人类对自身存在与发展的反思，为了解和掌握"真"的问题、"善"的问题提供了条件。

👥 二、学情分析

已有知识分析。本节内容属于哲学导论中"实在"的主要问题，学生在前期对于本体论有初步了解学习，在此基础上还需对实在的产生和形成进行哲学探讨，内容承上启下，理论有一定的延续性，但是因为哲学思维的非常识性和超越性，需要高度重视和循序渐进。

能力状态分析。学生需要具备基本的存在论和认识论方面的哲学知识，通过基本的课后作业了解，学生们具备对于世界的本原和始基基本认识；了解了本体论的思维旨向和统一性解释。但同时发现，学生对于本体论的追根溯源的价值追求不甚了解；对于哲学超越于常识与科学之上的抽象思维方式还有待进一步深化。

学习需求分析。学生通过学习想要了解我们人类世界和宇宙的运行到底有没有目的，想要追根溯源了解在科学之外哲学如何思考我们人类世界和宇宙到底是从何而来，要往哪儿去，世界总是在因果联系当中吗？因果可以解释一切吗？

三、教学目标

【知识目标】

1. 学生能够从哲学思维层次理解目的论和决定论的基本内容；

2. 学生能够结合科学发展对目的论和决定论内容进行反思与批判；

3. 学生能够通过理论学习，掌握目的论和决定论的思维旨向和价值意义。

【能力目标】

1. 学生能对哲学史上的有关理论的产生根源进行分析，找出逻辑漏洞；

2. 学生能够树立科学的认识论，对世界的产生和发展进行科学解释；

3. 学生能够将目的论与决定论理论与时代发展最新成果结合，予以挖掘、深化与运用。

【情感态度与价值观】

1. 决定论使得人类在认识和改造世界的过程中学会把握和了解因果联系，掌握基本规律，实现对客观必然性的掌握，使得我们深化了解了"知识就是力量""科学技术是第一生产力"，但是哲学作为一种把握世界的重要方式，可以为科学提供一种富有超越性、批判性的世界图景。

2. 科学在日新月异的发展过程中，是人类把握因果发展规律的巨大进步，但是同时我们也需要进行有关的价值引领，尤其在基因编辑、克隆技术等方面，需要有超越功利之上的价值的敬畏之心。任何一种思想理论都有其价值指向，在我们价值体系和价值观念的培养过程中，需要学会甄别，培养辩证思维。

3. 哲学与科学在时代发展中可以相互吸收、相得益彰，其共同宗旨都是为了求得真知。中国科学院成立哲学研究所，正是为了实现哲学与科学的融合，是实现其价值追求和目的的体现。

四、教学重点、难点、创新点及解决措施

【教学重点及解决措施】

1. 目的论的基本内容及反思；

2. 决定论的基本内容及反思；

3. 目的论与决定论的价值旨向及哲学批判。

主要通过案例讲授、启发式提问、小组活动和讨论等措施帮助同学们分析探究，在苏格拉底式的"反诘法"中推动学生开展探究性活动。

【教学难点及解决措施】

1. 关于目的论和决定论的适用范围及理论局限；

2. 理解形而上学所探讨的内容及其可能性。

"讲、学、练"相结合：采用提问、讲解、反思和练习的方式，使学生掌握目的论、决定论的逻辑起点、理论根据、基本内容及对其的反思批判。

【教学创新点及解决措施】

本堂课的创新点包括：针对学生之前对于实在的了解，重组教学内容，对日常生活中习以为常但未经审视的有关问题开展哲学反思，挖掘对于世界以及人生目的终极性探讨。

在"剥洋葱式"的一步步地思维体操训练之下，使学生能知其然并知其所以然，掌握哲学的思维体系，区分哲学与常识、与科学的不同的把握世界的方式。

五、教学策略

【思维导图】

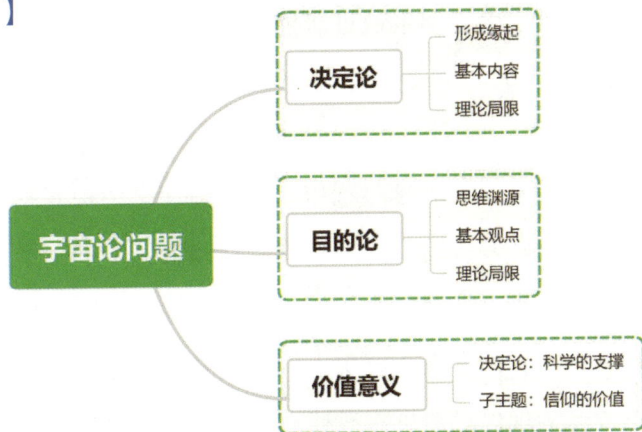

【教学模式及方法】

1. 启发式教学法：通过宇宙起源的有关问题进行导入，启发学生思考审视问题。

2. 讨论教学法：通过问题设定，小组开展讨论，开展探究性学习。

3. 理论讲授法：以哲学史上对于世界本原探讨的思维旨向出发，讲授目的论和决定论的理论来源、形成逻辑及其主要内容，引导学生掌握该理论的基本要义，并树立个人科学的世界观、人生观和价值观。

【教学内容重组与加工】

通过现今的生物学、物理学等自然科学成果引入，对世界的形成、发展与成因进行哲学思考，在跨学科的交流和探讨以及基础支撑下进行追根溯源式的哲学审视，激发学生的积极性，促进小组探究。

【教学资源与技术手段】

将信息化方式和手段贯穿全过程，通过学习通随堂联系、实时监控教学进程与课后反思，建设"网上课堂"实现资源共享；结合多媒体教学与传统黑板板书展示多元素教学内容；创设小组讨论、师生问答的互动情境激活课堂活力，提高学生的课堂参与度；设置现实案例帮助学生开展理论反思和批判，开展思维体操式训练；布置课外论文研读任务来培养学生研究性学习的习惯。

【教学信息收集与处理】

首先通过视频观看引导学生思考和审视世界的本原和发展动力问题，启发学生思考并形成自我的思想观念。通过案例分析讲解和探究，一起讨论得出目的论和决定论两种不同解释方式的理论，并通过不同的案例进行小组讨论，开展剖析反思，对该理论进行辩证思考，理解其解释力和局限性。同时，要深刻理解这两种理论的价值意义。最后，课后拓展引导学生通过研读拓宽自己的知识深度与广度，培养研究性学习习惯。

【教学参与的切入】

本堂课在面向学生主体进行教学过程中，在课前让学生探究思考世界的形成与发展的原因，搜集多学科、多视角、多维度的观点和信息。进一步引导分组代表学生分享探究时查询到的观点，让其能大胆发表看法，师生共同分析。分析完后，教师通过有关案例和思想实验引导出哲学史上的目的论和决定论理论，让学生进行审视、反思与对照思考，实现思想与思想碰撞。在分析目的论和决定论的理论局限和逻辑漏洞时，充分利用苏格拉底式的反诘法进行提问，在思维体操式训练中让学生体会到思辨的乐趣。

Ⅵ 六、课前探究

本堂课作为《哲学导论》课中形而上学内容中的重要一节，课前探究使学生对世界的形成和发展的动因产生兴趣非常重要，教师设计的课前探究包括：

1. 学生探究现今的关于世界起源问题的有关科学理论；
2. 学生尝试对现今世界起源与发展动因未解之谜开展哲学反思。

⊕ 七、教学过程

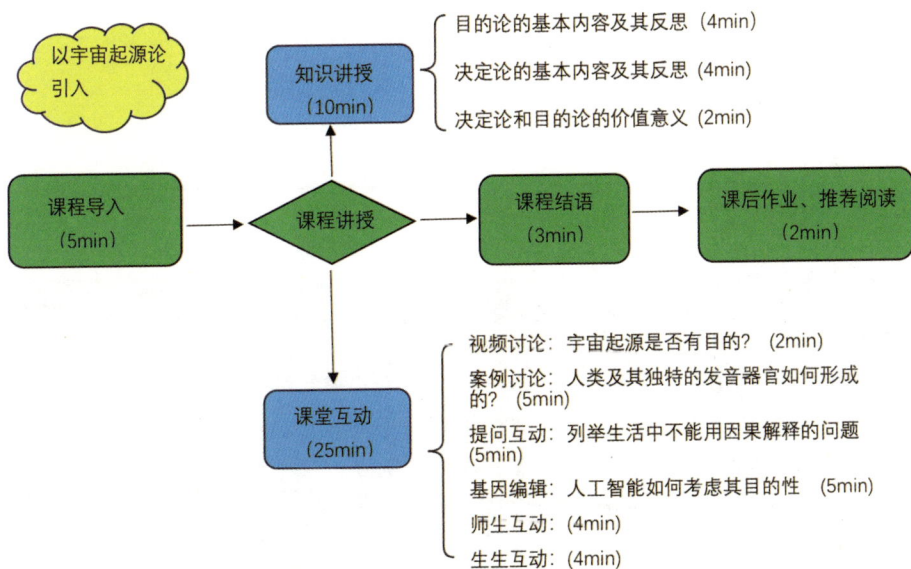

环节一：课程导入

教学活动	设计意图
上一堂课我们学习了心灵与形而上学，了解了唯心论的形而上学观，本节探讨形而上学的另外一个重要的领域，了解另外一个非常重要的问题与理论。 　　【探究一：提问互动】请问我们宇宙如何得以形成的？宇宙形成有目的吗？如果没有，那么宇宙是否就像某些现代哲学家所说的，只是一个由"运动的物质"——遵从物理学定律运动的粒子和电磁场组成的宇宙？	

教学活动	设计意图
【学生活动】通过学习通现场投票，选择"宇宙有目的"和"宇宙无目的"并且分别进行理由阐述。 **【教师解读】** 　　宇宙是所有空间、时间、物质以及事物的总称。自20世纪以来宇宙大爆炸学说一直被主流科学界公认为其起源理论。人类对于宇宙起源的探讨有很多，比如在自然科学发展相对较为低下的情况下，形成了神话、宗教等把握世界的方式，中国的盘古开天，西方的创世说等等，都是对于我们赖以生存的宇宙的思考。现今的宇宙大爆炸论虽然是较为主流的起源理论，但事实上依旧有些问题没有得以解决。宇宙论是形而上学的一部分，它研究最真实的东西是如何产生的。今天我们一起来看看哲学家们对该问题提出了哪些值得深思的甚至是颠覆我们日常认知的理论。	1. 通过视频了解介绍目前关于宇宙起源的有关研究和疑惑，引导学生思考蕴含在日常生活中的哲学问题。 　　2. 通过提问和讨论，让学生去思考我们的宇宙何以形成、有何目的。

环节二：课程讲授"什么是决定论"

教学活动	设计意图
我们在日常生活中常说"百因必有果"，事物之间有确定的因果关联，这是我们的一个根深蒂固的观念。比如在一个原先寂静无声的房子里突然听到一个响声，我们自然而然的反应就是寻找这响声的来源。我们绝不会以为这响声可以凭空发生而没有原因。医生看病，先了解病人的症状，然后设法判断引起症状的原因，因为只有消除原因，才可消除症状，即把病治好。医生绝不会认为症状可以无缘无故地发生。人类的自然生存要求能趋利避害。在这方面人比其他生物要聪明一点，他不光知道区别利与害，而且一直在探讨造成利或害的原因，因为原因一旦形成，跟随其后的利或害便不可避免。对因果关系的了解，使人有一定的预见能力，可以防患于未然、谋利于事先。 　　科学就是建立在关于世界万物因果联系的普遍性的信念之上的。这种观念被概括和加强在关于世界状态之决定论的形而上学原理中。按照决定论，普遍的因果决定关系，是诸存在者总体的基本法则。世界的一切现象、变化和进程，都遵循严格的必然性，"偶然性"则是人类因为对某些必然规律无	1. 讲授什么是决定论，了解决定论的有关理论根据。通过贴近生活的日常举例来进行分析探究，帮助学生更好地去理解这部分的内容。

教学活动	设计意图

知而采取的说辞。人们用"偶然性"来掩盖自己的无知。试想，倘若某一偶然事物或事件的原因被确凿无疑地知道了，我们还会说这事物或事件是偶然发生的吗？

　　我们对一棵桂花树在一定的时间点上究竟开了多少桂花并不确切地知道，但我们心里明白，其数量一定是确定的，而且明白形成这一确定的数量一定是有原因的，比如光照、温度、湿度等影响。如果说一棵树的花朵数是能计算的，那么，大海在某一确定的时间和区域内的含盐量是远无法确知的，但这并不妨碍我们相信这含盐量是确定的，并且相信这个含盐量不是无缘无故的，而是大海在这之前的状态的一个结果。这就是我们关于世界的决定论信念。

2. 通过理论联系实际的方式，启发同学们联系现实进行哲学思考，进一步增强同学们对于目的论与科学的关系。

桂花　　　　海盐

　　通过列举以上基本日常中的认识，一种哲学上的决定论理论形成。其原理可以概括地表达为：世界上的一切事物，不仅是决定了的，而且是由其先前状况所决定的。这不仅适用于过去，而且适用于现在和将来，而不管先前状况或者原因是否为人所知。

　　这样，世界在时间中的进程就如一个从某一起端（最初状况）开始的因果链条，这链条环环相扣。18世纪的法国学者拉普拉斯把这一形而上学原理表达在其动力学的决定论中。他指出，只要我们能够用一组方程式描述这世界的力学关系，那么，如果给我们一个初始条件，我们就能用方程式准确地推算出这个世界的一切未来状态。

　　决定论是这样一种理论：宇宙中的每一个事件，包括人的每一次行动在内，都有其自然的解释性原因；如果较早的情况已定，那么一个事件就会遵照自然定律必然地发生。但我们必须至少再走一步才能完成决定论者的前提。仅仅说"每一个事件都有其解释性的原因"是不够的，因为下述情况也是可能的：尽管每一个事件都需要某些更早的事件或情况出现才能发生，但这个事件仍有可能在某种程度上是出于某种偶然或人为的选择。换句话说，较早的事件和情况也许只是对结果做出了限制，却不能完全决定这个事件。因此，我们必须说，"每一个事件都有其充分的、自然的解释性原因"，"充分的"意味着仅靠原因本身就可以导致该事件的发生。

【课程思政】
　　决定论使人类在认识和改造世界的过程中学会把握和了解因果联系，掌握基本规律，实现对客观必然性的掌握，使得我们深化了解了"知识就是力量""科学技术是第一生产力"。

环节三：课程讲授"什么是目的论"

教学活动	设计意图
17世纪以来，宇宙往往被当作一台巨大的机器，这台机器依照自然的因果律运转。但许多思想家都认为，这种把宇宙看作机器的观点是不完备的，另一种与之不同的并且年代要更为久远的目的论也提供了不一样的解释方法。 　　黑格尔认为普遍精神通过历史来展开，这是对另一种世界观的戏剧性的描绘。这种古老而不失活力的世界观被称为目的论（源自希腊词 telos，表示"目的"）。目的论世界观认为，世界最终有一个目标，而且世界正在朝着那个目标发展。古代的亚里士多德曾经为宇宙力图认识自身这样一种观点辩护过——他称之为"思想思考自身"。 　　如前所述，决定论把普遍联系的性质规定为"因果必然性与每一具体事物或状态之如其所是，都是由在其之先的事物或状态所规定的"。目的论则认为，普遍联系不是根源于因果关系，而是根源于目的关系。简而言之，在普遍联系中，每一事物之所以如此这般存在，是为了一个确定的目的，而这个目的即在于另一事物之存在。 　　举例来说，老鼠之所以有如此这般的样式，目的在于猫的存在，老鼠生来是为了充当猫的食物。古希腊时期的著名哲学家苏格拉底对于自然事物之普遍联系的解释，是相当典型的目的论。他认为，宇宙能有现在这个样子是出自神的目的，而每一具体事物之间的关系也都是目的性关系。对于人的眼睛的构造，他是这样解释的："因为眼睛是很娇嫩的，就用眼睑来保护它，好像两扇门似的，当必要用视觉时就打开，而在睡觉时就闭上。又使睫毛长得像帘幕，免得风伤害眼睛。在眼睛上面用眉毛做个遮檐，使头上流下的汗不会妨碍它。""毫无疑问这些都显得是有一位神在设计，好让动物得以继续生存下去"。 苏格拉底　　　　　　　　　眼睛的构造 　　可能同学们会觉得很有意思，因为依照大家目前已掌握的科学知识，我们发现苏格拉底对人的眼睛的这种解释是极为荒唐可笑的。人眼之所以如此这般构造，是自然界中长期的生物进化之产物，是自然力长期作用的结果，不应该说它们是为了一定的目的才如此生成的。 　　大家仔细思考，为什么他们会如此看待呢？大多数古希腊人都是泛灵论者，他们把某种类似生命的活动赋予了万物。亚里士多德的目的论形而上	1. 讲授什么是目的论，厘清目的论的思维指向性及其形成原因。 　　2. 通过案例设计和提问的方式，让学生们在思考过程中把握目的论的思维方式。

教学活动	设计意图
学只是就此给出的一种非常复杂的表述,美洲印第安人很久以来就相信一种非机械的活的宇宙观。许多东方的以及非洲的宗教和哲学也持泛灵论的和目的论的宇宙观,而不是我们更为"机械的""科学的"模型。 当然,随着现代科学的发展,人们都是倾向于削弱这种关于目的的思想,而倾向用原因来取代这种解释。正如很久以前亚里士多德称之为的"动力因",也就是使某种东西产生的原因。但是亚里士多德认为目的论的目标也是原因,因为它们有助于确定一个事件过程或行为过程。笛卡尔和牛顿不仅支持关于宇宙的机械因果解释,而且还宣称上帝为其创造设定了目的。作为牛顿热情支持者的康德用一种目的论的宇宙观补充了他关于自然世界的因果看法,而在前面关于实体的有关探讨中我们可以回忆起,莱布尼茨认为,所有单子都是根据上帝的目的展开的。我们会发现,好像把目的论和决定论两者交织在一起,但是到最终的归宿还是回到了目的论。 【探究二:提问互动】 语言是我们人类独有的音意结合的符号系统,为什么人类能形成不同于动物的发音器官? 【学生回答】学生陈述理由。	3. 通过探究性活动,在具体问题思考中归纳出决定论的理解和认识,并通过思考和讨论对其进行哲学反思和批判。

发音器官比较

教学活动	设计意图
【教师解读】 恩格斯在《劳动在从猿到人中的作用》一文中对语言的产生进行了有关讨论,大家可以想象,在进化论之前,我们是如何看待人类的演变的呢?为什么我们能生成喉结、形成了胸腔、然后能形成共鸣,从而发出复杂的音段音位?如果说目的论思想在其他自然领域(如机械运动、物理运动和化学运动)内很难贯彻的话,那么在生物领域内却容易赢得信奉。生物体的器官是如此构造巧妙,是如此适合于生物体的生活目的,你的确很难想象这种构造可以是自然力自发作用的结果。假如自然必须进行无数次的试错才成就生物体的精妙器官,你会惊叹于成功的概率是那样稀少,并且,你会更惊叹于自然如何可能从最初的、极为难得的成功(比如从无机物到有机物再到生命体的飞跃)出发,向确定的方向推进、积累这最初的成功,直到成就像人这样的高级灵长类动物。这里面难道不包含某种确定的目的吗? 可以说,自然科学的决定论思想在生物领域中长期受阻,直到达尔文提	【课程思政】 构建一种多视野、跨学科的思维体系,打通各学科之间的壁垒,在哲学思考中与其他学科进行对话交流,逐步实现新文科视域下的哲学思维训练。通过自然科学的有关研究支撑开展哲学思考,使得哲学与科学能在时代当中构成一个相互联系与指导的统一整体。

教学活动	设计意图
出关于生存竞争和自然选择的进化学说，才使决定论思想终于在生物领域内得到贯彻。按照达尔文的进化学说，成年的生物体在生殖子代时，子代并不直接简单地复制其父母，而是必定发生一定程度的性状变异。变异造成子代之间的个体差异。这种差异在自然环境未曾有大的变化的情况下显得并不重要。如果差异相当大，而环境基本未变，那么，与种的特征距离大的个体即是所谓"畸形"，会被淘汰。如果个体变异大，而环境变化也大，那么，"畸形"个体可能恰好能适应改变了的环境而得以存活，而那些未发生大的变异的正常个体却反而由于适应不了新的环境而遭淘汰。存活下来的畸变个体获得了繁殖后代的机会，从而把变异通过遗传而保存和积累起来，最终使整个物种获得新的特征。这就是达尔文进化学说的大意。 　　可见，达尔文研究工作的重大意义在于：在有机生命的领域内，通过关于在偶然变异的基础上发生自然选择的理论，坚持了自然科学所固有的决定论原理，从而把科学精神推进到了生物界。	

环节四：课程讲授决定论和目的论的价值意义

教学活动	设计意图
【探究三：提问互动】随着科学技术的发展，是否认为承认因果关系的决定论才是对万事万物的正解呢？是否科学能解释所有一切？请大家列举生活中科学所不能解释的现象。 　　【小组讨论】学生自由讨论。 　　【教师解读】事实上，科学能解释所有的一切吗？我们其实可以回头再看一看目的论原理的某些基本理由。前面曾谈及生命之起源及进化是在概率极微小的条件下展开的。科学的决定论无法真正对此作出解释。物理学中的熵定律更是指出了能量从集中状态到耗散状态之不可逆转的转化。根据熵定律，就很难按决定论来设想生命的产生。生命作为新陈代谢，是生物通过从周围环境中摄取自由能量而朝着与熵的过程相反的方向展开，这是令人惊讶的。生命的产生因此仍然是一个巨大的神秘。 　　达尔文学说其实包含了一种可称之为"持续创造说"的宇宙历史观。宇宙被认为是不断从低级形态向高级形态发展的创造过程。自然选择成为符合着创造原则的选择。其实，越是低级、越是简单的生物，倒是越能适应环境的变化。因此，进化过程的确要求承认创造原则，但创造原则是无法被包容到单纯的决定论原理中去的。创造是有方向的，即使这方向并不具体，但确实是一个从低级到高级、从简单到复杂的总方向。我们如何说明这方向？它来自何处？是什么构成其终极动力？这些根本的形而上学问题仍不得其解。 　　决定论无疑是同目的论思想相对立的。科学就其本性来说，就是要始终贯彻对世界的因果必然性的解释。在科学看来，对世界作目的论解释不仅无法给出真正的知识，而且是对认识自然之任务的取消。	1. 讲授关于目的论和决定论理论的哲学反思，尤其对当下时代发展中的科学问题开展哲学思考。 　　2. 通过提问互动的方式，让学生打破常规思维，对常识问题、科学问题追根溯源，培养批判性思维。

教学活动	设计意图
奥古斯丁　　　　　　　托马斯·阿奎那	**【课程思政】** 任何一种思想理论都有其价值指向，在我们价值体系和价值观念的培养过程中，需要学会甄别，培养辩证思维。

目的论解释不是引向知识，而是引向信仰，目的论的归宿必定是神学。在整个世界中的万物之存在及其秩序的目的性，必须由一个最高目的来说明。这个最高目的来自神（上帝）的仁慈的意志和智慧。万物存在都指向这个终极目的。正如中世纪的教父哲学家奥古斯丁所说："我们基督徒，不必追求别的，只要无论是天上的或地上的、能见的或不能见的一切物体，都是因创造主（他是唯一的神）的仁慈而受造，那就够了。"经院哲学的集大成者托马斯·阿奎那则说："必定有一个智慧的存在者，一切自然的事物，都靠他指向它们的目的。这个存在者，我们称为上帝。"

从决定论与目的论这两种形而上学原理的彼此对立，我们可以看到，形而上学本身在其对存在者总体的解释中是包含价值态度的。故而，形而上学或导向科学，或导向信仰。正像信仰是一种价值一样，科学则是另一种价值。

【课程思政】

科学在日新月异的发展过程中，是人类把握因果发展规律的巨大进步，但是同时我们也需要进行有关的价值引领，尤其在基因编辑、克隆技术等方面，需要有生命伦理道德的约束和价值引领，需要有超越功利之上价值的敬畏之心。

信仰的价值在于让我们获得对终极目的的关怀，以便安身立命，虽然是一种唯心主义的论调，但可以让我们个人的人生价值有最后的归依处，以便在最高目的面前保持人的敬畏和谦卑。

科学的价值在于从决定论的原理出发去了解事物之间的因果联系，以便利用关于因果关联之知识增进我们的实际生活之利益。现代科学日新月异，极大地提高了人类认识和改造世界的能力，人工智能、基因编辑、试管婴儿等等，通过对因果联系的知识，人可以干预事物的经验过程，借此达到自己的目的。在此意义上，培根指出"知识就是力量"。不过这力量指的是增进人类福利的力量，而不是满足终极关怀之需要的信仰的力量。在这一点上，我们确实有必要作出区分。当代人在达尔文生物进化学说的指引下，把物种的变化不是看作神意之产物，而是基因突变之结果，因此遗传学已经发展到可以进行基因工程以获得人类所需的物种性状。这是科学的荣耀，也是人类福利之增进，这一点无可怀疑。但问题是人类因此更难有谦卑的态度和对某种超出功利之上价值的一份敬畏之心。

环节五：课程总结

教学活动	设计意图

生命世界中的一些基本现象是至今让我们迷惑不解的。例如，动物体内有一种奇妙的平衡和自我调节能力，能使身体保持最不可思议的内部和谐，并适应种种最微妙的外界影响。人类的技艺永远不能真实地复制这一奇迹，而我们的科学也只是模糊地了解这一奇迹。更让我们始终惊叹的是，动物的肉体器官的构造与功能与该种动物的生活目标是那样地配合一致，以致我们很难想象，这种构造先由盲目的自然力偶然和无意地造成，然后再规定出有此构造的动物的生活目标。当然，我们仍然可以坚持认为，正因为这些生物是如此构造的，所以它们才追求这样一些生活目标。不过，这种观点所遵循的乃是这样的逻辑：某人因为带着钓鱼竿才去钓鱼，而不是为了钓鱼才带着钓鱼竿。但问题在于，当我们把这支竿称为"钓鱼竿"时，我们已不知不觉地把"钓鱼"这一目的直接当作这支竿本身的性质了，而同时，按照决定论，我们又必须把这一性质看成是一种并非属于目的的东西。
    因此，对于世界的目的论理解，并未因为科学自近代以来的进展及其巨大成功而被决定论彻底驱逐。问题依然存在。在这个问题上的形而上学思考不是中止了，反倒是由于当代科学思维（包括对熵定律的理解问题以及在生物学领域中超出达尔文主义的新观点之形成）的进一步深入而再度陷入困境。
    总的来说，在我们关于对象世界的认识和实践活动过程中，也给我们无数的反思，如何结合时代科学技术与时俱进，如何深化认识与研究，不断建立批判性思维与反思能力，都是我们哲学应该要深入思考的问题。
	帮助学生继续反思决定论与目的论的思维指向与理论缺陷。
	
	【课程思政】
	    虽然科学为人类认识之网构建了一个极富规律性和解释力的世界图景，但是哲学作为一种把握世界的重要方式，可以为科学提供一种富有超越性、批判性的世界图景。哲学与科学在时代发展中可以相互吸收，相得益彰，其共同宗旨都是为了求得真知。

环节六：课后作业、预习任务、推荐阅读

教学活动	设计意图

【课后思考】
    1. 为什么必须承认在生物进化过程中包含创造原则？
    2. 为什么说决定论原理导向科学之价值，而目的论原理导向信仰之价值？
【推荐阅读】
	1. 帮助学生通过具体问题反思教学内容，真正学以致用。
	    2. 帮助学生继续思考本节内容，扩展课后的研究兴趣。

八、板书设计

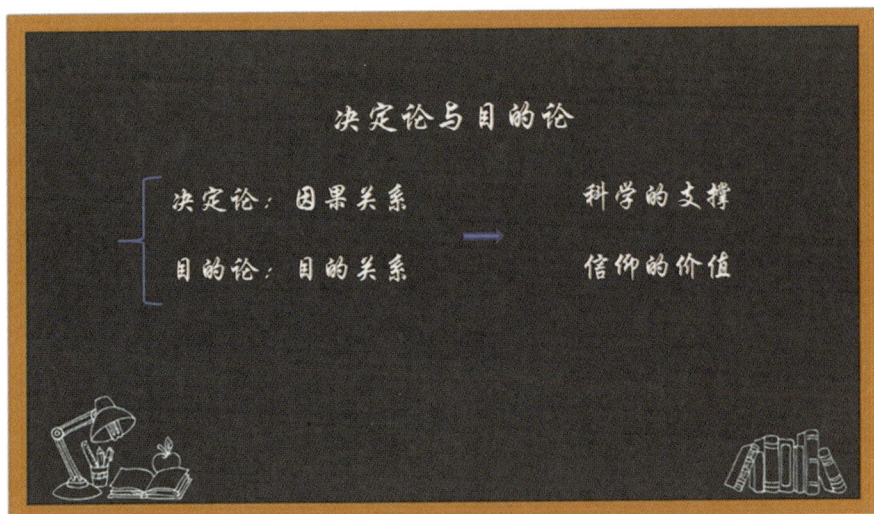

九、教学设计反思

在教学内容上，还需要与时俱进地拓展扩充一些教学内容，例如现今的人工智能深度学习、大数据等等，也是与该论题密切相关的内容，可以带领学生探讨，提高课程的"两性一度"，反映最新的研究成果和社会需求。在教学方法上，要开展多样化的教学手段，除了减少传统的讲授法，还可以引入模拟实验、项目式学习等多种教学方法，以促进学生对于该问题的深化理解和讨论；还可以加强信息技术的融合，通过利用信息技术进一步增强学习体验，使学习更加有互动性和有趣。另外，该论题还涉及跨学科学习，还需不断鼓励学生将不同学科的知识结合起来，以解决复杂问题，这有助于学生建立更全面的知识体系。

要将学生置于学习过程的中心，让他们参与到课程设计和评估中来，这样可以提高他们的参与度和责任感，鼓励学生之间的合作，通过小组合作项目，让学生在交流和协作中学习，这有助于培养他们的社交技能和团队合作能力。

在教学过程中，要更加强化学生的知识应用能力，让学生将所学知识应用于解决现实世界的问题，这样可以提高学生对知识的理解深度和应用能力，并且要形成评价，以监控学生的学习进度，并及时提供反馈，比如课中的小测验、口头报告、同伴评价等方式进行。

09 经验论和唯理论

> 章节名称：第六章 认识论的问题域　第一节 经验论与唯理论
>
> 计划学时：45 分钟

一、教学内容分析

【主要内容】

1. 关于认识论的有关理解

2. 经验论和唯理论的基本内容

3. 经验论和唯理论的理论困境

【地位作用】

经验论和唯理论是哲学史上的一个重要阶段，标志着古代西方哲学向近代西方哲学的转折。同时，经验论和唯理论是认识论的两种代表性流派，两者对于认识论相关的各种问题探讨，都是为认识论哲学发展奠定扎实基础，包括认识对象问题、认识主体问题、认识方法问题、真理标准问题等等。而且经验论和唯理论在发展过程中所展现的问题也为深入地探讨认识论问题提供了有益经验，之后的德国古典哲学和现代西方哲学都是以近代认识论的成果为起点。理解经验论和唯理论对理解现代认识论哲学有重要作用。

二、学情分析

已有认知分析。学生对个别近代哲学家有所了解，比如笛卡尔、休谟、洛克等，但只是较为碎片式的认识，能说出一些代表性观点，对于整个经验论哲学和唯理论哲学缺乏整体深入的认知；本节内容承上启下，对理解古代哲学向现代哲学的转折有重要作用，学生对古代本体论和存在论有一定的了解，对理解经验论和唯理论有重要作用。

能力状态分析。学生具备一定的哲学思维能力和认知能力，在导论课程学习中逐步涉及本体论和认识论方面的哲学知识，但哲学的反思性批判性思维还不成熟；学生具有自主学习的能力，但对于经验论和唯理论的基本立场和观点缺乏系统了解，对如何认识世界、为什么会有不同的路径认识世界理解不深化，哲学的反思意识和问题意识还需要加强。

心理状态分析。学生希望通过学习经验论和唯理论的基本观点和两者之间的差异，以此来理解认识论作为哲学的重要方面的原因，并且理解认识论哲学的基本问题和基本路线；学生期待通过对经验论和唯理论的观点的了解和问题的把握，并在此基础之上能够抓住经验论和唯理论的内在逻辑和理论特色，能够真正地厘清这两者之间的差异和困境，进而进一步了解唯物主义认识论。

三、教学目标

【知识目标】

1. 学生能够掌握经验论和唯理论出现的思想背景；
2. 学生能够掌握经验论和唯理论各自的代表人物及其核心观点；
3. 学生能够掌握经验论和唯理论所要解决的基本问题。

【能力目标】

1. 学生能够通过对经验论和唯理论观点的了解来把握它们的论证逻辑，并用以分析解答现实问题；
2. 学生能够分析经验论和唯理论各自的理论问题及其原因，提升批判性思维水平；
3. 通过经验论和唯理论的了解来把握认识论哲学的基本问题，具备哲学反思能力。

【情感态度与价值观目标】

1. 认识论作为哲学的重要领域，它并不是完全抽象和理论的，而首先是每个人的需要。我们生存活动的首要活动就是认识活动，没有认识活动就难以开展任何其他实践活动，离开认识为前提的实践是杂乱无章的，所以形成正确的认识论观点对于我们每个人都是至关重要的。

2.经验论和唯理论作为认识论的两种最典型的形态，它们为认识论的发展和完善做出了有益探索。但是，经验论和唯理论在推动认识论哲学发展的时候发现各自面临难以克服的理论困难，我们需要在反思和批判中审视两者的局限，形成更加科学、合理的认识，用以开展实践活动。

3.从经验论和唯理论的困境中可以发现，真正的认识论必须是基于客观发生的认识过程，否则会走向失败。马克思主义认识论则认为真实发生的认识活动是来源于实践的，是一种能动的反映过程。

四、教学重点、难点、创新点及解决措施

【教学重点及解决措施】

1.经验论和唯理论基本观点的阐释；

2.经验论和唯理论的逻辑演进过程和内在论证逻辑；

3.经验论和唯理论两者之间的理论差异。

主要通过专题讲授、启发式提问、小组活动和讨论等措施帮助同学们掌握经验论和唯理论的基本立场，在苏格拉底式的"反诘法"中推动学生进行哲学思维体操训练。

【教学难点及解决措施】

1.理解经验论和唯理论走向理论困境的逻辑过程；

2.分析经验论和唯理论走向终结的理论原因。

"讲、学、练"相结合：通过对经验论和唯理论基本立场的展示和观点的论证过程，最后能够理解和掌握经验论和唯理论如何推动认识论的演进。

【教学创新点及解决措施】

本堂课的创新点包括：通过对经验论和唯理论的展示来演示其论证过程，并且基于马克思主义认识论和当代认识论的基本立场来分析经验论和唯理论走向理论困境的原因，同时分析经验论和唯理论的弊端和可取之处。

以深入浅出为原则，通过对基本立场和观点的展示，让同学们能够跟随哲学家的论证过程重思，并且让学生思考如何来为经验论和唯理论辩护。

🖾 五、教学策略

【思维导图】

```
                                              ┌─ 经验论："在理智之中的无不先在感觉中"
                            代表性观点 ─────────┤
                                              └─ 唯理论："我思故我在"

                                              ┌─ 经验论：认识对象是个别的
                            认识对象问题 ───────┤
                                              └─ 唯理论：认识对象是一般的

                                              ┌─ 经验论：认识主体是包含身体的
                            认识主体问题 ───────┤
                                              └─ 唯理论：认识主体是精神性的
      经验论和唯理论 ──┤
                                              ┌─ 经验论：可靠认识源于经验
                            认识起源问题 ───────┤
                                              └─ 唯理论：可靠认识源于天赋观念

                                              ┌─ 经验论：归纳法
                            认识方法问题 ───────┤
                                              └─ 唯理论：演绎法

                                              ┌─ 经验论：摹本论
                            真理标准问题 ───────┤
                                              └─ 唯理论：一贯论
```

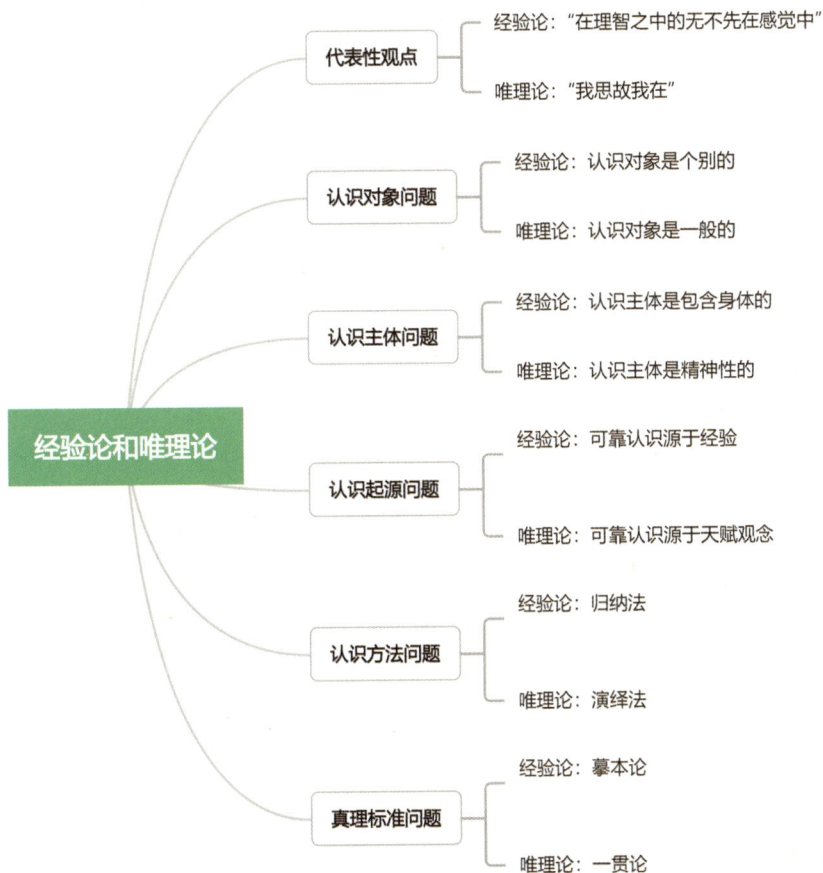

【教学模式及方法】

　　1.启发式教学法：通过采用辩论赛等形式，让学生在实际的讨论和辩论中理解唯理论和经验论的精髓，通过这种方式，学生不仅能够更深入地理解理论知识，还能够学会如何将这些理论应用到实际问题中去。

　　2.案例教学法：通过案例研究开展小组讨论、圆桌思辨，使得学生进行探究性学习，查找经验论和唯理论的理论漏洞。

　　3.理论讲授法：通过分析经验论和唯理论的基本观点，帮助学生掌握其基本路线和内在逻辑。

【教学内容重组与加工】

　　通过对经验论和唯理论基本观点、立场和演进史的阐述，来比较两个流派之间的理论差异和论证特点。对两个流派的理论进行分解，根据认识论的相关组成部分，把两个流派理论分解成认识对象问题、认识主体问题、认识起源问题、认识方法问题、认识结果标准问题，通过这种按不同问题的方式来进行讲解。

再根据当代认识论的相关理论和角度，对经验论和唯理论进行重组和加工，把经验论和唯理论置于当代认识论的脉络中进行分析。

【教学资源与技术手段】

1. 线上资源库：（1）智慧树自建在线课程《哲学导论》，https：//coursehome.zhihuishu.com/courseHome/1000105558#teachTeam，由黄大年式教师团队主讲。（2）超星学习通。在学习通上上传有关学习资料，进行课前、课中、课后测试，推荐有关线上资源阅读学习。

2. 思辨素材库：本节所用的思辨素材有：（1）眼见一定为实吗？（2）感性认识更可靠还是理性认识更可靠？

3. 科研成果库：供学生在课前及课后进行探究和拓展阅读，在本节中使用和推荐的有关文献：

［1］张端，陈国荣. 唯理论、经验论与儿童因果认知［J］. 自然辩证法通讯，2024，46（11）：12-20.

［2］许晓东，陈玲. 近代"经验—先验"观念的转变与科学革命［J］. 自然辩证法研究，2021，37（08）：98-103.

［3］景玉慧，沈书生，李艺. 认识论语境下的知识模型讨论［J］. 电化教育研究，2020，41（01）：37-44.

［4］毕文胜，杨晶. 何谓知识？——从苏格拉底到波普尔的哲学考察［J］. 兰州学刊，2019（12）：77-85.

［5］吕世荣. 从认识论到形而上学：康德哥白尼式革命的实质及其意义［J］. 世界哲学，2019（05）：72-80.

［6］李艺，冯友梅. 支持素养教育的"全人发展"教育目标描述模型设计——基于皮亚杰发生认识论哲学内核的演绎［J］. 电化教育研究，2018，39（12）：5-12.

［7］路红芳. 两条"认识道路"与两种"实证科学"［J］. 马克思主义哲学研究，2017（02）：122-132.

［8］卢春红. 由"反思"到"反思性的判断力"——论康德反思概念的内涵及其意义［J］哲学研究，2015（02）：67-76+128.

［9］白顺清. 西方真理观的演进和马克思真理观现实价值［D］. 辽宁大学，2014.

［10］张静静. 身心二元论的消解及其教育影响——基于杜威经验哲学观的思考［J］. 基础教育，2014，11（05）：31-37.

［11］黄欣荣. 大数据对科学认识论的发展［J］. 自然辩证法研究，2014，30（09）：83-88.

［12］吴德凯. 认识主体性理论的逻辑进路：从笛卡尔到伽达默尔［J］. 北京理工大学学报（社会科学版），2014，16（02）：147-154.

4.思政素材库：让学生在唯理论和经验论的论辩中充分认识到两者的理论局限，确立辩证唯物主义认识论的立场、观点与方法，为认识和改造世界提供方法论指引。本节使用到了以下的有关资源：

［1］许全兴.《实践论》和《矛盾论》对马克思主义哲学中国化的启示［J］. 中国社会科学，2013（12）：22-35+204-205.

［2］徐双溪. 马克思的实践认识论研究［D］. 华侨大学，2017.

［3］刘怀玉，章慕荣. 马克思主义认识论：从历史回顾到当代追问［J］. 学习与探索，2014（06）：1-8.

［4］王礼鑫. 马克思主义新认识论与人工智能——人工智能不是威胁人类文明的科技之火［J］. 自然辩证法通讯，2018，40（04）：15-19.

［5］张明仓. 虚拟实践与马克思主义哲学的当代形态［J］. 学术研究，2003（02）：29-32.

［6］黄楠森. 必须坚持辩证唯物主义［J］. 北京大学学报（哲学社会科学版），1998（02）：164-171.

【教学信息收集与处理】

首先通过课前调查、课前预习和习题测验了解学生认知水平，通过教学现场的理论讲授、案例分析、自主探讨等活动，开展剖析反思，在辩论活动开展中收集对于该学习内容的掌握程度，并在课堂中进行随堂测验，增强思辨意识。

【教学参与的切入】

通过多个日常生活中的案例激发学生兴趣，小组学员投票分享观点，教师通过设置思考问题和不断诘问来启发学生进一步深化问题，让学生多维度、多视角进行审视与反思，实现思考能力和思想智慧的提升。通过设置辩论赛，让学生在哲学思辨中感觉到自己的智慧和力量，同时也深入地认识到自我思想的局限，体验到了思想的欢乐。在进行哲学思辨时，充分利用苏格拉底式的"反诘法"进行提问，培养反思性、批判性思维。

🔽 六、课前探究

本堂课作为哲学导论课中"认识论的问题域"中的重要一节，课前探究使学生对什么是认识论以及人类为什么需要认识论这一问题产生兴趣非常重要，课前探究包括：（1）学生探究依据现有的知识体系到底什么是认识论；（2）学生阅读有关文献，尝试对认识论的基本环节和认识论的重要问题进行思考；（3）学生联系现实生活思考认识论对每个人的重要性何在。

🌐 七、教学过程

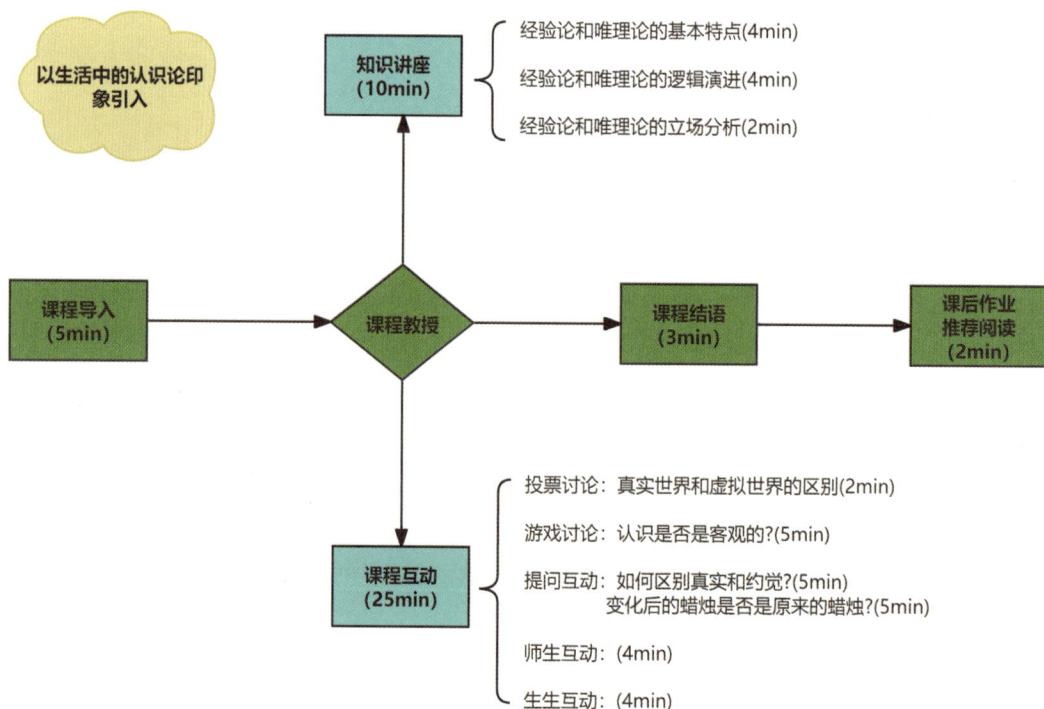

环节一：课程导入

教学活动	设计意图
我们常说"吾生也有涯，而知也无涯"。认真思考一下我们的生活细节，我们每天的所思所想，每个时刻的言语行为，无不在发生认识论活动，无不以认识论活动为前提。认识论并不是特定领域的事情，而就是我们生活的一部分，是我们生命的一种活动方式，是我们存在的方式之一。 　　【探究一：提问互动】元宇宙是一个现今非常流行的理念。想象一下虚拟现实设备最终变得非常完善，当你穿上后，它能模拟视觉、听觉、嗅觉、味觉和触觉。再想象一下计算机程序变得极为完备，你可以有整整一周的虚拟现实体验，而不只是浅尝辄止。这种情况下，你愿意放弃在真实世界中而满足于虚拟现实的幻想吗？为什么？真实世界与虚拟现实到底有何区别？ 　　【学生回答】在学习通进行投票，即时显示投票结果并形成数据分析图。选取不同意见代表阐述其选择理由。 　　【教师解读】我们可能会认为虚拟世界就像是前面我们所学习到的柏拉图的洞喻中所说的一样，坐在墙根下的囚徒们所看到的世界并不真实，只是真实世界的影子。如果我们把自己置身于其中，我们就是坐在墙后面的人，我们根本就不知道除影子之外的其他东西，而且关于影子的信念并不和我们的生活发生冲突，当然就会很自然地把它视为真实的事物。例如有一个经典的思想实验就叫"缸中之脑"。 　　到底我们认识世界是来源于我们的感官呢？还是说我们的感官本身就有局限并不可靠，因此需要借助于其他？	1. 通过对元宇宙等虚拟世界的思考，来理解认识论的相关问题。 　　2. 通过提问和讨论，让学生去思考什么样的认识结果才是关于对象的真实反映。

环节二：课程讲授"认识论的基本问题"

教学活动	设计意图
我们发现，认识论的问题是如此贴近生活和重要，每个人每天都要发生大量的认识论活动，所有的行动都是以认识结果为前提，否则行动就缺乏向导和指向，行动就不可能取得成功。 　　认识论活动的一个基本前提就是以我们的认识条件为基础，脱离了我们的认识能力就无所谓认识活动的发生。我们有什么样的认识能力就只能获得什么样的认识结果。我们的认识活动包含必要的环节，如果从认识论的相关	1. 讲授什么是认识论。通过对生活常识的思考来反思认识论活动的发生。

续表

教学活动	设计意图
环节来讲的话则包括认识对象、认识主体、认识方法、认识结果等等。如果从认识过程的发生来看的话则包含认识材料和认识能力。认识论的问题就存在于这些环节之中。 【探究二：游戏互动】看一看这张图片，你所看到的是什么？  【学生回答】在学习通平台答题，并及时统计数据结果，形成分析图。 【教师解读】认识对象是客观的吗？图片的内容是固定的、唯一的，那就应该指同一个对象，不能是某物又不是某物。但为何出现不同的答案？如果从对象出发的话，对象当然是客观唯一的，任何人看到眼前这棵树都是同一棵树，这是不以人的意志为转移的。但是从认识主体出发的话，问题就出现了，对象要成为我们的认识对象就必须经过我们的感官能力。但是我们的感官能力对对象的感知结果不一定是一致的，比如我看到的颜色跟你不一定一样，吃辣的人对辣的感觉跟不吃辣的人的感觉是不一样的。唯一客观的外在对象最后成为认识对象必然会受到主观条件的影响。所以哲学史上所出现的认识相对主义和怀疑论就是以这一点为攻击之处。 不过相对主义和怀疑论否认认识的客观性，其问题在于混淆了客观存在的对象和作为认识对象的差别，作为认识对象的外在事物肯定是客观唯一的，是我们对它的认识作用差异导致了认知结果的差异，马克思唯物主义认识论正确地揭示了这一点，认识对象是客观的，认识过程中我们的认识能力会参与其中，导致认知结果可能会受到主观条件的影响，这是能动的反映过程。 【探究三：提问互动】大家看以下图片，为何同一对象却出现不同的视觉内容？  认识活动除与认识对象相关之外，还有认识主体。认识对象提供认识材料，而认识主体对认识材料进行整理、加工和改造，最后形成认识结果。认	2.通过理论联系实际的方式，启发同学们联系现实进行哲学思考，增强学生对于认识活动的理解。 【课程思政】 虽然认识结果会受到主观因素的影响，但不代表认识对象不是客观的，马克思唯物主义认识论揭示了真实发生的认识过程。

教学活动	设计意图
识主体对认识对象的影响主要凭借自己的认识能力，认识能力包括感性能力和理性能力，感性能力就是我们的感官能力，如听觉、视觉、味觉等，而理性能力则是对感性认识进行综合、联结。 【探究四：提问互动】观察下图，我们天生只能通过这扇有色玻璃门来看外面这个热气球，为什么会如此？  　　认识结果受认识对象和认识主体两方面的影响，但是哪方面影响更大呢？ 　　唯心主义者认为认识主体的理性能力决定了认识结果，是我们凭借自己的概念和观念来对对象进行综合联结，最后联结的结果符合我们所看到的样子；而唯物主义者认为认识结果虽然受认识主体的影响，但是认识主体也不能改变认识对象的性质，尽管人与人之间的主观能力有差异，但是两个不同的人也不会把同一个对象得出两个性质不同的结果，所以唯物论者的认识论立场是更为反映现实情况。	

环节三：课程讲授：经验论和唯理论基本观点

教学活动	设计意图
【探究五：提问互动】我们常说，吾生也有涯，而知也无涯。我们如何知道我们确实看到世界的真实现象呢？我们如何知道我们认为是非幻觉现象的东西实际上就是那样的呢？ 【教师解读】 　　我们在日常认知中可能主要从感性和理性两个角度来认识，比如日常生活中的反复感知、经验验证，以及我们思维的理性推理把握。但细想，在幻觉的现象与真实的现象之间似乎并没有什么内在的差别。在蓝光下我们看一个"白桌子"为蓝色的，在红光下看它为红色的；但我看它为白色的唯一理由，是因为光波反射在桌子平面进入我们视网膜的方式，它把信息送到我们大脑背后的视觉中心。桌子实际上完全是无色的。同样，声音只是声波在空气中振动我们的耳膜并被传到我们大脑的听觉中心。所有问题逼近我们：我	【课程思政】 　　经验论和唯理论的发展离不开当时的社会发展水平和生产力阶段，当时的思想家只能停留于利用简单仪器观察的阶段，所以很多认识论的结论停留于常识层面。

教学活动	设计意图

们关于外在世界究竟知道什么？对此，形成了唯理论和经验论两种典型的观点。

经验论和唯理论都追求具有普遍必然性的知识，都认为可以通过人类自己的理性能力来获得关于经验的可靠知识，都强调知识都必须对经验有效。但同时，唯理论和经验论在关于如何获得普遍有效性的知识问题上出现了分歧，包括认识对象是关于对象的个别性质还是一般性质，认识主体是包含身体心灵在内的全体还是精神性的心灵，可靠认识起源于感觉经验还是天赋观念，认识方法是归纳还是演绎等问题，经验论和唯理论都出现了分歧，由此形成了两种不同的认识论立场。

经验论代表人物：培根、霍布斯、洛克、贝克莱、休谟。

培根　　　　　　　洛克　　　　　　　贝克莱

经验论中的经典理论有洛克的白板说。我们常常都说人出生时像一张白纸，只有在不断的实践积累中才能不断积累知识。洛克认为，我们的知识最终都是来源于感觉经验。"让我们假设心灵如我们所说的那样，是一张白纸，上面没有任何记号，没有任何观念；心灵是怎样得到那些观念的呢？……它是从哪里得到理性和知识的全部材料的呢？对此我用一句话来回答：来自经验，所有我们的知识都是建立在经验之上的。"

【探究六：思想实验】想象一下刚从蜂房里取出来的蜡：它还没有失去它含有的蜜的甜味，还保存着花里采来的香气；它的颜色、形状、大小都显而易见；它是硬的、凉的、容易摸的，如果你敲它一下，它就发出一点声音。

续表

教学活动	设计意图
可是，当我一边说话一边靠近火旁边时：它保留的味道、香气、颜色、形状都发生变化了，而且体积增大，变成液体，尽管敲它，却再也发不出声音。那么，原来的蜡还继续存在吗？那么以前在这块蜡上认识得那么清楚的是什么呢？ 　【学生回答】在学习通即时投票作答，统计结果形成分析图，不同组选派学生代表予以解释。 　【教师解答】这是笛卡尔在《第一哲学沉思录》中所做的一个思想实验。笛卡尔对此进行讨论，主要是从另一个视角来看待人类知识的形成。同经验论相反，他认为我们在认识中要注意的并不是对它的知觉，不是看，也不是摸，也不是想象，他认为只有理智或精神才能领会那个蜡。而只有理智或精神才能领会的这个蜡是什么呢？当然就是我所看见的、摸到的、我想象的那块蜡，就是我一开始认识相信的那块蜡。笛卡尔是唯理论的典型代表。 　唯理论者们认为逻辑和数学是所有真知识的典范，并且致力于寻找一些方法以建立起科学与形而上学的主要命题，使之与关于三段论或几何学的真理具有同等的确定性。唯理论贬低感官作为知识来源的地位，而声称一切有效的知识主张都必须依赖理性的运作。 　唯理论代表人物：笛卡尔、斯宾诺莎、莱布尼茨 笛卡尔　　　斯宾诺莎　　　莱布尼茨 其代表人物的主要观点和理论出发点：	

教学活动	设计意图

	实体学说			认识论	
	出发点	心和物的关系	实体观	出发点	特点
笛卡尔	普遍怀疑 我思故我在	心物二元论 身心交感说	二元论	天赋观念	注重逻辑演绎 但不太彻底
斯宾诺莎	神	神即自然 神=自然=实体 身心平行论 先验协调	一元论	真观念	注重逻辑演绎 先验协调性使唯理 论更为彻底
莱布尼茨	单子论	神即自然 神=自然=实体 前定和谐	多元论	潜在的 禀赋和习性	心灵是一块有纹路的大理石 认识的能力 和理性的能力越高 观念就越清晰

【探究七：小组讨论】了解了经验论和唯理论，那么，请同学们探究和考察一下在认识论上两者有何差异？

【教师解读】

关于认识的起源和途径的问题上，经验论者认为认识必须起源于感觉经验，必须从个别的经验事实出发，逐渐达到普遍的知识，他们秉持的是"凡在理智中的无不先在感觉之中"的原则，这是区别经验论和唯理论的主要标准，经验论哲学家并不否认理性认识比感性认识更可靠，但是所有的理性认识都必须来自感觉经验。而唯理论哲学家则认为普遍必然性的知识不能起源于感觉经验，而只能起源于理性自身，他们也并非一概否认感性认识都不可靠，只是否认源于感性认识的知识具有普遍必然性。

关于认识方法的问题，经验论哲学家把归纳看作是唯一可行的认识方法，演绎只是把归纳所发现的真理阐述出来的形式技巧，因为理性演绎所运用的抽象观念实际上都可以归结为感觉的观念，所以经验论哲学总体依赖归纳法作为认识方法，轻视演绎方法；而唯理论者虽不否认归纳法的有用性，但把归纳看作是不值得信任的意见，只有理智直观即演绎推理才最可靠。但经验论者面临如何从归纳方法重获必然性知识的问题，而唯理论者面临演绎的前提从何而来的困境。

关于真理观的问题，在关于真理的标准问题上，经验论者更多地强调思维与存在的一致性，强调真理就是摹写对象的摹本，他们的真理观可以统称为"摹本说"。而唯理论者强调认识本身的逻辑一贯性，认识本身不包含矛盾，逻辑上前后一贯的就是真理，他们的真理观可以称为"一贯说"。在关于真理的普遍必然性问题上，经验论者知道凭借我们的感觉无法把握到普遍必然性知识，我们只能获得或然性的知识，最后经验论走上了怀疑论。而唯理论者认为我们是能够获得普遍必然性知识的，只是这种不从感觉中来，也就不能依靠经验归纳获得，而只能运用理性直观和演绎推理。

环节四：课程讲授经验论和唯理论的理论困难

教学活动	设计意图
【探究互动：辩论赛】 活动设置：全班同学分为两组，A组：持经验论观点，驳唯理论。B组：持唯理论观点，驳经验论。 问题：在人类认识活动中，是"感性"更重要还是"理性"更重要？ 【课堂展示】 A组：持经验论观点，驳唯理论。主要观点如下： 1.唯理论者认为只要从可靠的天赋观念出发，通过推理演绎的方式，最后获得的知识必然是普遍有效的。但是如何来证明关于对象观念的认识就是对象本身的知识呢？ 2.如何直觉到清楚自明的观念？唯理论者认为直觉是理智直观，但是我们所具有的只是感性直观，直觉知识无法脱离感性认识，所以唯理论的直觉主义是难以成立的。 3.从可靠前提推理出来的知识如何是真实发生的经验知识？唯理论者从非经验的前提推理出来的知识无法证明是经验自身的，唯理论者排除经验对知识的参与明显是错误的。 B组：持唯理论观点，驳经验论。主要观点如下： 1.按照经验论的立场，我们只能通过感官来获得关于对象的存在，所获得的东西也只是对象的性质。但是性质是客观的还是主观的呢？ 2.顺着经验论的逻辑，事物的性质只能凭借主体的感官能力来判断，所以性质和知觉到一个性质是一回事，知觉到对象是红色和对象实际是红色效果相同。 3.唯理论的认识论原则是可靠的，他们认为经验论无法保证认识结果的可靠性，因为通过感官从经验中获得的知识无法保证它的有效性，所以知识的起点不能从经验中获得，而只能来自非经验。 【教师解读】事实上，这个辩题最终可以归结为：如何把握一个对象的存在？	【课程思政】 马克思主义认识论已经揭示了认识结果受主客两方面的影响，但不是由主观决定的，而是主客观共同作用的结果。

续表

教学活动	设计意图
经验论得出结论：事物的性质就在于被感知的结果，即贝克莱的"存在即被感知"。但是，"在碰到这块石头、产生疼痛感觉前，石头是否存在"？贝克莱把事物的存在和事物的性质混为一谈了，事物的存在不是感知的对象，但却构成事物性质的前提条件。事物的存在不可能通过感觉来保证，但是从经验论的立场出发又只能通过感觉来谈论关于对象的一切内容，所以经验论的立场必然会走向怀疑论。 　　唯理论者也致力于确立其经验知识的可靠性，唯理论的路线只是他们采取的方式，目的和经验论者一样，都是为了获得可靠经验知识。莱布尼茨的唯理论立场吸收了经验论的因素，承认经验对于刺激先天观念的重要作用，我们的心灵只是一块"有纹路的大理石"。唯理论要证明自己所获得的可靠知识是关于实际经验的，那么最后必然走向独断论。	

环节五：课程总结

教学活动	设计意图
【结论一：经验论和唯理论的内在逻辑】 　　1. 如果要成为彻底的经验论者，就只能走向怀疑论；如果要避免走向怀疑论，就只能背叛经验论。 　　2. 唯理论要证明自己所获得的可靠知识是关于实际经验的，最后必然走向独断论。 【结论二：对认识论的贡献】 　　1. 经验论和唯理论系统地探索了认识论的相关问题，为认识论哲学的整个领域做出了有益探索，甚至涉及当代认识论哲学。休谟最后证明无法获得必然的知识，只能获得各种信念，但只要证明这些信念是可辩护的，那就可以证明它是知识，知识就是得到辩护的信念。 　　2. 认识论的问题不能从一种形而上学实在论的立场来解决，我们只能获得关于对象的可靠信念知识。 　　从经验论和唯理论的困境中可以发现，真正的认识论必须是基于客观发生的认识过程，否则就会走向失败。马克思主义的唯物主义认识论正是基于真实发生的认识过程，认识活动既不是像经验论所认为的那样是完全由客观对象来决定认知结果的正确性，也不像唯理论那样认为认识结果完全由主体的天赋观念来决定，而是两者的结合。马克思主义认识论认为真实发生的认识活动是一种主动建构的结果，但不是任由主体随意建构，而是基于人类共同的认知条件来对客观的对象进行认知，是一种能动的反映过程。	1. 帮助学生梳理本节的核心内容。 　　2. 帮助学生确定本节的学习重点和知识。

环节六：课后作业、预习任务、推荐阅读

教学活动	设计意图
【课后作业】 　　思考经验论和唯理论的可取之处和理论缺陷。 【推荐阅读】 汉译世界学术名著丛书　　　　汉译世界学术名著丛书　　　　汉译世界学术名著丛书 人性论　　　　　　　第一哲学沉思集　　　　　人类理解论 上册　　　　　　　　　　　　　　　　　　　　　上册 〔英〕休谟 著　　　　〔法〕笛卡尔 著　　　　　〔英〕洛克 著	1. 帮助学生通过具体问题反思教学内容，真正学以致用，掌握知识点。 　　2. 帮助学生继续思考本节内容，扩展课后的研究兴趣。

八、板书设计

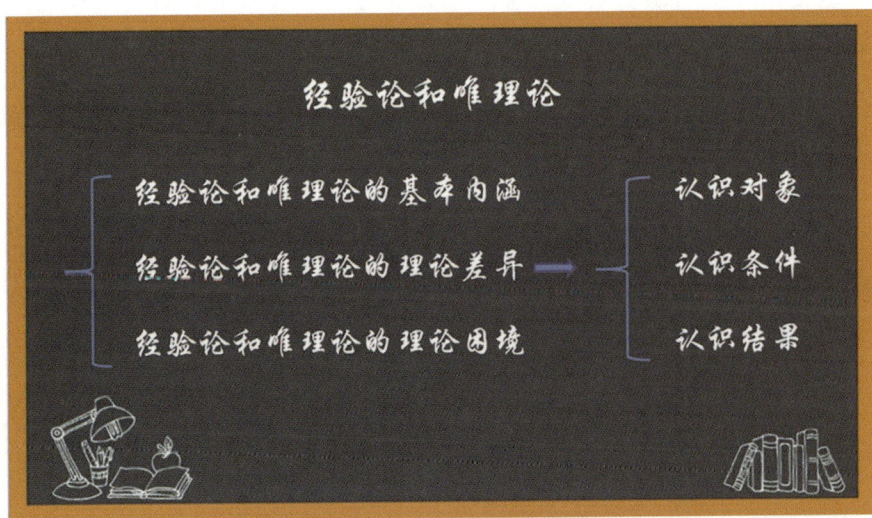

经验论和唯理论

经验论和唯理论的基本内涵　　　　认识对象

经验论和唯理论的理论差异　→　　认识条件

经验论和唯理论的理论困境　　　　认识结果

九、教学设计反思

　　唯理论和经验论是认识论中非常重要的教学内容，它们代表了人类认识世界和获取知识的两种截然不同的途径，在这一教学内容中，需要继续深度挖掘学生对这两种思想和观点的反思和批判能力。在课程思政的落实方面，这意味着教师不仅要传授这两种理论的基本内容，还要鼓励学生去思考这些理论的合理性、局限性以及它们在当代社会的应用和影响，通过引导学生对唯理论和经验论进行深入地比较和分析，进而培养学生的批判性思维和哲学素养。

在教学方法方面，要减少课堂讲授，丰富教学形式，鼓励学生积极主动开展思考与探究。虽然本节设计了案例研究、小组讨论、辩论赛等形式，让学生在实际的讨论和辩论中理解唯理论和经验论的精髓，但还可以设计一些互动性强的活动，比如角色扮演，让学生分别扮演唯理论者和经验论者，通过模拟辩论来加深对这两种理论的理解。

在课程设计上，还可以引入一些跨学科的内容，如心理学、认知科学、神经科学等，来探讨唯理论和经验论在这些领域的应用。这样不仅能够丰富课程内容，还能够拓宽学生的视野，让他们从不同的角度去理解和评价唯理论和经验论。

在教学过程方面，还需要加强知识的运用和检查巩固。唯理论和经验论的教学不应仅仅停留在理论层面，而应该引导学生将这些理论应用到实际问题中去。例如，可以让学生分析一些科学发现或社会现象，探讨这些现象是如何受到唯理论和经验论影响的。通过这样的实践活动，学生可以更好地理解唯理论和经验论的实际意义，并提高他们运用这些理论分析问题的能力。同时，教师还应该定期进行形成性评价，以检查学生对唯理论和经验论的理解和掌握情况，确保学生能够真正吸收和运用这些知识。

总之，通过深度挖掘学生对唯理论和经验论的反思和批判能力，丰富教学形式，鼓励学生积极主动开展思考与探究，以及加强知识的运用和检查巩固，可以有效地提高学生对哲学导论课程中唯理论和经验论这一教学内容的理解和掌握。这样不仅能够提高学生的哲学素养，还能够培养他们的批判性思维和独立思考能力，为他们未来的学术和职业生涯打下坚实的基础。

10 "真"的追寻

章节名称：第六章 认识论的问题域　第三节"真"的追寻

计划学时：45 分钟

一、教学内容分析

深入学习贯彻哲学的求真精神，坚持教材重难点，从"真"的定义出发，理论结合实践，立足学生现实水平与求知需求，重点突破以下三个部分：

1.什么是哲学上的"真"，厘清"真"的定义，从"存在论""认识论""价值论"三个维度对"真"进行剖析和讲解。

2.怎样认识"真理"，把握分析"真理"的"符合论""融贯论""实用论"以及"马克思主义真理观"，并指出"实践是检验真理的唯一客观标准"。

3.在"后真相时代"中我们要如何求真，对"后真相时代"的特点进行分析，提醒学生时刻保持思辨能力和批判性思维，冷静求真。

二、学情分析

立足于现有"真理"的研究，遵循学生的发展阶段特征，充分关注学生的已知、未知、想知和能知。

已有知识分析。经课前调研和测试，学生在前期的本体论理论学习基础上，已具备基本的本体论和认识论方面的哲学知识，对于世界的本原和始基问题有基本了解；关于心身问题、宇宙目的等问题有一定的哲学思考，但是学生对于在认识过程中如何确保思维的客观性存在困惑；对于人类思维求真的价值与意义的了解尚不深入。

认识能力分析。对"真"有一般的了解；但学生从认识论上对"真"的问题及"真理"问题尚未开展全面系统的学习，学生还未建立深入完善的思维体系，对"真"的理解还停留在浅层次，无法做到客观理性地对"真理观"进行实践追求，还需要不断深化认知。

学习需求分析。在内容上来看，"真理观"的学习能够帮助学生在复杂的互联网时代中冷静地追求客观事实，学生通过学习想要开展对"真"的追寻，从什么是"真"进一步深入到何以为"真"，强化学生追根溯源、反思批判的思维能力。从实践上来看，学生通过了解学习真理的价值和意义，明晰求真的目的是为何，进而进行理论联系现实，从而对"后真相时代"中的问题开展哲学思考，提升哲学思辨和现实应用能力。

三、教学目标

【知识目标】

1. 理解哲学思维层次上"真"的多层含义；

2. 掌握"真理"的多种理论并进行反思与批判；

3. 解释"后真相时代"现象并开展哲学思考。

【能力目标】

1. 推理各类真理理论的理论漏洞，确保思维的客观性；

2. 解决时代发展中"何以求真"的问题，予以挖掘与深化。

【价值目标】

1. 塑造科学合理的真理观,树立马克思主义真理观;

2. 培养反思性批判性思维,提升哲学思维能力;

3. 在"后真相时代"中,要保持对真相的追寻,尊重事实,做一个文明合格的网民。

四、教学重点、难点、创新点及解决措施

【教学重点及解决措施】

1. 解决线上学习难点:哲学上主要从哪些层次思考"真","真"具有哪些哲学内涵;

2. 拓深线上学习要点:符合论、融贯论、实用主义真理观的基本内容及反思;

主要通过案例讲授、启发式提问、小组活动和讨论等措施帮助同学们开展探究性活动,在苏格拉底式的"反诘法"中推动学生进行哲学思维体操训练。

【教学难点及解决措施】

1. 增补学术前沿热点:关于唯心主义真理观的适用范围及理论局限;

2. 达成思政育人靶点:真理问题非单纯的认识论问题,而是与价值论等其他哲学分支密不可分的问题。

"讲、学、练"相结合:采用提问、讲解、反思和练习的方式,使学生掌握符合论、融贯论和实用主义真理观的逻辑起点、理论根据、基本内容及对其的反思批判。

【教学内容重组与加工】

按照理论到现实、表层到深层的逻辑,从日常生活中使用"真"这一词语的语境开始,对有关"真"的本体论、认识论和价值论研究进行分析,逐步深化到对于"真理"的追寻与探讨,并以当下的"后真相时代"的社会现状为例,让同学们分析如何实现思维的客观性。

五、课程思政资源

1. 在认识论的意义上,真理问题的实质是思想的客观性问题,经探究也发现,

真理问题并不是单纯的认识论问题，而是与价值观等众多哲学问题密不可分的问题。我们应当与价值观相结合去探讨真理问题。

2.对于真理的追寻是我们每个人认识世界、学习知识、理解智慧的重要目标。学生们应该要在不断地认识和改造世界的过程中，实现思维的客观性，在对知识和理论的追求中不断开展反思，通过马克思主义理论的指导，建立科学合理的真理观。

3.互联网时代中，每个人成为一个符号实现了数字化生存，对于很多公共事件的发酵与评价，要冷静分析，保持对真相的追寻，不做"键盘侠"，要尊重事实，做一个文明合格的网民。

六、教学策略

【教学模式及方法】

1.启发式教学法：以《盗梦空间》导入，启发学生由日常生活步入哲学思考。

2.案例教学法：通过案例分析、小组讨论，开展探究性学习，查找理论漏洞。

3.理论讲授法：分析"真"的基本内涵，引导学生掌握和反思哲学史上具有代表性的真理观的基本要义，树立科学的真理观和价值观。

七、教学资源与技术手段

主要包括智慧树在线课程平台、超星学习通、哲学电影资源库、思想实验库、科研成果库。首先，通过学习通随堂联系、实时监控教学进程与课后反思，建设"网上课堂"实现资源共享；其次，结合多媒体教学与传统黑板板书展示多元素教学内容；再次，创设小组讨论、师生问答的互动情境激活课堂活力，提高学生的课堂参与度；然后，设置案例推理帮助学生开展理论反思和批判，开展思维体操式训练；最后，布置课外论文研读任务来培养学生研究性学习的习惯。

八、课前探究

本堂课作为哲学导论课中"真的追寻"中的重要一节，课前探究使学生对何以求得真理这一问题产生兴趣，教师设计的课前探究包括：

1.学生依据现有的知识体系探究到底什么是"真"，通过大众哲学调研来观察大家对于"真"的定义；

2.学生尝试就人类认识过程中如何确保思维客观性的问题开展哲学反思。

🌐 九、教学过程

环节一：课程导入

教学活动	设计意图
【视频播放：电影《盗梦空间》片段】 《盗梦空间》是一部极其烧脑且具有哲学思考的经典电影。剧中有一个场景，很多人被注射镇静剂后，长时间长眠于梦中，每天把他们唤醒，这于他们而言却是做梦，因为他们已经把梦境当作现实，但现实本身却成了梦境。很像《黑客帝国》，人们活在一个意识的世界中，真实——却不过是头脑中的影像。 梦境，一直是一个神秘的话题，古有周公解梦，现有梦的解析，认知学科、神经科学等有了进一步的发展，但关于梦的结构我们一直十分疑惑。 【探究一：提问互动】同学们，请问梦里与梦外有没有客观标准？ 【教师解读】 同学们可能有共同的感受，在梦中，我们喜怒哀乐的情感、我们的视觉、听觉、味觉、嗅觉、触觉和现实中是并无差异的。我们常说人生如梦、浮生若梦、醉生梦死，这个世界亦幻亦真，要说出些所以然来，有些傻傻分不清楚。就像《雾里看花》所唱的：借我借我一双慧眼吧，让我把这纷扰看个清清楚楚、明明白白、真真切切。 中国哲学里有庄生晓梦，是我们对真的探索。西方哲学中，有这么一位爱记录自己梦境的哲学家笛卡尔，23岁的他一夜之间做了三个梦，他问"梦里"与"梦外"有没有客观的标准区分它们？ 亚里士多德认为哲学就是研究"真"的学问，哲学是以"求真"为目的。接下来让我们一起来学习本章，关于"'真'的追寻"。	1.通过电影《盗梦空间》片段呈现关于梦境与现实之间的联系与区别，引导学生思考蕴含在日常生活中的哲学问题。 2.通过提问和讨论，让学生去思考什么是"真"。

环节二：课程讲授"什么是真"

教学活动	设计意图
无论是在日常生活中，还是在科学研究中，人们经常提出的问题是"这是真的吗"？如果对这个问题稍加分析，我们就会发现，人们是在几种不同的意义上使用"真"这个概念。分析这些在不同的意义上所使用的"真"的概念，会激发我们的理论思考，比较真切地体会哲学所研究的问题，以及哲学是如何研究问题的。 大家一起来看看以下日常中的问题，分析在哲学上代表了哪种思维指向： 其一：火星上有中国的祝融号火星车，这是真的吗？ 在最直接的意义上问"这是真的吗"？所追问的是"这"（例如这个人或这件事）是否"存在"。这里的"真"的含义是"有"或"存在"，而对"真"的否定则是"无"或"非存在"。由此我们可以知道，哲学本体论对"在"的寻求，直接就是对"真"的寻求。"真"的第一层含义，是在"有"与"无""存在"与"非存在"的关系中得以成立的。"真"就是"有"或者说"存在"。 其二：熊猫是熊科动物，这是真的吗？ 在这一情况下，"这是真的吗"并不是在是否"存在"意义上的追问，而是对具体的"在者"的规定性的追问。在这种追问中，被追问的对象的"存在"不成问题，成为问题的是被追问的对象是否具有某种特定的规定性。任何特定的事物即"在者"总是具有某种（某些）特定规定性的存在；具有这种特定的规定性的事物，便是这种"在者"，而不具有这种特定的规定性的事物，则不是这种"在者"。因此，对于特定事物来说，具有该事物的规定性的"在者"是"真的"，不具有该事物的规定性的"在者"则是"假的"。由此可见，"真"的第二层含义，是在"真实的"与"虚假的"关系中成立的。 其三：众所周知，在中国共产党的百年奋斗路上留有这样一首小诗：砍头不要紧，只要主义真，杀了夏明翰，还有后来人！ "这是真的吗"的第三层含义，则不是对"对象"的追问，而是对关于"对象"的表象和思想的追问，也即在认识主体的表象和思想中是否符合对象本身地再现了对象。这是明确地对主体的认识提出的问题，即所谓认识论问题。在认识的过程中主体既可能"正确地"再现了对象，也可能"错误地"再现了对象。在认识论上提出"真"的问题，是对"映象"是否符合"对象"的追问。由此可见，"真"的第三层含义，是在人的认识"正确的"与"错误的"关系中成立的。"真"就是"正确的"认识。正是在"真"的认识论意义上，即人的认识是否"正确"的意义上，才构成了"真理"的问题。 其四：恩格斯是马克思一生的挚友，这是真的吗？ "这是真的吗"是对认识主体关于认识对象的评价的追问，是"价值观"的问题。关于这个问题，黑格尔曾经作过生动而又深刻的论述。他说："譬如我们常说到一个真朋友。所谓一个真朋友，就是指一个朋友的言行态度能够符合友谊的概念。同样，我们也常说一件真的艺术品。在这个意义下，不真即可说是相当于不好，或自己不符合自己本身。一个不好	1. 讲授什么是"真"，并说明哲学在存在论或本体论、认识论或逻辑学以及价值论或伦理学领域对于该问题的思考。通过贴近生活的日常举例来进行分析探究，帮助学生更好地去理解这部分的内容。 2. 通过理论联系实际的方式，启发同学们联系现实进行哲学思考，增强学生对于"真"的哲学理解，激活已有知识并运用新知识分析问题的能力。 【课程思政】 "真"的问题同样是一个"好不好"的问题，是一个涉及价值判断的价值论或伦理学的问题。建党百年，让我们认识到中国共产党是真的为人民服务的政党，"真"是符合我们对该政党的价值判断；人类命运共同体是真正的共同体，不同于以往

续表

教学活动	设计意图
的政府即是不真的政府，一般说来，不好与不真皆由于这个对象的规定或概念与其实际存在之间发生了矛盾。"	的在以人的依赖、物的依赖为基础上所建立的虚假的共同体，是真的以人的自由全面发展为价值宗旨的共同体。
比如我们说中国共产党是真的为人民服务的党。100年风雨兼程，坚守以人民为中心，为人民服务。	
人类命运共同体是一个真正的共同体，不同于之前的在人的依赖、物的依赖阶段的虚假共同体。这些都是对"真"的评价。	
总的来说，关于"真"的问题讨论，大致可以分为以下三个：	
一是"有没有"问题——存在论或本体论问题；	
二是"对不对"问题——认识论或逻辑学问题；	
三是"好不好"问题——价值论或伦理学问题。	

环节三：课程讲授什么是"真理"

教学活动	设计意图
通过对于"真"的哲学解析，接下来我们进一步探讨"真理"问题。	
真理通常被定义为与事实或实在相一致。然而，并没有任何一个真理的定义被学者普遍接受，真理定义问题一直被广泛争论，且与真理定义相关的问题同样无法获得共识。	
上海辞书出版社2009年版《辞海》对于"真理"的定义是，"对客观事物及其规律的正确反映，同'谬误'相对，真理与谬误的区别在于是否正确地反映着客观实际"。关于真理的这个解释，首先表明，真理的问题不是认识的对象自身如何的问题，而是人的认识（表象和思想）与认识的对象的关系如何的问题，即"真理"的问题不是一个存在论的问题，而是一个认识论的问题，或者我们更详细地来说，是我们在把握对象的认识过程中思维的客观性问题。	
关于真理的讨论，哲学上由来已久，也形成了很多经典的真理观。下面我们一起来讨论探究。	1. 讲授关于真理的几种经典理论：符合论、融贯论、实用主义和马克思主义真理观。了解这些真理理论的理论内容、适用范围和存在问题。
首先，是真理的符合论（correspondence theory of truth）。符合论是一种历史最为悠久的真理论。柏拉图认为：真句了陈述事实如其所是，假句子陈述不是事实的东西，即事实不是如其所是。亚里士多德也同样提出：说是即非或说非即是，为假；说是即是或说非即非，为真。故言物是或非，或为真或为假。	
柏拉图　　　　　亚里士多德	

教学活动	设计意图
【探究二：推理游戏】 请同学们当一次福尔摩斯小侦探。接到报警，小区有人被杀了。警察打开门，看到完好无损的电子门，屋主身着睡衣躺在地上，推测死亡时间，是在昨晚9点以后。经调查，昨晚9点前后有两人来过，一个是屋主男友，一个是小区所在街道的小流氓，门上有两人指纹，在询问两位可疑分子时，都说自己按了门铃，但无人应答。后来警察发现屋主门上有猫眼，立马捉捕了嫌疑人。请问，犯罪嫌疑人是谁？为什么？ 【学生回答】学生在学习通投票，并陈述推断理由。 【教师解读】 在断案过程中我们可以说，真理已经过去，我们需要进行的是无限逼近真理。因此，在法律当中，我们陈述的并不是客观事实，而是法律事实。我们形成自己的基本观点，对所掌握的确凿的法律事实进行逻辑推理与论证，比如所掌握的现场指纹、毛发中的DNA验证、其他的诸如他人的不在场证据等等，总是去力图实现思维的客观性，还原真理。在这个过程中，我们所理解和呈现的真理，就是一种命题与事实之间的符合关系。在对这种理论的了解中我们可能会发现，它并不是天衣无缝的。按照这种逻辑，我们在断案过程中，同样总是有冤假错案的出现。 因为真理的符合论无法解释数学或者逻辑等一些抽象事实的问题，经过理论的反思和批判之后，产生了真理的第二种理论——融贯论。融贯论认为：一个命题是真的，在于它与其他命题系统是一致的或融贯的。融贯或一致表明了整体与部分的关系，一切关系都是内在于事物性质本身。也即是说，我们在不断的认识和实践活动中积累形成了一定的知识体系，那么所提出的假设要与原有的知识体系相一致，构成一幅相互连贯的图景。也即是说，如果某种观念自相矛盾，那就不是真理。因此，黑格尔也提出：一切现实的都是合理的，一切合理的都是现实的。 从更深层次上来看，我们似乎发现，融贯论实质上是一种观念与另一种观念的符合，会走向唯心主义的泥淖，成为一种主观真理。 那么我们换一种思维方式来思考真理。从前我们研究什么是真理，我们可以换一种角度来思考怎么验证真理，或者有人会反思：我们求真的目的是什么？有何意义？正如美国哲学家詹姆斯所说的："假定一种观念或信念为	2.通过案例设计和提问的方式，让学生们在思考过程中把握哲学的思维方式，归纳出对真理的理解和认识，形成相关真理观，并通过思考和讨论对其进行哲学反思和批判。

续表

教学活动	设计意图
真，它真能给一个人的实际生活带来什么样的具体变化呢？简而言之，怎样才能用经验术语来表达真理的现金值呢？"这也形成了一种非常贴合我们一般认识的真理理论：实用论，也即有用即真理。具体来说，即一个概念或命题的意义是参照其应用所产生的实际效果决定的，一个信念是真的，当其是有用的或得当的。 日常生活中，有用即真理成为一种功利主义极为信奉的理论。真理总需要验证，那就从实用出发。有的同学就提出，是骡子是马，拉出来遛遛。但是，这让我们会不禁怀疑，每个人作为一个特殊的认识个体，不同的需求决定了对实用的不同理解，对于一个饥寒交迫的人来说面包更实用，不用讲诗和远方，对于一个有精神气魄的人来说，面包不实用，不为五斗米折腰。如此一来，是否还存在客观真理呢？ 【探究三：角色扮演】请大家开展小组讨论，无人驾驶汽车是否应该要上路？ 【学生回答】由各个小组将讨论结果在学习通平台中的 PBL 任务分组中进行上传分享。 【教师解读】 对于经济学家来说，智能驾驶能够实现产业改造升级，促进产业的加工重组，应该要上路；对于行业代表来说，出租车行业受到重创，出租车司机面临失业，影响家庭幸福和社会和谐；对于人工智能哲学家来说，智能驾驶的道德决策如何进行，出现路遇不遵守交通规则的行人时，是撞上行人还是紧急拐弯撞上可能遇到的路人？由此我们也可以看出，利益主体的差异，过分强调主观性，也必然导致对实用的价值判断有所不同。 有用到底是否就是真理？很多哲学家各执己见。哲学家罗素驳斥道：以实际有效作为真理标准，我们将永远无法知道我们的信念到底是否为真。而美国哲学家罗蒂则为之进行辩护，他认为：一个信念被确证与该信念是真的，两者之间很难区分。真理是我们最好去相信的东西，或是有保证的可断定性。 罗素　　　　　罗蒂 那么究竟是否存在客观真理呢？人类思维的客观性到底该如何确证呢？马克思主义对该问题有极其明确的讨论。马克思指出："人的思维是否具有	【课程思政】 在认识论的意义上，真理问题的实质是思想的客观性问题，即人的思想能否表述客观规律，人的思想如何表述客观规律，以及怎样检验思想的客观规律的问题。 然而，人的认识是作为人的实践活动的内在环节而存在的，是在人的历史发展过程中不断地扩展与深化的。所以，我们发现，真理问题并不是单纯的认识论问题，而是与价值观等众多哲学问题密不可分的问题。我们应当与价值观相结合去探讨真理问题。 【课程思政】 对于真理的追寻是我们每个人认识世界、学习知识、理解智慧的重要目标。我们应该要在不断地认识和改造世界的过程中，实现思维的客观性，在对知识和理论的追求中不断开展反思，通过马克思主义理论的指导，建立科学合理的真理观。

教学活动	设计意图
客观的真理性，这并不是一个理论的问题，而是一个实践的问题。人应该在实践中证明自己思维的真理性，即自己思维的现实性和力量，亦即自己思维的此岸性。" 　　马克思主义哲学认为，只有实践才是检验真理的唯一客观标准，因为实践不仅有普遍性的优点，而且有直接的现实性的优点。实践是把主观和客观、思维和现实联系起来。通过实践，看人们的思想理论能否转化为直接的现实，从而检验出人们掌握的理论是否具有客观内容，是否客观真理。1978年《光明日报》刊发的"实践是检验真理的唯一标准"，为我们对真理问题的探讨提供了正确的方向。	

环节四：课程讲授什么是"后真相时代"

教学活动	设计意图
了解了这么多的真理观，我想到了罗素说的一句话：我宁愿世界毁灭，也不愿自己或别人相信一个谎言。这是他对真理的追求。也许我们很多人会想，作为一个凡夫俗子，我穷尽一生也许都不知道何为真理，生活中总是有些善意的谎言，难道这些存在都是应该予以拒斥的吗？"真"有那么重要吗？ 【播放视频：电影《搜索》片段】 你……你们给评评理 【探究四：提问互动】 　　假如你是当时坐在车上的乘客，目睹了公交车上的一幕，你是何感想？眼见为实，你是否相信这就是真相？ 【教师解读】 　　真相像是散落成无数碎片的镜子，每个人都会认为自己看到的那一小片就是完整的真相。在接下来的电影剧情发展之中，墨镜姐的生活被人肉、被曲解，以此推理出她是一个飞扬跋扈、道德沦丧的人。广大吃瓜群众在这一场传播当中义愤填膺、对墨镜姐口诛笔伐，最终使其在压力之下选择结束自己的生命。事实上，不让座的真相背后，还有着不为人知的真相——她得了癌症，她拥有不让座的权利和充分理由。 　　放眼我们互联网时代，我们会发现，尽管每天信息蜂拥而至，但事实真相有限，对于很多事件，往往情绪在前，真相在后；认知在前，事实在后；	1.讲授关于"后真相时代"的缘起和基本含义，使得学生们能通过理论联系实际，对当下时代发展中的现实问题予以关注和开展哲学思考。

续表

教学活动	设计意图
成见在前，客观在后。人们基于真相的推测、判断包括评论，远远盖过了事情的本身：表情多、表达少、观点多、事实少。我们进入了一个"后真相时代"。 "后真相"（Post-truth）：It is defined as an adjective relating to circumstances in which objective facts are less influential in shaping public opinion than emotional appeals. 牛津词典公布"后真相"（Post-truth）为"年度英语词汇"。意指"相对于情感及个人信念，客观事实对形成民意只有相对小的影响"。 从本体论上来说，真相并不能直接向我们敞开。也就是说，从康德之后的哲学，相信我们总是在一定的关系中来理解我们与真相的关系，而并非真相直接出现。我们对真实世界的感知是极为碎片化的，零散的经验材料不足以传递出事物和客观事实的全部真相，这样，我们需要进行一定的补充。 【探究五：提问互动】 请问同学们是如何看待"后真相"的？"后真相时代"是否意味着客观性的终结？ 【教师解读】 大家对于该问题从不同的视角进行了讨论，其核心在于如何确保真理的客观性，或者通俗地说，我们确保客观性有何方式和手段。我们所谓的真相，永远是经过一定的结构性或程序性处理过的被再现的"真相"，真实的真相永远会和我们之间保持一定的距离。在趋近于真相的过程中，一定需要某种工具，而这种工具是作为我们前行的基础和支撑。 现代哲学诞生之前，在中世纪信仰为主的阶段上，所有真理或真相的保障，在于那个无所不在也无所不能的上帝。现代性的启蒙消除了这个最终保障，最终我们将建立真相的保障落实在两个基础之上。 其一，理性原则。理性推理的出现，让我们可以从一个支点推理出整个世界的知识体系，无论是阿基米德的支点，还是笛卡尔悬搁了一切判断，最终从"我思故我在"的命题开始演绎出整个第一哲学体系，实际上都依赖于一个绝对不可否定的命题，即一个最初的原点来演绎出世界的知识体系。但这种演绎的结论早就在洛克的《人类理解论》中遭到了质疑，也就是说，我们实际上无法在我们的经验之外寻找到一个确凿无疑的支点，作为我们演绎逻辑的第一步骤。 其二，客观性原则。现代科学的兴起，尤其是实验科学的兴起，使得基于实验数据推理的方式获得了推崇。相对于演绎推理，归纳性的数据分析能够有效地建立起推理与现实世界的联系，也能够提供关于真实世界的真相。因此，实验数据的收集和分析，以及得出的相关结果，可以作为我们接近真相的基础。简言之，科学数据和计算提供的是科学的客观性基础，而这个客观性基础，正是使现代科学成为科学的东西。 在"后真相时代"中，原来支撑真理的两大基础都崩溃了，即作为普世性的理性原则，以及经由经验性数据收集、统计、分析而来的客观性结论。	2.通过提问的方式，让学生来思考在时代发展中尤其是互联网时代中是否开始忽略思想的客观性，如何从哲学视角理解相对于情感及个人信念，客观事实对形成民意只有相对小的影响这样的社会现象。 【课程思政】 互联网时代中，每个人成为一个符号实现了数字化生存，对于很多公共事件的发酵与评价，我们要冷静分析，保持对真相的追寻，不做"键盘侠"，要杜绝出现情绪在前、真相在后；认知在前、事实在后；成见在前、客观在后的不理智情况，要尊重事实，做一个文明合格的网民。

教学活动	设计意图
这两个基础恰恰是现代社会和科学赖以存在的基石，一旦崩塌，人们唯一可以依赖的就是主观性原则。这或许可以解释在今天为什么已经被现代性所祛魅的宗教，重新在21世纪的世界里大行其道。 　　一旦客观性原则和理性原则不再成为接近真相的途径，人们就会摒弃向外部寻找事实性依靠，从而转向内部，寻求内心中的慰藉。也就是说，在今天，更容易影响人的行为决策的不再是客观事实，而是内心的信仰和情感依靠，人们不再是在理性分析和依据数据判断的基础上做出决定，而是转向内心中的立场和情感。	

环节五：课程总结

教学活动	设计意图
通过这节课的学习我们会发现，在认识论的意义上，真理问题的实质是思想的客观性问题，即人的思想能否表述客观规律，人的思想如何表述客观规律，以及怎样检验思想的客观规律的问题。 　　然而，人的认识是作为人的实践活动的内在环节而存在的，是在人的历史发展过程中不断地扩展与深化的。所以，我们发现真理问题并不是单纯的认识论问题，而是与价值观等众多哲学问题密不可分的问题。我们应当用开阔的哲学视野去看待真理问题。 　　人类认识的直接目的是获得关于事物的规律性认识即"真理"，而根本的目的则是以这种规律性的认识去规范人的思想与行为，改变世界的现存状态以满足人对自己的需要。人对自己需要的满足，这既是认识（获得真理性的观念）的根本动力，也是认识的最终目的。因此，人们追求什么样的真理，怎样去追求真理，如何去对待真理，都与人们的价值观密切相关。 　　因此，通过本节的学习和了解，我们知道，在"真"这个概念的多重含义中，已经不仅包含"有没有"（有与无）、"对不对"（真与假）的含义，而且包含着"好不好"（善与恶）的含义。这意味着，"真"的概念已经是存在论、认识论和价值论相统一的观念。关于真理的追寻是思想的客观性的问题，与价值观密不可分；真理是在规律层次上所实现的"思维和存在"的统一；真理问题需要直面时代的发展，开展理论的探究和挖掘。	1. 帮助学生梳理本节的核心内容。 　　2. 帮助学生确定本节的学习重点和知识。

环节六：课后作业、预习任务、推荐阅读

教学活动	设计意图
【课后思考】 　　1. 如何确保思维和存在、人的认识和客观世界在规律层次上的统一？ 　　2. 罗素曾经说："我宁愿世界毁灭，也不愿自己或别人相信一个谎言。"真理真的那么重要吗？	1. 帮助学生通过具体问题反思教学内容，真正学以致用。

续表

教学活动	设计意图
【推荐阅读】 	2. 帮助学生 继续思考本节 内容，扩展课后的研究兴趣。

十、板书设计

十一、教学反思

本次课堂教学所讲授的是"真的追寻"，以下将从内容、组织、方法、思政育人、目标达成和不足之处几个方面谈谈对本次课堂教学的反思：

一、内容创新度

本节课注重培养学生的思辨能力和批判性思维，通过基础理论问题带动对现实问题的关注探讨，内容上具有较高创新度。教学内容上进行系统化重构，主体内容具有较强的思辨性和探究性，且具有较强的现实意义。

二、组织流畅度

教学过程较为完整，脉络较清晰，逻辑性强。本次教学利用学习通和翻转课堂，在翻转课堂探究基础上，以视频和话题讨论导入，引导学生关注什么是"真"、怎样认识"真"、如何求"真"，激发学生的好奇心和求知欲，使学生思辨求真知、关注现实。课程讲授环节设置多次师生互动，并就翻转课堂中的有关内容进行了课程展示，激发学生的探究意识，随时关注课堂教学效果和现场反馈。最后，对内容进行梳理、总结和升华，并进行了课堂实效检验。

三、方法多样度

第一，改变原理式知识性输入，开展探究性学习，以学生为主体，从传授知识向培养思维能力转变，选取内容具有时代性、现实性和一定理论深度。第二，改革"书斋"中的哲学，创设"思维体操训练"平台，从传授已知向探索未知转变，以学生为中心，提升学生学习内驱力。第三，以现实社会为课堂，设置"理论应用"情境，通过案例分析，推动学生主动参与到社会现实中，讨论和解答现实问题。第四，创设信息化智慧化环境，通过翻转课堂、学习通、视频等形式灵活展现教学内容。

四、思政育人度

第一，落实立德树人教学目标。对于真理的追寻是我们每个人认识世界、理解智慧的重要目标，树立马克思主义的真理观，培根铸魂。第二，教学重在培养学生的哲学思维，锻炼学生的哲学反思能力，引导学生培养批判性思维，求真创新。第三，在哲学学习中关心时代、关注现实，养成高尚的情操和完整的人格，向善至善，培养家国情怀。

五、目标达成度

本节课顺利完成教学目标，按照理论到现实、表层到深层的逻辑，力图做到讲解通俗易懂。学生对本节内容具有较高接受度，传授知识的同时注重能力培养和价值观塑造，重点培养学生触类旁通的能力，运用哲学思维审视现实生活。在教学互动中，学生们表现优秀，老师也从学生回答中获得启发。

六、有待改进之处

一是进一步深入挖掘丰富课程思政要素。进一步挖掘关于"真"的问题哲学思考中的思政内容，培育学生的责任感和使命感，坚定文化自信。二是不断拓宽学生关注时代和社会的视野。在新文科视域下引导学生进行交叉融合，拓宽思维，真正成长为拔尖创新人才。三是持续完善教学评估与反馈机制。对课程思政目标的完成度进行评价，形成更为客观的评价结果，及时形成反馈与改进意见，优化提升课程质量。

11 自由

一、教学内容分析

【主要内容】

1. 自由为什么重要？

2. 人是自由的吗？

3. 何种自由？

【地位作用】

作为哲学的重要分支，伦理学以明辨善恶、追求美好生活为目的。自由，是道德责任的逻辑前提、美好生活的先决条件。自由问题，即探求人是否自由以及拥有何种自由的问题，是本节后续讨论的基石。

二、学情分析

认知水平分析。（1）经课前调研，学生基于日常伦理生活、阅读和观影，普遍地相信自由是重要的，并且对"自由"有一般性的认识；（2）学生没能深入地思考"自由"的形而上学基础、确切所指及其实践蕴含，需要不断深化认知。

能力状态分析。（1）经过前期的学习与积累，学生具备了剖析哲学文本、逻辑分析与演绎等基本的哲学学习能力；（2）学生抽象思维的能力、对日常生活的反思能力及理论与实践相结合的能力还待进一步加强。

心理需求分析。（1）学生想要通过学习了解自由的形而上学基础，即了解人的伦理生活、道德选择从根本上说是自由的还是被决定的；（2）学生想要通过学习了解"自由"到底意味着什么，自由为什么重要，明晰不同类型的自由在伦理实践中的不同含义。

三、教学目标

【知识目标】

1. 学生能够理解形而上学决定论、自由意志论与相容论的争论；
2. 学生能够深入了解"自由"的不同类型。

【能力目标】

1. 学生能够进一步夯实哲学文本的分析能力，理解经典哲学作品的内涵；
2. 学生能够提升抽象思维能力，理解决定论、自由意志论与相容论的争论；
3. 学生能够树立正确的价值观，能够将对自由的理解与践行社会主义核心价值观紧密关联起来，对伦理生活中错误的观点和做法予以批判和反思，提升理论联系实践的能力。

【情感态度与价值观】

1. 引导学生批判性地审视"积极自由"和"消极自由"，理解"社会自由"的含义与实践蕴含，树立正确的价值观，将社会主义核心价值观内化为精神追求、外化为自觉行动。
2. 引导学生认识到自由的重要性，尊重他人的自由人格，积极参与社会公共事务并勇敢承担道德责任，在伦理实践中彰显自己的自由人格。

四、教学重点、难点、创新点及解决措施

【教学重点及解决措施】

1. 哲学/科学决定论、自由意志论、相容论的基本主张与伦理影响；
2. 积极自由、消极自由与社会自由的含义与实践意蕴。

主要通过案例讲授、启发式提问、小组活动和讨论等措施帮助同学们开展探究性活动，在苏格拉底式的"反诘法"中推动学生进行哲学思维体操训练。

【 教学难点及解决措施 】

1. 哲学 / 科学决定论、自由意志论、相容论的基本主张；

2. 社会自由对积极自由、消极自由的超越。

通过案例讲授、启发式提问、小组活动和讨论等方式，使学生掌握哲学 / 科学决定论、自由意志论、相容论的基本主张；通过哲学文本分析、案例讲授，使学生理解社会自由对积极自由、消极自由的超越。

【 教学创新点及解决措施 】

本堂课的创新点包括：通过对自由问题的相关理论学习，促进学生反思我们的日常伦理生活，引导学生将理论学习与日常生活紧密关联，并在潜移默化中培育社会主义核心价值观。

以生动形象的案例和游戏活动激发学生学习兴趣，在"剥洋葱式"的逐步深化的思维体操训练之下，使得学生能知其然并知其所以然，掌握哲学的思维体系，构建批判性思维形式。

五、教学策略

【 思维导图 】

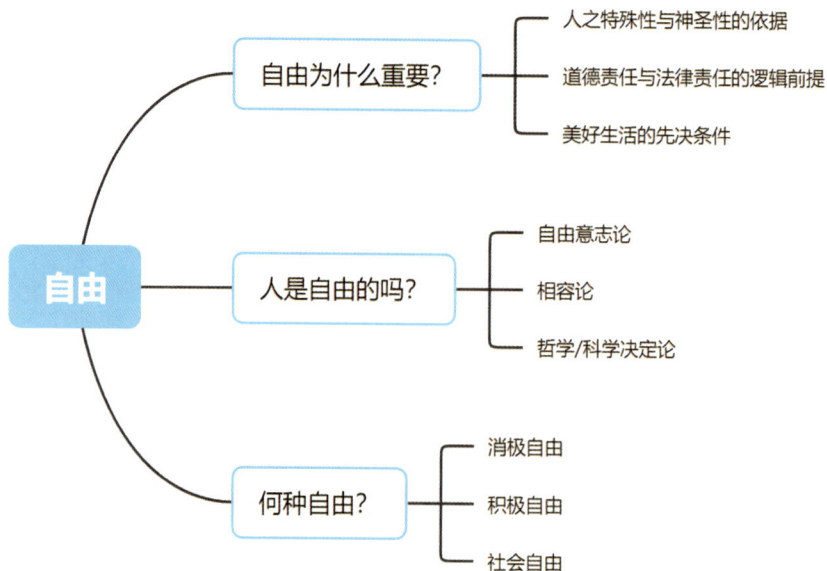

- 自由
  - 自由为什么重要？
    - 人之特殊性与神圣性的依据
    - 道德责任与法律责任的逻辑前提
    - 美好生活的先决条件
  - 人是自由的吗？
    - 自由意志论
    - 相容论
    - 哲学/科学决定论
  - 何种自由？
    - 消极自由
    - 积极自由
    - 社会自由

【教学模式及方法】

1. 启发式教学法：以《黑客帝国》导入，借助科幻电影呈现的关于"自由选择"的讨论，启发学生从日常伦理生活进入到哲学思考。

2. 讨论教学法：通过案例分析、角色扮演、思想实验、小组讨论等，开展探究性学习，理解哲学 / 科学决定论、自由意志论、相容论的基本主张。

3. 理论讲授法：分析"真"的基本内涵，引导学生掌握和反思哲学史上代表性的真理观的基本要义，树立科学的真理观和价值观。

【教学内容重组与加工】

按照"现实—理论—现实"的逻辑，从科幻电影中对"自由选择"的讨论开始，对自由的重要性进行探究，进而深入到自由的形而上学基础，探讨"人到底是否是自由的"，最后进入到"何种自由"的思考，回到我们当今的伦理实践，让学生理解"社会自由"对消极自由与积极自由的超越，树立正确的价值观。

【教学资源与技术手段】

通过学习通平台随堂练习、实时监控教学进程与课后反思，通过智慧树在线课程进行线上学习，实现资源共享；创设小组讨论、师生问答的互动情境激活课堂活力，提高学生的课堂参与度；设置角色扮演、思想实验等帮助学生开展理论反思和批判，开展思维体操式训练；布置课外论文研读任务来培养学生研究性学习的习惯。

【教学信息收集与处理】

首先通过课前预习和习题测验了解学生认知水平，通过教学现场的理论讲授、案例分析、角色扮演等活动，一起进行小组讨论，开展剖析反思，在课堂讨论中收集对于该学习内容的掌握程度，并在课堂中进行随堂测验。最后，设置课后思考习题，推荐经典阅读书籍，进行研究性拓展性学习。

【教学参与的切入】

通过激发学生兴趣的话题从科幻电影中对"自由选择"的讨论开始，启发学生思考对自由的重要性进行探究，进而深入到自由的形而上学基础，探讨"人到底是否是自由的"；通过小组讨论、角色扮演和思想实验等方式，让学生们在思考过程中把握哲学的思维方式，理解自由意志与决定论的争论所产生的伦理后果，增强日常生活中的伦理敏感性，提升责任感。

⬚ 六、课前探究

本堂课作为哲学导论课中"明辨善恶的伦理学"中基础性的节次，课前探究的重要任务在于引导学生认识到伦理学基本理念的重要性，并开启对日常伦理生活的反思。为此，教师设计如下问题，请学生进行课前探究：

1. 你的高考志愿是自己填的吗？你觉得这个决定是完全属于你自己吗？

2. 现代社会或许大家多多少少有些"手机依赖症"，你觉得，那个不停刷小视频，忍不住玩游戏的你是自由的吗？

3. 我们常说某个恋爱的人被感情"俘虏"了，这是可能的吗？一个受爱情支配的人是否会比一个单身的人拥有更少自由呢？一个没有任何拖累的人是否要比一个对他人负有责任的人更自由？

4. 如果一个人犯了重罪，但人们相信，他这么做是由他所受的教育、接受的不良影响或吸毒所决定或导致的，那么谁应该对此负责呢？他自己？他的父母、同伴或毒贩？社会？抑或"命该如此"？

🌐 七、教学过程

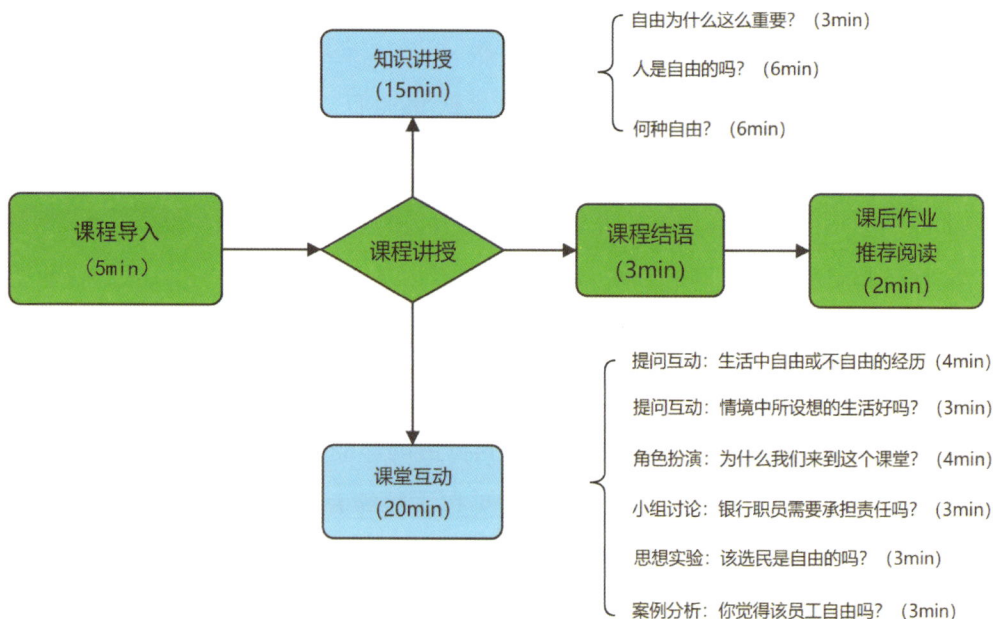

环节一：课程导入

教学活动	设计意图
美好生活，是我们每个人终其一生的追求，这也是哲学的重要分支伦理学的目的所在。本节我们就进入到伦理学，去思考与美好生活密切相关的议题，首先，我们需要探讨美好生活的先决条件：自由。 【视频播放：《黑客帝国》片段】 《黑客帝国》中的这段场景围绕"自由选择"展开，Neo 和祭师就是否存在自由选择、自由选择意味着什么进行了谈论。 【探究一：提问互动】在你过往经历中，最自由或最不自由的时刻是什么时候呢？ 【学生回答】学生分享最自由／不自由时刻。 【教师解读】 "自由"这个词时时出现在我们的日常伦理生活中。高考结束，你可能和小伙伴欢呼，我自由了！学习或工作遇到困难，你可能会想，再坚持坚持，等我工作／升到某某岗位，我就自由了！ "自由"为什么重要，以至于频繁出现在我们生活中呢？当我们在谈论"自由"时，我们到底在谈论什么呢？这些就是我们本节将讨论的话题。	1. 通过电影《黑客帝国》片段呈现关于自由选择的讨论，引导学生思考蕴含在日常生活中的哲学问题。 2. 通过提问和讨论，让学生去思考是否存在自由选择以及自由的重要性。

环节二：课程讲授自由为什么重要？

教学活动	设计意图
我们在日常生活中也会感受到，"自由"被用在各种各样的场合，我们用它表达不同的含义。其实，围绕自由的问题也是丰富多彩的。在哲学中，至少有两个分支领域对自由做过的深入探讨：形而上学和心灵哲学中自由意志论、决定论与相容论的争论；伦理学和政治哲学中积极自由、消极自由与社会自由的讨论。这将是我们第二点和第三点的内容。当然，关于"自由"，涉及的内容很多，也有些难度。在这讲中，我们只做一些初步介绍，让同学们对自由问题有轮廓性的认识，为以后相关领域的学习打下基础。 但在进入不同领域的讨论之前，我们首先要思考为什么自由这么重要呢？请大家看看如下这些案例或情景。 情景一："一个声音高叫着：	1. 讲授自由问题所涉及的哲学领域，并通过案例分析和情景再现来分析探究自由的重要性，帮助学生更好地去理解这部分的内容。

教学活动	设计意图

爬出来吧，给你自由！
我渴望着自由，
但也深深地知道——人的躯体怎能从狗洞子里爬出！"（叶挺《囚歌》）
    这是叶挺于 1942 年所创造的一首现代诗《囚歌》，全诗通俗易懂，意境清晰。1941 年 1 月，叶挺因皖南事变被国民党非法逮捕，先后被囚于江西上饶、湖北恩施和广西桂林等地，最后被移禁于重庆"中美特种技术合作所"集中营。叶挺在狱中受尽各种苦刑，仍坚贞不屈。
 	
 朱松发《叶挺军长在狱中》
    这首诗出现了两个"自由"：国民党声称要给的"自由"以及叶挺所渴望的"自由"，但最终叶挺选择了"不自由"。而且，"狗洞"的比喻让我们很容易联想到，狗为了食物或其他东西从狗洞爬出的情景。
    这些都彰显了自由的第一个重要性：自由选择区分了人与非人动物，自由赋予了人类特殊的地位。与动物受到自然本能的驱使不同，人类会为了更高的价值做出自由的选择，甚至"自由地选择不自由"。
    情景二：弗吉尼亚的一位 40 岁的教师曾因性侵犯自己的继女被起诉，但据称他之前从未有过任何类似行为或恋童癖好。在受到法律制裁期间，医生发现，他的大脑长了一个鸡蛋大小的肿瘤，压迫着右脑前叶。神奇的是，等医生摘除肿瘤之后，这名教师的恋童癖好和相关不堪行为便消失了。此案例引发了法律界对于刑事审判的巨大争议。
    因为现代神经科学无法确证脑肿瘤与恋童癖的严格的因果关联，所以我们暂时无法就此类案例给出确定的裁判。但是，这一案例引起的争议却凸显了我们关于自由重要性的第二个重要确信：自由，是道德责任与法律责任的逻辑前提。
    在日常伦理生活中，我们都相信，如果某个行为不是行为者自由选择的，是他 / 她被强迫做出的，那么行为者可以不对此行为负责，至少可以减
	【课程思政】
	    通过叶挺的《囚歌》以及先进事迹的介绍，让学生更好地了解革命烈士的伟大人格，大力弘扬爱党、爱社会主义、爱集体的精神。
	
	【课程思政】
	    引导学生树立正确的价值观，勇敢地为自己的行为承担责任。
	
	    2. 通过理论联系实际的方式，启发同学们联系现实进行哲学思考，增强学生对自由重要性的把握，激活已有知识并运用新知识分析问题的能力。

教学活动	设计意图
轻惩罚。如未来神经科学能确证脑肿瘤会导致恋童癖，那么类似案例中的行动者将免除或减轻刑罚。与之相应，勇敢地承担责任也正是我们自由的体现。 　　情景三：请设想这样一个国家，在这个国家，每个人只需在不同的年纪完成不同的使命即可。每个人都了解自己的身份，也知道别人期待他做什么事情。大家生活充实，不会无聊；也相对富足，不会匮乏，亦不会内耗。 　　【探究二：提问互动】 　　你觉得这样的生活好吗？你会选择这样的生活吗？为什么？ 　　【教师解读】 　　可能绝大部分都不想生活在这样的国家，原因也很类似：因为在这样的国家里，不需要我们做任何选择，而且似乎也没有任何选择，一切都是按部就班的。 　　这种感觉在我们成长过程中也曾熟悉，父母总是告诉我们这样做很好、那样做不好，然后期待我们按照他们设计的路线一步一步生活。但绝大多数人都经历过与父母"对抗"的青春期，我们想要自己去找寻好的生活、而不是父母告诉我们好的生活，即便这样的追求会磕磕绊绊，甚至头破血流。加拿大哲学家金里卡（Will Kymlicka）就曾说过，一种生活只有从内部来过才是好的。换言之，好生活必须是我们自由选择的、而非被安排的。 　　这正是自由的第三个重要性：自由是美好生活的先决条件。	

环节三：课程讲授人是自由的吗？

教学活动	设计意图
自由如此重要，以至于匈牙利爱国诗人裴多菲仍热情为之讴歌："生命诚可贵，爱情价更高。若为自由故，二者皆可抛！"（《自由与爱情》）但是，我们真的自由吗？ 　　让我们从这样一个问题开始：为什么你会来上哲学导论课呢？这是你自由选择的行动吗？为什么你没有去图书馆读其他书或窝在宿舍里打游戏？你似乎可以说，这是我自己的选择，或者说，这是学校的规定，但我也认为应该这样。那么，似乎你在说，来上课是你选择的结果。 　　但是，这个选择是出自你的自由意志吗？同学们注意，我这里引入了一个新词"自由意志"。当我们开始探讨自由意志时，我们便进入了形而上和心灵哲学的领域了。为什么我们需要走到这里呢？ 　　【探究三：角色扮演】请大家回到刚才的问题，彼此"刨根问底"地追问：为什么会来到这个课堂。 　　【学生回答】学生讨论。 　　【教师解读】 　　当我们彼此追问时，就会发现，我们开始宣称"上哲学导论课是自由选择的结果"，这背后仍是有原因的。一条可能的路径是：被调剂到哲学专业——学校要求上课。另一条可能的路径是：对哲学感兴趣——①偶遇过某	1. 讲授哲学科学决定论、自由意志论与相容论的争论，让学生了解形而上学和心灵哲学领域关于自由的争论，明晰伦理学和政治哲学领域讨论的自主/自律与自由权利的基础。

续表

教学活动	设计意图

语文老师，看了某本书或某部电影。②从小就好奇爱思考——基因天赋。所以，无论哪条路径，当我们盘根问底时，似乎大家来到这个课堂都是"被动的"，跟自己的选择没啥关系，因为它要么是外部环境的结果（如学校的制度要求；语文老师的激励等），要么是基因天赋。也就是说，从表面上看，大家来到哲学导论课看似是自己的一个自由选择，但实际上并不是，是我们自由意志以外的各种各样的因素造成的。
 	
  这样，我们就可以提出一个问题：当我们宣称"我的行动是出自我的选择，是我的自由意志所为"时，这个宣称是真实的，还是一个幻觉？这就触及了科学／哲学决定论、自由意志论与相容论的争论。这一争论的核心话题是：我们做出的任何行动，是由（无论在多大程度上）我们的自由意志所为，还是完全被外在于我们意志的其他因素和力量所决定？
 	
  对于这个问题，有三种完全不一样的回答。决定论（Determinism）的回答是：我们每一个选择都是由意志之外的因素决定的。换言之，决定论者认为现在的一切都是由过去的事件决定的，我们压根就没有选择。
 	
  法国数学家、天文学家皮埃尔-西蒙·拉普拉斯就持有这样一种观点。他在《概率的哲学短论》中写道，"我们应当把宇宙的现在状态看作是它先前状态的结果，随后状态的原因。假定有一位有超人智力的神明，它能够知道某一瞬间施加于自然界的所有作用力以及组成自然界的所有物体的瞬间位置，如果它的智慧能够广泛地分析这些数据，那么他就可以把宇宙中最重的物体和最轻的原子运动均纳入同一公式之中；对于它，再也没有什么事物是不确定的，未来和过去一样均呈现在它的眼前"。人们把拉普拉斯所描述的这样一位神明称为"拉普拉斯妖"，在拉普拉斯妖的眼中，世界都是确定的、必然的，未来和过去一样已成定局。人类之所以会感受到不确定性和偶然性，只是因为人类的无知与有限而已。
 	
  既然万事万物都是被确定的，我们人也不例外，我们的身体和大脑也是由原子构成的，我们的想法和意愿无非就是我们大脑中神经网络的一系列放电过程而已，也必然受到因果法律的规定。因而，我们便变成了世界中物体。如果决定论是对的，我们就如同斜面上的小球，我们只能因重力和斜坡的影响向下滚动，别无选择。我们自以为的自由，就如同给小球安装了幻觉系统，误以为从斜坡上下滑是自己选择的"动作"，实际上，我们一切行为都是事先确定好的，被决定的。这一观点将对伦理学产生怎样的影响呢？
	2. 通过小组讨论、角色扮演和思想实验等方式，让学生们在思考过程中把握哲学的思维方式，理解自由意志与决定论的争论所产生的伦理后果，增强日常生活中的伦理敏感性，进而提升责任感。

续表

教学活动	设计意图
【探究四：小组讨论】假设有个劫匪抢银行，他用枪指着一个银行职员说"你把这个保险箱给我打开"，职员听从了这个指令。 请大家围绕案例开展小组讨论，银行职员需要为打开保险箱、国有财产流失负责任吗？ 【学生回答】学生讨论。 【教师解读】 这个时候，我们很难说这个职员要为打开保险箱这个行动负责，因为他好像别无选择，只能这样做。当然，严格说，他还有别的一条路可以选，就是选择牺牲自己。如果他牺牲了，我们就会说，这个人了不起，他明明有另外的选择，可以服从劫匪的要求。但如果他打开了保险箱，我们不太会责备他，因为在这两个选择中，牺牲生命那个选择代价太高了，甚至可以说他别无选择。如果只有一种选择，我们没有理由要求他负责。 让我们再想想，如果这个人选择了不服从劫匪的要求，我们会认为这个人了不起，有英雄气概。但是，这个勇敢的行动是他的自由意志所为吗？从表面上看，这是他做出的行动，但决定论者可以说，他这个人勇敢，其实跟他自己的意志没什么关系，因为他有一种勇敢的基因，这是与生俱来的，那个勇敢的基因想抹也抹不掉，这决定了他必定会勇敢，他不可能做出怯懦的选择，他的基因不允许他这样做。如果是这样，他的勇敢行动就不值得赞叹和表彰了。但如果情况相反，他屈从了劫匪的要求，决定论者也可以说，那是因为他有一个胆小的基因，让他根本做不到勇敢。你可能会说，难道一个人的性格和行动都是基因决定的吗？决定论者会说，如果基因决定不了，那一定是由他的环境造成的，但他的环境也由不得他选择，因此他也不能负责。 这里的关键就在于，在决定论看来，我们所做的行动，背后都是有原因的，而这些原因都可以追溯到外在于我们意志的原因。如果是这样，那么我们就不能对自己的行动负责，无论是好的行动还是坏的行动。于是，人类社会的奖惩褒贬都失去了基础。这一观点对伦理学以及我们日常伦理生活造成了毁灭式打击。如我们第一部分所言，自由是道德责任和法律责任的逻辑前提、美好生活的先决条件。没有了自由意志，人就如提线木偶，一切的行为都不由自主，那道德责任、道德褒贬都没有了意义，人类对于美好生活的追求也就成了镜中花、水中月。 与之相反，自由意志论（Libertarianism）积极地为我们的自由意志辩护，在他们看来，我们的选择最终取决于我们的自由意志。所谓"自由意志"（free will）就是，一个人可以决定下一刻实施某个特定行为，也可以不实施这个行为。 自由意志论者为自由辩护大体有两种策略。一是使用现象学的证据。无论如何，我们总是深刻地意识到未来是开放的、多样的，我们时常有无法抵制的自由感受。二是解释自由的行动时不使用因果决定论，而使用合理性。	【课程思政】 引导学生科学看待因果决定论，批判地反思"泛科学主义"和"道德虚无主义"，明晰自由的形而上学基础，形成正确的价值观。

教学活动	设计意图
根据恰当理由采取的决策和行动就是合理的，因此，理由也可以用来解释行动。	

自由意志论者不再诉诸牛顿力学，而是试图以量子力学为基础。量子力学中有一个大家耳熟能详的原理，即海森堡不确定性原理：一颗粒子的位置和动量不能同时确定。在粒子坍缩之前处于叠加态，也就是说，它既可以这样，也可以那样。

正是基于此，自由意志论的典型代表美国哲学家罗伯特·凯恩就认为，我们人类的意识现象就是量子事件。凯恩还援引了物理学家罗杰·彭罗斯（2020 年诺贝尔奖得主）的理论。彭罗斯指出，我们的脑神经细胞里面有一种微小的结构，他称之为"微管"，微管里面就存在着量子叠加态。这就是说，我们大脑的神经信号传递过程是基于一种更为微观的量子过程，大脑中想法的变化就不是被经典力学中的因果必然性所决定的，因而是不确定的。当你在做决定的时候，你的想法是不确定的，既可以选 A，也可以选 B，是处于量子叠加态，这个时候你的自由意志就要来做决断了。当你的自由意志做出决断时，微管的叠加态就坍缩了，不确定性就变成了一种确定性。

但是，自由意志论也有其自身的困扰，最大的难题在于它对决定论的否认。自由意志论者支持一种非决定论，这会让他们面临着无法解释自由意志决定意识和行为的困境。既然大脑中想法的变化是遵循海森堡不确定性原理，那为什么自由意志就可以确定意识呢？再往前推，自由意志又源自哪里呢？因而，自由意志论者会面临一种二难困境：要么彻底否定决定论，则自由意志也无法决定意识和行动；要么承认自由意志的决定作用，则自由意志本身就需要有原因。

自由意志论者虽然与决定论者采取了相反的立场，但它产生了同样的伦理后果，由于自由意志缺乏决定性，我们的道德责任、道德褒贬依旧无法得到解释。

更多的学者都采取了一种相容论（compatibilism）的立场，他们既承认决定论，又想为自由意志作辩护。美国哲学家哈里·法兰克福就持这样的相容论观点。在讨论之前，我们先来进行一场思想实验。

【探究五：思想实验】

美国正值大选，你是民主党的支持者，而且，你是实力强大的科学家。为了确保民主党在大选中胜利，你发明了一套装置。当这套装置植入选民的大脑中时，它默认设置为休眠状态，但当选民打算投票给共和党时，它就会"采取措施"，让选民将票投给民主党。也就是说，它是一种确保装置，确保选民"一定选择"民主党。

请问，一位装有此装置的无政治立场的选民，在装置没有起作用的情况下将票投给了民主党，请问他的选择是自由的吗？

续表

教学活动	设计意图

这种装置被设计为默认休眠状态，除非选民要把票投给共和党
unless a voter is going to vote Republican,

【教师解读】

决定论者和自由意志论者都认为这一行动是不自由的，因为行动者没有其他选项。在这两派观点看来，自由必须基于"可供取舍的／可替代的可能性原则"（the principle of alternative possibilities），即行动者可以做 A，也可以做 A 以外的行为。自由，意味着人们可以做不同于他实际上所做的行为。否则，人就是不自由的。在这一思想实验中，虽然装置没有起作用，但是选民实际上只有投票给民主党一种选项，没有任何可替代的可能性，因而，他不是自由的。

但是，法兰克福却不这么认为。事实上，我们的思想实验正是改编自他 1969 年的论文 "Alternate possibilities and moral responsibility"（Journal of Philosophy, 1969: 66）。在这篇论文中，他驳斥了将可替代的可能性原则作为自由意志必要条件的观点，试图证明即便没有替代的可能性，仍然有自由意志和道德责任。

法兰克福区分了一阶欲望和二阶欲望，一阶欲望就是那些直接驱动人们行动的欲望，如食欲、性欲等。二阶欲望就是对欲望的欲望，即人在反思中想要拥有的欲望。而意志则是"有效的欲望"，是始终驱动人们行动的力量，一阶欲望对应一阶意志，二阶欲望对应二阶意志。在法兰克福看来，人的自由就存在于他的一阶意志与二阶意志的一致之中。思想实验中的选民虽然没有可替代的可能性，但当他的一阶欲望和二阶欲望一致时，他仍是自由的。

概而言之，对于"我们做出的任何行动，是（无论在多大程度上）我们的自由意志所为，还是完全被外在于我们意志的其他因素和力量所决定"？这一问题，有如下三种观点：

决定论：每一个事件都有原因（包括人的思想和决定），且完全由因果律所支配。我们既不是自由的，也不必为自己的行为负责。

意志自由论：并不是每一个事件都有原因。有些事件是自由的，人的决定可能就是如此。

相容论：决定论是对的，但这并不意味着我们不自由，也不意味着我们不必为自己的行为负责。

环节四：课程讲授何种自由？

教学活动	设计意图
虽然形而上学上关于自由意志与决定论的争论没有定论，但在我们的道德生活和政治生活中，我们仍然笃信我们生而拥有自由、应该被赋予自由权利。这便进入到伦理学和政治哲学的探讨。 当我们在这里谈及"自由""不自由"时，我们谈论的实际是伯林所言的"消极自由"。在伯林看来，消极自由回答的是："主体（一个人或人的群体）被允许或必须被允许不被别人干涉地做他有能力做的事、称为他愿意称为的人的那个领域是什么？"（《两种自由概念》） 消极自由，即"免于……的自由""摆脱……的自由"（free from），即在"虽然变动不居但永远清晰可辨的那个疆界内不受干涉"。它强调的是不受外界干涉的自由，它是"一个人能够不被别人阻碍地行动的领域"，也就是说，"应该存在最低限度的、神圣不可侵犯的个人自由的领域"。在消极自由中，我们要注意两点：第一，干涉是故意地、深思熟虑地发生的。第二，干涉的形式是多样的，它可以是采取武力直接强迫（如抢劫）；物理障碍（如囚禁）；胁迫性刺激。 霍布斯就持有这样的观点，他明确地声称，一个自由的人就是那个"不受阻挠按自己的意志，去做那些他的能力和理智允许他做的事情"的人。 消极自由保障主体有一个自由的空间，在这个空间里他可以从事一些以自我为中心的、卸去了责任压力的活动。但是，它着重于强调行动的外在解放，没有延伸为一种能力。 【探究六：案例分析】 请大家设想这样一种场景，老板对员工说，"从现在开始，你自由了。从此，你想做什么就做什么"。你觉得这位员工"自由"吗？为什么？ 【学生回答】引导学生呈现不同的观点。 【教师解读】 员工是不再受到干涉，但我们在他身上并没有感受到强烈的自由感。这是因为在这里，我们用"自由"意指其他东西，即员工的自我实现。这便是伯林所称的"积极自由"。伯林指出，积极自由回答的是："什么东西或什么人，是决定某人做这个、成为这样而不是做那个、成为那样的那种控制或干预的根源？"（《两种自由概念》） 积极自由即"做……的自由"（free to do），是"我能够做什么"的自由。它强调的是一种自我实现，做自己的主人，是"能够领会我自己的目标与策略且能够实现它们"。我希望我的生活与决定取决于我自己、成为一个主体而不是客体、被理性和有意识的目的推动。 当我们不受到他人奴役或强迫时，我们还要追问：我会成为自然的奴隶吗？我会成为我自己放纵的情欲的奴隶吗？当我们不自觉地刷手机视频、打游戏时，当我们一找不着手机就惶恐不已时，我们是否是自由的呢？在积极自由的倡导者看来，此时的我们当然不是自由的，因为我们被不受控制的欲望、低级的本性左右着，我们的理性、高级的本性没有起到作用。	1. 讲授消极自由、积极自由和社会自由的含义，使得学生们能通过理论联系实际，理解社会主义核心价值观中"自由"的含义，培育社会主义核心价值观。 2. 通过案例分析的方式，让学生思考消极自由与积极自由的差别以及两者的不足之处。

续表

教学活动	设计意图
卢梭和康德就旗帜鲜明地为积极自由作辩护。在卢梭看来，意志不同于欲望，只有当主体实施某一行动的意图确实出其真实的意志时，这个行动才能被看作是自由的。而康德则强调，只有当人意愿自己的准则可以成为普遍法则时，人才彰显了自由。 卢梭　　　　　　　　　康德 积极自由重视主体互动的程度和强调社会体系的合作，但是没能纳入使自由真正实现成为可能的社会条件。 在《自由的权利》中，霍耐特揭示了自由的第三种可能性，即社会自由。这一思想源自黑格尔，在黑格尔看来，消极自由不能深入内在，反思消极自由／积极自由不能涵摄客观，只有社会自由的观念，将社会生活制度作为自由得以落实的客观归宿，从而才能克服这些缺陷。借用黑格尔的三分法或相关的范畴来说，如果说消极自由对应的是自由的可能性，反思自由对应的是自由的必然性，那么，社会自由对应的是自由的现实性。只有通过现实性这第三个环节，才能将可能性与必然性这前两个环节真正统一起来。 而黑格尔的社会自由被马克思、恩格斯以及后世的马克思主义者继承和改造，形成了超越前人的马克思主义自由理论。马克思主义认为，世界上没有抽象的人，人的本质在现实性上，是一切社会关系的总和。个人生活在社会中，因而，自由也只能是一种处于社会关系中的自由，是一种社会自由。这样，自由就有扎实的根基。同时，自由不再是黑格尔的"世界精神"之发展，而是基于具体时空中的人的实践活动之上。正如马克思所指出的，"自由的有意识的活动恰恰就是人的类特性"。当然，马克思主义自由理论的含义颇为丰富，大家将在以后的哲学课堂进行系统的学习。 马克思主义的自由理论也被我国继承和发展，具体体现在社会主义核心价值观中。批判性地吸收和发展西方的自由理论，科学地把握马克思主义自由观的根本目的和要求，确保社会主义的社会自由，实现人民自由全面的发展，正是我们学习和前进的方向。	【课程思政】 引导学生理解马克思主义的自由理论，弘扬社会主义核心价值观。

环节五：课程总结

教学活动	设计意图
通过这节课的学习我们会发现，自由是我们人类之特殊性与神圣性的体现，是我们履行道德责任和法律责任、进行道德评价的逻辑前提，更是我们追求美好生活的先决条件。 　　哲学上关于自由的讨论坐落在两大领域。首先是形而上学和心灵哲学关于自由意志与决定论的争论。科学家们和哲学家们围绕"我们做出的任何行动，是（无论在多大程度上）我们的自由意志所为，还是完全被外在于我们意志的其他因素和力量所决定"展开争论，形成了完全不一样的看法。决定论认为一切行为都是被决定的，人没有自由；自由意志论则试图立足于量子力学的非决定论为自由辩护。但是，两种观点都造成了道德责任和道德评价成为无源之水、无本之木。相容论者则试图打破这一困境，既承认决定论，也为我们的自由寻找出路。 　　当自由得到确信时，我们便进入伦理学和政治哲学的领域，探讨我们拥有何种自由。消极自由为自由提供了可能性，积极自由则寻求自由的必然性，唯有社会自由才真正确保了自由的现实性。这也体现在社会主义核心价值观中。 　　因此，通过本节的学习和了解，我们知道自由为何重要、人到底是否自由、人应该/终将拥有何种自由。	1. 帮助学生梳理本节的核心内容。 　　2. 帮助学生确定本节的学习重点和知识。

环节六：课后作业、预习任务、推荐阅读

教学活动	设计意图
【课后作业】 　　思考：人是否自由以及我们拥有何种自由。 【预习任务】 　　思考：当我们可以自由选择时，怎样的选择才是正确的呢？ 【推荐阅读】 	1. 帮助学生通过具体问题反思教学内容，真正学以致用，掌握知识点。 　　2. 帮助学生继续思考本节内容，扩展课后的研究兴趣。

八、板书设计

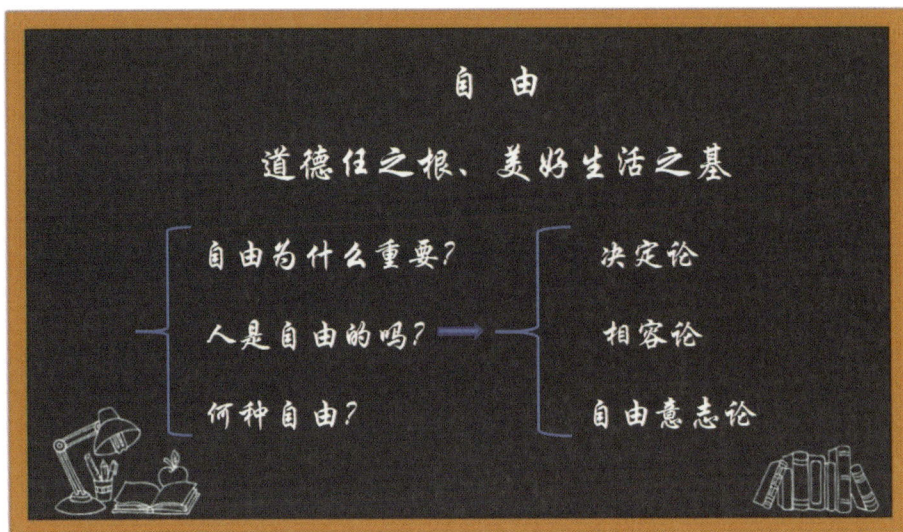

九、教学设计反思

在教学方法上，尝试将理论与学生的实际生活紧密结合。例如，通过讨论社交媒体上的自由表达、工作中的自主选择权等话题，让学生感受到自由的现实意义，通过这种教学方法激发学生的学习兴趣，帮助他们将抽象的哲学概念与日常生活联系起来，从而加深理解。

在教学过程中，较重视预习工作，预习不仅能够帮助学生提前了解课程内容，还能够培养他们的自主学习能力和批判性思维。在课前，会布置相关的阅读材料和思考问题，让学生在课堂上能够更加积极地参与讨论。在课堂上，我鼓励学生提出自己的观点，并与同学进行辩论，这样的互动式学习能够促进学生更深入地思考"自由"的内涵。

然而，在教学过程中，我也发现了一些需要改进的地方。例如，部分学生对于马克思主义的社会自由理论理解不够深入，这可能是因为缺乏对历史背景和社会现实的了解，还有社会主义核心价值观中的"自由"的理解还需深化，因此，还需增加更多与历史和社会现实相关的案例分析，帮助学生更好地理解理论的现实意义。

此外，在教学中需要更多地关注学生的个体差异。不同的学生可能对自由有不同的理解和需求，因此，在教学中还可采用更加个性化的教学方法，比如小组讨论、角色扮演等，以满足不同学生的学习需求。

总的来说，这次的教学设计让我深刻认识到了理论与实践相结合的重要性，以及在教学过程中对学生个体差异的关注。也需通过不断地反思和改进，更好地帮助学生理解自由的复杂性和重要性。

12 道德与良好生活

> 章节名称：第七章 明辨善恶的伦理学　第二节 道德与良好生活
>
> 计划学时：45 分钟

一、教学内容分析

【主要内容】

1. 什么是道德？

2. 道德判断的标准是什么？

3. 如何进行道德推理？

【地位作用】

笛卡尔说，"全部哲学就像一棵树，树根是形而上学，树干是物理学，在树干上长出的枝权则是全部其他科学"，而道德哲学是哲学树枝中最突出的，是最高的哲学。道德哲学是一门古老的、有着悠久历史的科学，是人类在维持自己的生存和发展，在社会生活中不断地完善自身、完善他人和完善社会，在长期的历史发展中所形成的对人的各种关系的思考，是用来指导人们生活的道德观念、道德知识和道德规范系统。

二、学情分析

已有认知分析。（1）学生在前期有关哲学问题的初步学习以及现实生活中，对道德有了一般性、浅层性的了解和认识；（2）本节内容承上启下，理论有一定的延续性，但学生从专题上对道德问题及其与生活的关系问题尚未开展系统全面的学习，学生还未建立起深入全面的有关道德及其与生活的整体认知，在学习上还需要不断深化。

能力状态分析。（1）学生具备关于一般的道德常识、道德与生活关系的哲学思考能力，但是对于在认识过程中如何精准把握道德存在困惑；（2）如何联系现实生活，如何运用理论化的道德知识去分析指导人类生活的能力还需提升。

学习需要分析。（1）学生通过学习想要理解道德何以作为一种知识，从什么是道德进一步深入到道德何以指导良好生活，强化学生抽象升华、反思批判的思维能力；（2）学生通过学习想要了解道德的定义、道德的标准和道德的推理是什么，通过理论联系现实实际，对道德与生活的关系问题展开哲学思考，能够利用哲学思辨指导现实生活。

◎ 三、教学目标

【知识目标】

1.学生能够从哲学思维层次理解"道德"含义；

2.学生能够熟练掌握"道德"的三种主要标准，并能够应用于生活进行反思与批判；

3.学生能够结合相关的道德理论进行实践推理，指导生活实践。

【能力目标】

1.学生能够基于思维的客观性，开展对道德理论的分析探究；

2.能够树立科学的道德观，运用道德理论对有关道德问题进行批判反思；

3.能够将道德问题与实际生活问题密切结合，真正做到学以致用、指导生活。

【情感态度与价值观】

1.对于道德的追寻是我们学习知识、理解他人、指导生活的重要目标。我们应该在不断地认识世界和实践生活的过程中，掌握有关人类生活的客观真理，在对道德知识和理论的追求中不断开展反思，通过马克思主义理论的指导，建立科学合理的道德观和人生价值信条。

2.道德问题并不是单纯的认识论问题，也不是单纯的价值论问题，而是认识论与价值观等众多哲学问题密不可分的学科领域，要学会从知识论与价值观相结合的角度探讨道德及其与生活的关系问题，按照道德客观性进行生活实践。

3.关于道德的问题既然是一种知识，就有着道德标准的问题，但道德终究是回到生活的价值实践问题，它会因为文化差异而具有差异性，因而是一个实践的问题。作为中国人，则应该认同本民族的优秀的传统美德。

四、教学重点、难点、创新点及解决措施

【教学重点及解决措施】

1."道德"的普遍定义；

2.义务论、后果主义和美德理论的基本内容及反思；

3.实践推理的模式。

主要通过案例讲授、启发式提问、小组活动和讨论等措施帮助同学们开展探究性活动，在苏格拉底式的"反诘法"中推动学生进行哲学思维体操训练。

【教学难点及解决措施】

1.关于道德定义的适用范围及其面临的挑战；

2.道德问题非单纯的认识论问题，而是知识论与价值观等问题的糅合；

3.实践推理是一个理论指导实践的过程，需要不断的思维和实践练习；

"讲、学、练"相结合：采用提问、讲解、反思和练习的方式，使学生掌握义务论、后果主义和美德理论三种基本理论，会实践推理模式，树立起科学的道德价值观。

【教学创新点及解决措施】

本堂课的创新点包括：通过基础理论的学习带动现实问题的探讨，重组教学内容，对日常生活中习以为常未经审视的有关道德及其和生活的关系问题开展哲学反思，对生活实践中的问题进行哲学审视。

以生动形象的案例和游戏活动激发学生兴趣，在"剥洋葱式"的逐步深化的思维体操训练之下，使得学生能知其然并知其所以然，掌握哲学的思维体系，构建批判性思维形式。

五、教学策略

【思维导图】

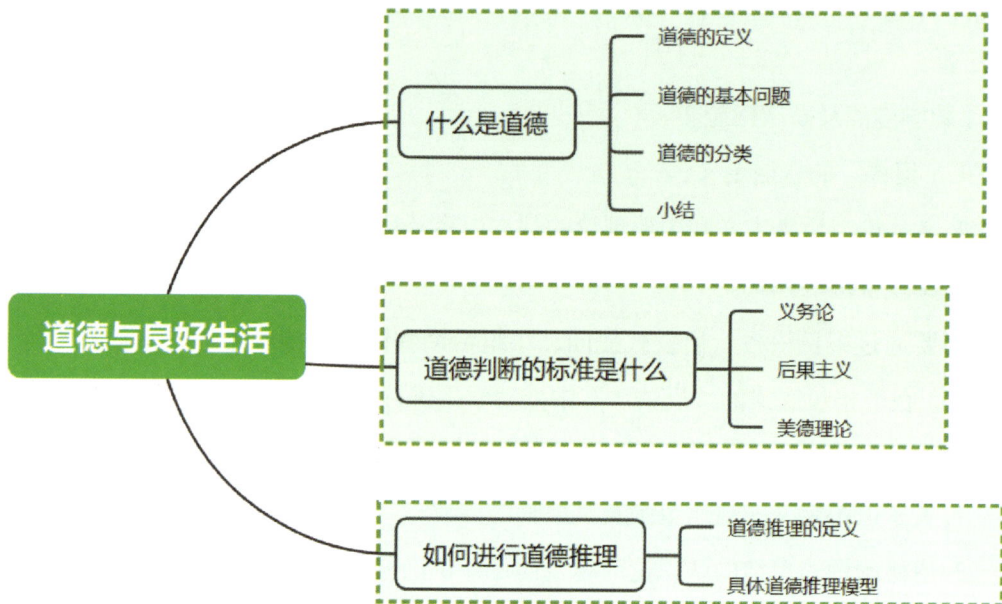

【教学模式及方法】

1.启发式教学法：以"电车难题"导入，启发学生从实践生活的思考深化到哲学思考；

2.讨论教学法：通过案例分析、小组讨论，开展探究性学习，查找理论漏洞；

3.理论讲授法：分析"道德"的定义、道德不同标准、道德的推理模式，引导学生掌握和反思道德哲学史上代表性的道德观的基本要义，树立科学的道德价值观。

【教学内容重组与加工】

按照理论到现实、表层到深层的逻辑，从日常生活中使用"道德"这一词语的语境开始，对有关"道德"的定义、不同的标准和推理模式进行分析，在这个过程中逐步深化对"道德"与"生活"的探讨，并让学生利用相关的道德理论和实践推理模式去指导实践生活。

【教学资源与技术手段】

1.线上资源库：（1）智慧树自建在线课程《哲学导论》，https：//coursehome.

zhihuishu.com/courseHome/1000105558#teachTeam，由黄大年式教师团队主讲。（2）超星学习通。在学习通上上传有关学习资料，进行课前、课中、课后测试，推荐有关线上资源阅读学习。

2. 思政素材库：包括马、中、西哲学的对话交流融合，马克思主义哲学中国化时代化等专题。在本节使用到了有关文献：

［1］邹平林. 论马克思主义伦理学的范式革命与在场方式［J］. 道德与文明，2024（03）：115-126.

［2］李培超，王珞琳. 论近代中国伦理学自主知识体系的初步建构［J］. 湖南大学学报（社会科学版），2024，38（04）：125-133.

［3］王泽应. 新时代中国伦理学的守正创新及智慧成果［J］. 伦理学研究，2024（04）：1-10.

［4］卫建国. 论中华传统美德及其伦理学价值［J］. 伦理学研究，2023（06）：15-23.

3. 思辨素材库：根据不同主题、不同章节、不同内容整合了思辨资源，用于在教学中开展哲学思辨，培养学生的反思性、批判性思维。本节所用的思辨素材有：（1）电车难题如何解？（2）该不该推那个胖子？

4. 科研成果库：收集学科学界有关经典研究、最新最前沿的研究成果，用于学生的课前阅读、课后拓展，在本节中使用到了有关文献：

［1］曹康莉. 马克思伦理思想的二重结构——重思英美马克思主义伦理学的诠释困境［J］. 道德与文明，2024（06）：118-129.

［2］樊浩. 伦理道德的文明史意义［J］. 天津社会科学，2024（05）：23-34+175.

［3］刘作. 如何理解对自我的义务？——基于康德伦理学的分析［J］. 哲学分析，2024，15（04）：57-69+197.

［4］张蕴睿，晏辉. 自制何以成为一种德性？——美德伦理学视域下自制的发生、演进与价值［J］. 中南大学学报（社会科学版），2024，30（03）：12-23.

［5］甘绍平. 应用伦理学的理论形态［J］. 社会科学文摘，2023（12）：30-32.

［6］罗亚玲. 论康德道德哲学中的责任伦理思想——基于对至善思想的考察［J］. 现代哲学，2023（06）：108-116.

［7］方贤绪，冷少丰. 从"心体"与"性体"看人工智能设计中的完全道德行为体问题［J］. 天津大学学报（社会科学版），2023，25（06）：551-557.

5. 习近平系列讲话数据库：推进习近平新时代中国特色社会主义思想进教材、进课堂、进头脑，带领学生深入学习了解社会主义核心价值观。

【教学信息收集与处理】

首先通过在线课程的课前预习和习题测验了解学生认知水平，通过教学现场的理论讲授、案例分析、角色扮演等活动，一起进行小组讨论，开展剖析反思，在课堂讨论中收集对于该学习内容的掌握程度，适当进行随堂测验。最后，通过布置课后作业读原著、研究性拓展性学习培养思辨意识，拓宽知识深度与广度。

【教学参与的切入】

本堂课在面向学生主体进行教学的过程中，通过思想实验引导分组代表学生分享探究的观点，再通过设置案例和角色扮演启发学生进一步深化问题，让学生多维度、多视角进行审视与反思，让学生体验到了思想的欢乐。在进行哲学思辨时，充分利用苏格拉底式的"反诘法"进行提问，在思维体操式训练中让学生体会到个人观点和理论的局限性和漏洞，激发学生学习兴趣和潜能。

六、课前探究

本堂课作为哲学导论课中"明辨善恶的伦理学"中的重要一节，课前探究使学生对何以求得道德这一问题产生兴趣非常重要，课前探究包括：

1. 学生探究依据现有的知识体系思考什么是道德以及道德与生活的关系；

2. 学生尝试了解道德知识和道德推理模式如何指导生活实践。

七、教学过程

```
                              ┌ 道德 (3min)
              ┌───────────┐   │
              │  知识讲授  │───┤ 道德判断 (4min)
              │  (10min)  │   │
              └───────────┘   └ 道德推理 (3min)
                    ↑
┌─────────┐    ◇─────────◇    ┌──────────┐    ┌──────────┐
│ 课程导入 │───→│ 课程讲授 │───→│ 课程结语 │───→│ 课后作业 │
│ (5min)  │    ◇─────────◇    │ (3min)  │    │ 推荐阅读 │
└─────────┘         │        └──────────┘    │ (2min)  │
                    ↓                         └──────────┘
              ┌───────────┐
              │ 课堂互动  │
              │  (25min) │
              └───────────┘
```

思想实验：电车难题 (3min)
提问互动：什么是道德？ (3min)
案例分析：有没有绝对客观的道德观？ (3min)
案例分析：想借款但还不上时是否可以撒谎？ (2min)
提问互动：道德是自由的吗？ (3min)
提问互动：每个人都以撒谎来借钱可行吗？ (2min)
提问互动：功利主义能排除奴隶制吗？ (3min)
思想实验：改进版电车难题 (3min)
师生互动：以亚里士多德的理论回答扶不扶 (3min)

环节一：课程导入

教学活动	设计意图
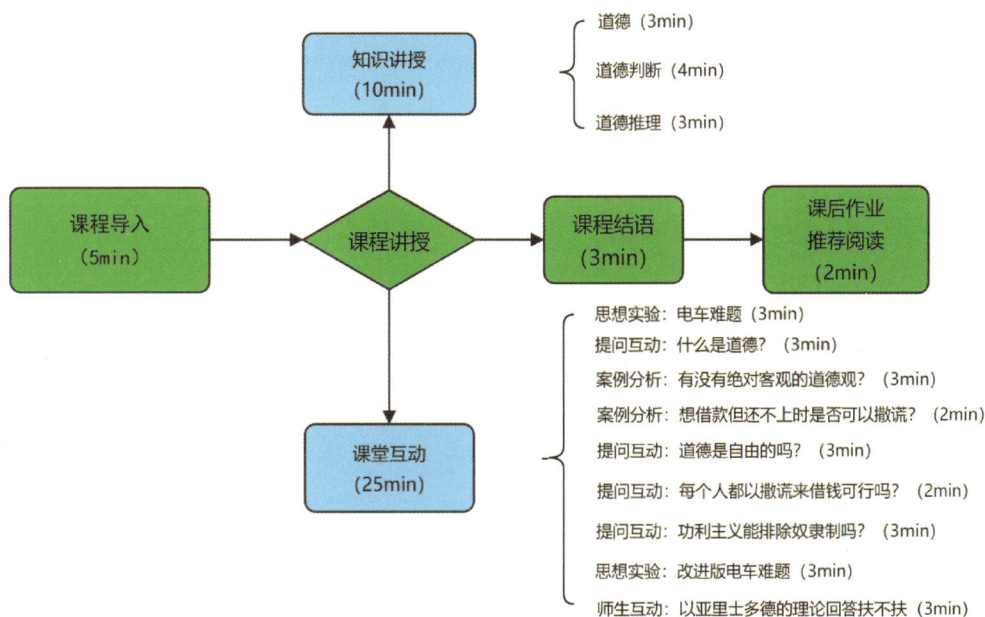 本节课来看看明辨善恶的伦理学关注的另外一个极为重要的、并与我们每个人都息息相关的主题：道德和好的生活。 【探究一：思想实验】 一个疯子把五个无辜的人绑在电车轨道上。一辆失控的电车朝他们驶来，并且片刻后就要碾压到他们。幸运的是，你可以拉一个拉杆，让电车开到另一条轨道上。然而问题在于，那个疯子在另一个电车轨道上也绑了一个人。考虑以上状况，你是否应拉拉杆？ 【学生回答】在学习通中投票并阐明理由。	1. 通过"电车难题"引导学生思考蕴含在实践生活中的哲学问题。 2. 通过提问和讨论，让学生去思考什么是"道德"以及与生活的关系。

教学活动	设计意图
【教师解读】一种观点是拉拉杆，因为拯救五条生命对社会的损失相对较小，拯救了五个家庭。一种观点是不拉拉杆，认为不能主动施害于另一人，生命不能以数量去权衡。还有的认为在这种两难情况下，最好顺其自然，因为人为选择总会带有个人主观意愿，难以客观，并且容易受到谴责。其实已经提及了几种不同的道德观，比如义务论、后果主义、美德理论等。康德说：世上有两种东西，我们越是对他加以深入地思考，就越是对他充满无限的敬畏，那就是我们头顶的星空和心中的道德律。 我们应当做什么？不应当做什么？我们应当怎样对待他人？我们自己应当如何生活？在生活中我们常常会反思和提出疑问，我们也发现关于道德的讨论似乎预设了一种周详的世界观。本节课让我们带着这些问题，一起来审视道德的定义及其与生活的关系。	

<h3 style="text-align:center">环节二：课程讲授"什么是道德"</h3>

教学活动	设计意图
【探究二：提问互动】在日常生活中我们经常会说到"这样是不道德的""那样是违背道德的""这个人会受到道德上的谴责"等等，我们也颁布实施了《公民道德实施纲要》。什么是道德？ 【教师解读】 在日常生活中我们也会感受到，道德是一套指导我们行动的原则或准则；道德与道德准则，无论是否以法律的形式提出，都形成了一个社会的基本机构，规定了被允许事物的限度，什么是可以期望的，规定了应当做什么；也可以称为美德，是在社会公共生活中所具有的道德品质与德性。 关于道德的理解和认识，古往今来的哲学家们对此有过深入的讨论。主要从以下几个视角来看： 一是马克思主义观点的界定：一般来说，伦理学是一门关于道德的科学，或者说，伦理学是以道德作为自己的研究对象的科学。人类为了维持自己的生存和发展，为了在社会生活中不断地完善自身、完善他人和完善社	1.讲授什么是"道德"，并说明道德在中西文化中不同的界定，重点突出马克思主义理论道德观。

续表

教学活动	设计意图
会，在长期的历史发展中，在人和人之间逐渐形成的习俗、规范的基础上，产生了对人的这些关系的思考，从而形成了道德观念和道德认识，并发展为较系统的道德思想，进而产生了道德哲学，也叫伦理学。 　　二是中国传统中对道德的界定："伦"，本意是辈、类的意思，"理"是条理、道理的意思。"伦""理"两字连用，最早见于战国至秦汉之际的《礼记·乐记》，其中说："乐者，通伦理者也。"在中国最早的典籍中，"道"表示事物运动和变化的规律，"德"表示对"道"的认识，践履而后有所得。东汉时的刘熙对"德"的解释是：德者，得也，得事宜也，意思是说，"得"就是把人和人之间的关系，处理得合适，使自己和他人有所得。许慎更明确地说："德，外得于人，内得于己"；一方面能够"以善念存诸心中，使身心互得其益"，这就是"内得于心"；另一方面，又能够"以善德施之他人，使众人各得其益"，这就是"外得于人"。 　　三是西方传统中对道德的界定：西语中的"道德"一词源于拉丁文"mores"，本意为风俗、习惯等。"伦理"一词则源自"ethos"，本意也是指风俗、习惯等。但在而后的使用中，后者较前者更为广泛一些，意指某一社会或文化群体的特定的精神气质或精神特性；而前者则演化为较为确定的规范准则体系。一般说来，大多数西方学者对这两个概念没有特别的区分。 　　了解了什么是"道德"以及道德的基本定义，那么什么是道德的基本问题呢？简而言之，我们可以做以下简单的概括： 　　其一：核心对象是研究善恶（比如在古代探讨幸福、在现代一般探讨什么是正当错误）； 　　其二：主要议题是探讨一个人如何过一个好生活？人与人之间该如何一起相处？ 　　其三：主要处理的是人与自然的关系、人与社会的关系、人与自我的关系这三种关系。 　　在西方古代伦理学中主要探讨的是：什么是幸福？什么是德性？达到至善或幸福的途径是什么？而西方现代伦理学讨论的是：什么是正当？什么是权利、义务和责任？正当性的权威是外在还是内在？道德是普遍的吗？行动的动机来自哪里？ 　　【探究三：案例分析】新冠疫情在全球肆虐，在应对这种众所周知的传染性疾病中，我们发现对于戴口罩有不一样的态度和选择。请同学们思考，你认为有没有绝对客观的道德观？ 　　【教师解读】我们可能会发现，一类持道德相对主义观点，不存在普遍有效的和必不可少的道德价值，认为道德只是"相对于"特定的社会或民族才是有效的。一类持道德绝对主义观点，认为存在普遍有效的和必不可少的道德价值。如果某个社会或民族不接受哲学价值，那他们就是不道德的。 　　道德是人类在社会生活中不断地完善自身、完善他人和完善社会，在长期的历史发展中，在人和人之间逐渐形成的习俗、规范的基础上产生的道德	2.通过贴近生活的实践来进行分析探究，帮助学生更好地理解这部分的内容。 【课程思政】 　　"道德"的问题同样既是一个知识论的问题，也是一个价值论的问题，引导学生在比较中形成科学的道德观。

续表

教学活动	设计意图
观念和道德认识，随着历史发展而具有不断变化的特征。我们应该以具体的历史背景谈论道德的呈现。 　　我们要树立科学的道德观。马克思、恩格斯在《德意志意识形态》中提到"思想、观念、意识的生产最初是直接与人们的物质活动，与人们的物质交往，与现实生活的语言交织在一起……表现在某一民族的政治、法律、道德、宗教、形而上学等的语言中的精神生产也是这样"。社会关系的形成是道德产生的客观条件；人类自我意识的形成与发展是道德产生的主观条件；生产实践是道德产生所需要的主客统一的社会条件；人类道德发展的历史过程与社会生产方式的发展进程大体一致。	

环节三：课程讲授"道德判断的标准是什么？"

教学活动	设计意图
在过去几千年间，古今中外的学者、哲学家包括宗教的布道者一直都在提出各种道德理论，这些道德理论明显属于几种清晰却又相互重叠的范畴。接下来我们一起来学习。 　　【探究四：案例分析】假如你现在急需钱，但是你知道你没有工作，且没办法问家里要，你也没有偿还能力。请问，当你清楚地知道自己不会偿还的时候，你是否应该撒谎向银行贷款或者向亲朋好友借款并说你将偿还？ 　　【学生回答】在学习通中抢答。 　　【教师解答】可能有人认为可以，因为人生有难处，先渡过这关再说，虽说对个人信誉影响极大，但是对社会影响不大；乙方代表认为，不应该，明知故犯有违道德，而且虽然只是个人的事，但无数个个人就会影响社会，这也是为什么我们总是强调个人征信的原因。对于该问题的探讨，持"不应该"的观点的同学可以说和义务论道德者不谋而合。康德在《道德形而上学奠基》中提到"一个处于义务而履行的行为，其道德价值并不取决于它所要实现的意图，而取决于它所被决定的准则。从而，它不依赖于行为对象的实现，而仅仅依赖于行为所遵循的意愿原则，与任何欲望对象无关"。 	

续表

教学活动	设计意图
在康德以及其代表的义务论道德者看来，一个行为是正确的，当且仅当它符合正确的道德规则或原则。义务论道德最简单的例子就是"十诫"，它仅仅为我们提供了一张义务的清单。这些指示被康德称为绝对命令——"命令"只是一个指示戒律，"绝对"则意味着"无条件"。他们是绝对的或无条件的，因为它们不提供任何理由或条件，它们只是告诉我们什么是必须做的，什么一定不能做。义务论道德坚持认为，对我们来说，道德原则本身的地位就是它的正当理由，无论其后果是什么，无论我们可能找到什么样的个人原因，我们都只能遵守它。 　　说到前面我们所讨论的借钱的问题，我们可以来看看康德是如何看待的。 　　【探究五：提问互动】常有人说生活中有很多身不由己的时候，比如借钱就是因为迫不得已，所以出现有的校园贷被骗自杀的情况，你认为道德是自由的吗？ 　　【教师解读】康德认为，道德是自由的。人的尊严就在于人能够是自主的和自由的——一个人必须自己来选择和决定自己的生活方式。正常的成年人在道德问题上应该是完全自主的，不存在外在权威；理性可以提供回应道德要求的充分动机。"自然界中的一切东西都是按照规律来运作的。只有一个理性的存在者才具有按照他对规律的观念，因而按照原则来行动的能力，因此也只有这样一位存在者才具有一个意志。"康德敏锐地注意到，尽管一个人因为所有欲望都得到了满足，因此在日常的意义上可以被称为一个"幸福的人"，但他也可以是一个完全缺乏自主性的人。如果一个人丧失了自主性，那么他就与一个玩偶或者一个傀儡没有差别。 　　【探究六：提问互动】再继续刚才这个问题，如果每个人都要靠欺骗来借钱，撒谎说以后还能偿还，那么情况会怎样？ 　　【教师解读】 　　我们可能会说，如此这样的话，那么整个社会成为一个人人撒谎、分不清楚什么是真是假的没有诚信的社会。如果每个人都在还钱的事情上撒谎，那么很快就没有人相信任何许诺还钱的人了。 　　从康德的视角来看，他对这个问题的解答很明确：道德原则合理性的检验标准是其普遍性，也就是它能够普遍适用于任何人和任何地方。正如如果有人对你说：你能不能借我 50 块，我明天就还你。你只会把他当作一个玩笑。这也意味着，不论具体的环境、每个人的利益和不同的社会有何差异，同一套道德原则将适用于任何历史时期的任何社会中的任何人。当然，有时这对神授道德来说也是正确的（尽管对权威属于一个具体社会的那些道德来说通常并不是正确的）。习惯当然可以不同，但各处的道德却必须是相同的。康德显然是道德绝对主义者。 　　另外一个非常重要的方面是，既然理性的原则对人的意志来说表现为一种约束，我们就可以把这样的原则称为"命令"。康德认为道德要求必须是	1. 讲授关于道德的几种经典理论：义务论道德、后果论与美德伦理学。 　　2. 通过案例设计和启发探究的方式，让学生们在思考过程中把握几种道德判断的标准，并通过思考和讨论对其进行哲学反思和批判。

教学活动	设计意图
绝对命令。假言命令体现了工具合理性的概念——你必须采取行动作为一个手段来实现某个目的，只有当你已经决定要实现那个目的。让我们尊重自己和他人，他认为这是道德生活的典型特征。康德说："你的行动，要把你自己人身中的人性和其他人身中的人性，在任何时候都同样看作是目的，而不能只是手段。"也就是说，仅仅把人"用"作实现自己目标的手段是错误的。我们应当尊重他们和他们的道德自主性，他们有能力用自己的理性来决定做什么。如果我告诉别人我会偿还借款，而我实际上并不打算这么做，我便把那个人纯粹当成了获取金钱的一种手段，我对这个人的尊重并不比对一台自动售货机更大；为了得到我想要的输出，我可以输入任何所需的东西。 　　总的来说，虽然康德的一些激进的观念会引起争议，但都会极其重视康德道德哲学中如下最基本的观点：道德哲学家必须用一种先验的方法；道德责任是绝对命令；道德行为者以意志自主（自律）为先决条件。 　　回到我们一开始的"电车难题"思想实验，除了部分同学和康德所持的义务道德论观点一样，还有很大一部分同学认为，如果一个人的死可以拯救五个人，似乎是一种更有效益的选择。我们会有疑问，究竟意图是由于其后果才是好的，还是后果之所以算是好的在于意图是好的？ 　　在追求结果或效益的角度看来，似乎好的行为的判断标准更倾向于后果如何。后果论道德理论家强调实际发生的事情决定了一个行为（及其后果）的好坏。好的行为是能够产生最大幸福的行为，与它的意图无关。 　　比如伊壁鸠鲁（Epicurus）："快乐是幸福生活的起点，也是目标。因为我们将快乐作为我们第一种天生的善，而且这是我们做每一次选择、每一次逃避的起点。"（《伊壁鸠鲁读本》）墨子（Mo-Tzu）："其为衣裘何以为？冬以圉寒，夏以圉暑。凡为衣裳之道，冬加温、夏加清者，芊芊；不加者，去之。其为宫室何以为？冬以圉风寒，夏以圉暑雨。有盗贼加固者，芊；不加者，去之。……故子墨子曰：'去无用之费，圣王之道，天下之大利也。'"（《墨子·节用上》） 伊壁鸠鲁　　　　　墨子 近代最为明确的后果主义道德理论被称为功利主义，到现在仍然占据着	【课程思政】 　　在认识论的意义上，道德问题的实质是思想的客观性问题，即人的价值判断能否客观普遍化。我们发现，道德判断标准的问题并不是单纯的认识论问题，而是与实践生活密不可分的问题。我们应当从实践生活中去探讨道德问题。

教学活动	设计意图
主导地位。对于功利主义者来说，什么会对我们有利或有害才是最重要的。主要代表人物有边沁和密尔。按照密尔、边沁以及其他大多数功利主义者的看法，道德的目的就在于使人们幸福，给予人们快乐，减轻人们的痛苦。为了计算任何行为和法律可能产生的快乐和痛苦，边沁甚至还提出了一套精确的"幸福计算法"。 　　如果用幸福计算法来评价我们之前谈到的骗贷的例子，我们就不会问"如果每个人都会撒谎会怎么样"，而是会问"如果我在这种情况下撒谎会产生什么样的实际后果"。边沁实际上是用一种定量的方法将行为产生的利益全部加起来，再减去这一后果产生的痛苦来看这一行为是否可取。由于这种方法是定量的，它也可以用来比较其他行为方案的相对优点。我们可以对撒谎以获得贷款的后果和说真话以请求贷款的后果进行比较。引发更大的净快乐的行为将是更好的道德选择。 　　密尔在《功利主义》中则认为在评估各种快乐时，质量和数量都是应该考虑的因素。但快乐在质量上占优比快乐的数量更重要。功利主义的行为标准并不是行为者本人的最大幸福，而是全体相关人员的最大幸福。"功利主义要求，行为者在他自己的幸福与他人的幸福之间，应当像一个公正无私的、仁慈的旁观者那样，做到严格的不偏不倚。" 　　【探究七：小组讨论】根据功利主义原则，个人或少数个人的幸福服从于最大多数人的最大幸福。功利主义有一种原则性的方法来排除奴隶制吗？ 　　【学生回答】学生在学习通中提交小组讨论结果，并形成词云。 　　【教师解答】比如在南北战争之前，美国南方的经济活力都依靠奴隶制。即使经济生存并不是一种特别高的快乐，但产生这些更高快乐的活动肯定也依赖于奴隶制。无论大多数人能多么受益于此，都还是应该有一些保护措施使少数人免于遭受虐待。功利主义原则可以帮助我们确定什么样的安排是正义的，但它并没有回答如下问题：加给少数人的重担是否是不合理的，即使它能成就大多数人最大的利益。 　　【探究八：思想实验】你站在天桥上，看到有一台刹车损坏的电车。轨道前方有五个正在工作的人，他们不知道电车向他们冲来。一个体重很重的路人，正站在你身边，你发现他的巨大体形与重量，正好可以挡住电车不至于撞上那五个工人。你认为是否应该动手？与我们之前所说的电车难题有区别吗？在学习通中投票并阐明理由。	3.通过理论联系实际的方式，启发同学们联系现实进行哲学思考，增强学生对于"道德"的理解，激活已有知识并运用新知识分析问题的能力。 　　【课程思政】 　　对于道德判断标准的追问是我们每个人面对生活实践的重要目标。我们应该在实践生活中不断反思道德与生活的关系，通过马克思主义理论的指导，建立科学合理的道德观。

续表

教学活动	设计意图
【教师解读】可能大多数人都表示这在道德上是错误的。很多人会认为，某些类型的行为（比如杀人或者侵犯无辜者的权利）在道德上是错误的，不管是否是为了绝大多数人的最大利益。与前面所说的电车难题对比，相比于把一个人推到轨道上致死，我们扳动拉杆时在感情上与被伤害者距离更远。还有一些人得出结论说，相比于间接伤害某人，允许伤害降临到他们身上，我们会认为直接伤害某人、实际去伤害是更糟糕的。心理学家发现，大多数人在面对第一个状况时，大部分都会选择切换轨道。但是在面对第二个状况时，大多数人又会选择不动手。显示人类拥有的道德直觉，在第一个状况中，像是功利主义一样运作，而在第二个状况中，则像是道德义务论者。 假定你的祖母问你是否喜欢她送给你的毛衣，而事实上你认为它很难看，那么你应当告诉她真相，还是应当撒谎？你正在考虑的行为准则（撒谎）可能类似于"撒谎以避免伤害别人的感情"，而绝对命令说，"善意的谎言"是错误的。而功利主义者则可能认为，在这种情况下，告诉你祖母你喜欢这件毛衣不会有什么不良后果，而说真话会引起她的痛苦，所以你应当说善意的谎言。试图只按照全面适用的原则来行事，与试图在现有的情况下使幸福最大化来行事，其结果可能是不同的。 亚里士多德并没有像边沁和密尔那样把幸福等同于快乐，他主张幸福的生活就是合乎美德的活动，或许它也充满了快乐，但生活并不因快乐才是好的。我们如何成为幸福的人？亚里士多德认为，我们通过拥有正确的习性而变得幸福，他把这些习性称为美德。美德是一些根深蒂固的性情，有助于使生活变得更好。我们通过实践获得美德，调节它们，使之成为第二天性。 亚里士多德主义美德伦理学的主要内容有：一是幸福是人的存在目的。二是人的幸福通过心灵的合德性活动得以实现。三是德性的实现就是德性的养成和人的品格的形成。四是德性分为理智德性和道德德性：理智德性包含智慧（讲客观性的理论知识）和明智（实践情境中的知识），通过学习获得；道德德性包含慷慨、审慎、勇敢和节制等，其特征在于适度的中道，通过习惯养成。五是理智德性和道德德性都不是人天生具有的，是一种潜能，潜能通过培育、习惯、学习实践出来。	【课程思政】 理论联系实际是马克思主义的基本理论之一，我们如何把理论知识运用到实践生活当中去，是我们要培养的能力目标。在这个过程中，我们要有价值引导，让学生按照科学的道德观去进行道德实践。

环节四：课程讲授如何进行道德推理

教学活动	设计意图
在日常生活中，我们该如何进行道德推理呢？什么是道德推理？ 道德推理是指处于原则、价值和规则等限制之下决定什么样的行为态度和回应是可以接受的行为选择。 接下来，我们以亚里士多德的实践推理为典型，来看看具体道德推理模型： 一是实践三段论一般形式： A、我应该保持健康。	1. 讲授关于道德推理的基本含义，让学生理论联系实际，对实践生活中的问题予以关注，并开展哲学思考。

教学活动	设计意图
如果吃下这药，我就会保持健康。 我应该吃下这药。 B、我应该制作一些好东西。 房子是好东西。 我盖了房子。 　　其大前提：行动者对某物具有欲望，或某物在某方面是"善的"（描述了推理所指向的、行动者为此而行动的"善"）。 　　其小前提：指明大前提可以被实现的方式（或某种方式），或者是实现大前提的必要条件，或指明了大前提所运用的一个特定情形。（描述了某些"真实"的东西；人们相信可以实现的事态。） 　　大前提针对善；小前提针对可能性。大前提述可获得的目的；小前提是对好东西的判断。因此，实践三段论始于一个被愿望的"目的"，终止于行动的选择。 　　二是手段—目的模式的实践推理： C、我应该勇敢。 在战争中勇敢就在于不逃跑。 我不应该逃跑。 　　在实践时目的就是实践本身；在践行美德时我们实际上是出于其自身的缘故而选择这些行为；选择总是针对手段而不是目的。美德的倾向在于习惯性地按照这种三段论行动；但小前提的产生要求直觉的存在。 　　实践三段论追求善的东西，如果要让我们的选择是善的，那么我们必须（1）欲望善的东西，（2）在什么是善这一点上做出正确推理。实践真理的目的是让善的东西实现，实际上发生的就会符合正确的欲望。具有美德的人，在进行实践推理时追求实现真正的善。 　　在实践推理C中，目的是"勇敢"，实现目的的手段是直觉到"不逃避"。 　　【探究九：师生互动】请利用亚里士多德的实践推理分析老人摔倒了应不应该扶？ 	2.通过提问的方式，让学生来思考在具体的情境中该用什么推理模式进行实践生活的指导。

续表

教学活动	设计意图
【教师解读】我们应该从大前提、小前提的关系入手，分别去对应该与不应该进行分析。从而表明扶不扶的问题在根本上还关注培养道德人格的大前提。	

环节五：课程总结

教学活动	设计意图
回顾一下本节课程的内容，我们分析了以下三个问题：什么是道德？道德判断的标准是什么？如何进行道德推理？通过这三个问题的梳理，我们明确了道德之于生活的复杂性。但是我们也意识到了道德作为一种知识是可以传递和教授的。认识论的意义上，道德问题的实质是知识的客观性问题，即人类的道德思想如何具有客观性，如何检验道德思想的客观性以及如何按照道德客观性进行生活实践。我们应该用一种历史唯物主义的观点去审视道德，综合地考量道德的动机、后果和个人的德性，结合具体的情景在实践中利用道德推理模式指导我们的实践生活。	1. 帮助学生梳理本节的核心内容。 2. 帮助学生确定本节的学习重点和知识。

环节六：课后作业、预习任务、推荐阅读

教学活动	设计意图
【课后思考】 1. 你认为什么才是一个人可能拥有的最重要的美德？我们这个社会最看重什么美德？ 2. 你会怎样把康德关于绝对命令的第一种表述应用于一个具体情况？例如，想象你打算在没人注意的时候偷一本书。按照康德的看法，你怎样判定这种行为是不道德的？ 【推荐阅读】 	1. 帮助学生通过具体问题反思教学内容，真正学以致用，掌握知识点。 2. 帮助学生继续思考本节内容，扩展课后的研究兴趣。

八、板书设计

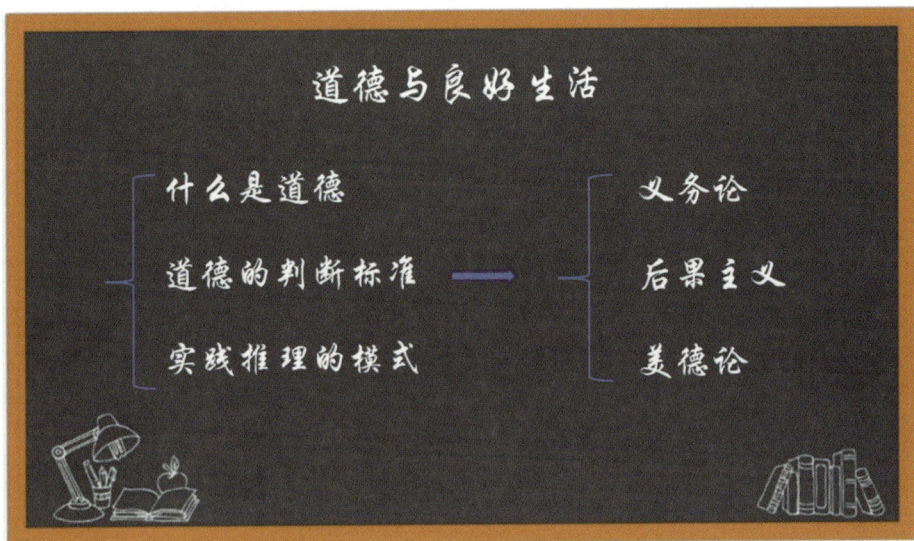

九、教学设计反思

本节内容围绕"道德与良好生活"这一主题，在知识目标层次，学生能够理解道德的基本概念，识别不同的道德判断标准，并了解道德决策的过程。本节通过讲授和案例分析，大多数学生能够掌握基本的道德理论，但在理解不同道德理论的细微差别上存在困难。在技能目标层次上，学生能够分析和评估不同的道德理论，应用道德判断标准解决实际问题。学生在小组讨论和角色扮演中展现出一定的分析和评估能力，但在应用道德标准解决复杂问题时仍需指导。在情感目标上，培养学生对道德问题的敏感性和对美好生活的追求。通过教学，学生对道德问题的兴趣和敏感性有所提高，但对美好生活的追求需要更深入地引导和讨论。

总体来说，本节内容覆盖了道德哲学的核心议题，但可能需要更多关于道德多样性和文化差异的讨论。在教学方法上，采用了多种启发式、互动式的教学，通过案例分析增强了理论与实践的联系，通过分析具体的道德困境案例，帮助学生理解理论如何应用于实践，但案例选择需更加广泛和深入。小组讨论也促进了学生间的交流，学生在小组讨论中分享观点，有助于他们从不同角度理解问题，但有时讨论还可以更加深入，而且需要确保每个学生都有发言的机会，使得讨论能够深入到道德理论的核心。通过角色扮演活动，让学生体验道德决策的复杂性，但活动的设计需要更加细致，以确保每个角色都能引发深入的道德讨论，并确保所有学生都能参与。

13　美的本质

章节名称：第八章 美学与审美境界　第二节 美的本质

计划学时：45 分钟

📖 一、教学内容分析

【主要内容】

1. 美从哪里来？

2. 美的本质是什么？

3. 美从何处寻？

【地位作用】

美的本质是美学原理课程在解释审美活动及经验时首先需要回答的问题，美学不仅考察关于美的现象，它还帮助每一个人培养正确的审美观念和能力。关于美的本质的追寻是哲学中美学问题的首要的、基础的问题，地位重要且关键，为理解接下来的美学问题的探讨提供了基本前提。

👥 二、学情分析

已有认知分析。（1）在日常生活中，学生对美有一般的了解与体验，具有关于审美、美学境界等问题的哲学思考；（2）学生对于美的本质了解还不够深入，存在困惑；对于美的来源还较为日常，了解尚不深入。

能力状态分析。（1）学生对于美学作为哲学基本议题具有专业的辨别能力，能够看到哲学视域中探讨美学问题与常识中探讨美学问题的思维差异；（2）学生具有文本阅读及原著解读的基本能力；（3）学生具有开展课前自主性和个性化预习的能力；（4）学生还未建立起深入完善的思维体系，还需要不断深化哲学思维能力。

学习需要分析。（1）学生通过学习想要了解"美"，开展对"美"的追寻，从什么是"美"进一步深入到何以为"美"，进而提高追根溯源、反思批判的思维能力。（2）学生通过学习了解美学的价值和意义是什么，审美的目的是为何，通过理论联系现实实际开展哲学思考，提升审美能力。

三、教学目标

【知识目标】

1.学生能够从哲学思维层次理解"美"的多层含义；

2.学生能够深入了解审美的多种理论并进行反思与批判。

【能力目标】

1.学生能够基于思维的客观性，开展对美学理论的分析探究；

2.学生能够树立科学的美学观，对美学问题进行批判反思；

3.学生能够将审美问题与时代发展的问题密切结合，予以挖掘与深化。

【情感态度与价值观】

1.在中、西、马的美学理论中培养哲学思维，深入理解其智慧所在，在对知识和理论的追求中不断开展反思，形成辩证思维、批判性思维与创新思维。

2.中外思想史关于审美本质的探讨及表述虽然具有历史性与地域民族文化特性，但我们必须持历史发展与开放的态度，推动认识与时俱进。

3.以马克思主义理论为指导，回应新时代的理论关切，思考社会主义核心价值观、人类命运共同体等理论所蕴含的现实生活中的美学问题，建立科学合理的美学观。

4.美是同人的生存状态密不可分的，因此我们在认识上不能停滞，必须基于人的社会性、历史性、文化性和创造性的统一去理解美的发现和人对美的追求。

四、教学重点、难点、创新点及解决措施

【教学重点及解决措施】

1."美"的哲学内涵；

2.美的本质观点辨析。

主要通过案例讲授、启发式提问、小组活动和讨论等措施帮助同学们开展探究性活动，在苏格拉底式的"反诘法"中推动学生进行哲学思维体操训练。

【教学难点及解决措施】

1.关于主观主义美学观的适用范围及理论局限；

2.关于客观主义美学观的适用范围及理论局限；

3.美学问题非单纯的认识论问题，而是与价值观等众多哲学问题密不可分。

"讲、学、练"相结合：采用提问、讲解、反思和练习的方式，使学生掌握移情说、内模仿说、心理距离说、格式塔美学、精神分析美学的逻辑起点、理论根据、基本内容及对其的反思批判。

【教学创新点及解决措施】

本堂课的创新点包括：通过基础理论的学习带动对现实问题的探讨，重组教学内容，对日常生活中习以为常未经审视的对于美的有关认识开展哲学反思，对时代发展中的问题进行哲学审视。

以生动形象的案例和游戏活动激发学生兴趣，在"剥洋葱式"的逐步深化的思维体操训练之下，学生能知其然并知其所以然，掌握哲学的思维体系，构建批判性思维。

📖 五、教学策略

【思维导图】

```
                                        ┌─ 西方美学
                        美从哪里来 ──────┼─ 中国美学
                      ┌                 └─ 马克思主义美学
                      │
                      │                 ┌─ 探讨美的本质的基本原则
  美的本质 ───────────┼─ 美的本质是什么 ─┤
                      │                 └─ 中、西、马的代表观点
                      │
                      └─ 美从何处寻 ───── 主观美、客观美、主客统一美
```

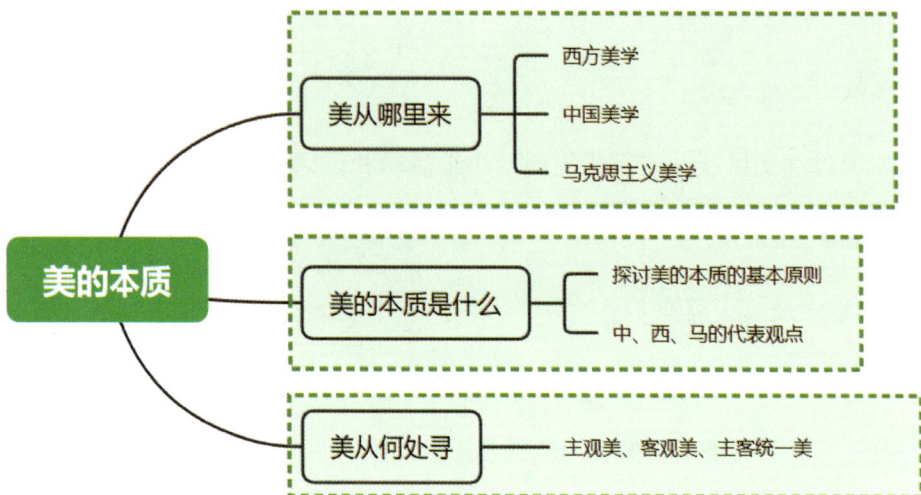

【教学模式及方法】

1.启发式教学法：以国风水下舞蹈《祈》导入，启发学生从日常生活思考深化到哲学思考；

2.讨论教学法：通过案例分析、小组讨论，开展探究性学习，查找理论漏洞；

3.理论讲授法：分析"美"的基本内涵，引导学生掌握和反思哲学史上代表性的审美理论的基本要义，树立马克思主义美学观。

【教学内容重组与加工】

按照理论到现实、表层到深层的逻辑，从日常生活中使用"美"这一词语的语境开始，对有关"美"的本体论、认识论和价值论研究进行分析，逐步深化到对于美学理论的追寻与探讨，让同学们分析如何实现思维的客观性。

【教学资源与技术手段】

以智慧树自建"在线课程"实现资源共享；通过学习通随堂练习、实时跟进教学进程与课后反思，结合多媒体教学、视频资料、数字资源呈现多元素教学内容；创设小组讨论、师生问答的互动情境激活课堂活力，提高学生的课堂参与度；设置案例推理帮助学生开展理论反思和批判，开展思维体操式训练；布置课外论文研读任务来培养学生研究性学习的习惯。

【教学信息收集与处理】

　　课前、课中和课后全线贯通。通过课前预习、问题思考了解学生认知水平，通过课中理论讲授、案例分析、角色扮演等小组讨论开展深度反思，在课堂讨论中收集学生对于该学习内容的掌握程度，并在课堂中进行随堂测验。课后，开展研究性拓展性学习，阅读经典、延伸思考，增强学生思辨意识。

【教学参与的切入】

　　本堂课在面向学生主体进行教学过程中，通过现实生活中的案例激发学生兴趣，通过圆桌思辨探究启发学生进一步深化问题，让学生多维度、多视角进行审视与反思。在进行哲学思辨时，运用启发式、探究式教学法，让学生在思维体操式训练中培养思辨能力，了解美的本质及其有关哲学问题，激发学习潜能。

▽ 六、课前探究

　　本堂课作为哲学导论课中"美学与审美境界"中的重要一节，课前探究使学生对"什么是美"这一问题产生兴趣非常重要，教师设计的课前探究包括：

　　1. 学生依据现有的知识体系探究到底什么是"美"；

　　2. 学生尝试对人类认识过程中如何确保思维客观性开展哲学反思。

🌐 七、教学过程

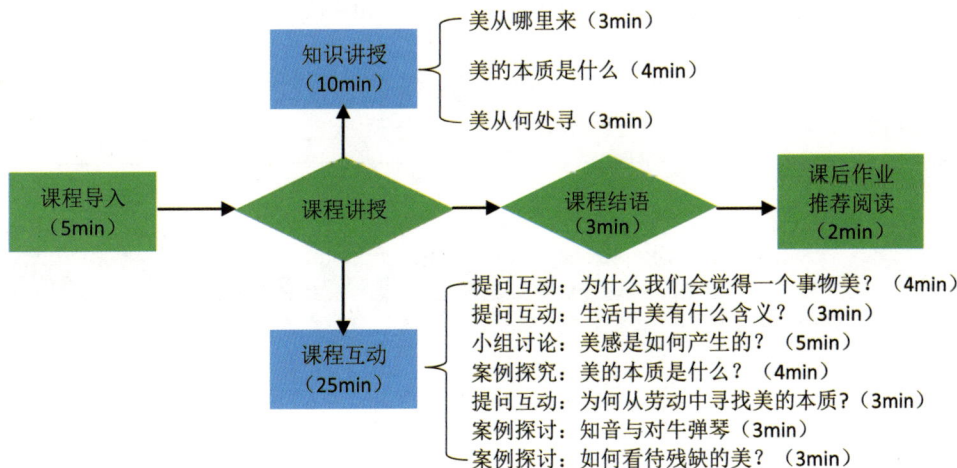

环节一：课程导入

教学活动	设计意图
了解了哲学上关于"真"与"善"的思考，本节一起踏上追寻"美"的旅程。 【视频播放：河南卫视端午节水下舞蹈《祈》】 【探究一：提问互动】身着敦煌文化服饰的舞者在水中自由起舞，衣袖仿佛真的因为流水而在空中飞扬，令人叹为观止，我们不得不被这种优秀传统文化的魅力所折服，每一帧都美轮美奂。为什么我们会觉得一个事物美？ 【学生回答】自由讨论并在学习通中提交回答，形成词云。 【教师解读】我们可能会想到形体美、服饰美、意境美、传播的文化美等等。哲学的理念经常被归结为真、善、美。关于最终的实在，人们提出了各种问题：它是什么样的？如何去认识它？人应当如何生活？应当做什么？什么是从根本上对人有益的？人类生活中最美好、最有益的层面之一就是艺术和审美，即对艺术和美的欣赏。因此，柏拉图和孔子（以及许多其他思想家）都用美来描述人类生活所能达到的至善。 何为美？这是美学所研究的基本问题。每位哲学家对这个问题都有着自己的看法。这也并非一个简单的问题，通过它可以辐射世界的本原性问题的讨论。从古到今，从西方到东方，对"美"的解释是复杂的。如古希腊的柏拉图说："美是理念"；中世纪的圣奥古斯丁说："美是上帝无尚的荣耀与光辉"；俄国的车尔尼雪夫斯基说："美是生活"；中国古代的道家认为：天地有大美而不言；而一本《美学原理》则告诉我们美在审美关系当中才能存在，它既离不开审美主体，又有赖于审美客体。美是精神领域抽象物的再现，美感的世界纯粹是意象世界。今天我们通过这堂课一起来探究。	1. 通过展示传统文化的《祈》舞蹈片段，引导学生思考蕴含在日常生活中的美学问题。 2. 通过提问和讨论，让学生去思考什么是"美"。

环节二：美感来源于何处？

教学活动	设计意图
【探究二：提问互动】我们在日常生活中一般什么时候会用到"美"这个词呢？"美"有何含义？ 【教师解读】 我们经常用美学术语谈论大自然的奇观，比如复杂的有机分子之美、晶	1. 讲授什么是"美"，并说明各种美学理论，梳理美学本质问题的思想史。

续表

教学活动	设计意图
	2.通过对贴近生活的日常举例进行分析探究，以理论联系实际的方式，启发同学们联系现实进行哲学思考，增强学生对于"美"的理解，培养学生激活已有知识并运用新知识分析问题的能力。

体之美、宇宙中的星辰之美等，还把科学理论形容为"优美的"。我们用"崇高"或"美好"来赞赏特别慷慨或英勇的举动，美丽心灵等，也把干得漂亮的事情称为"富于艺术性"。许多人（包括哲学家尼采在内）都说过，良好生活本身就是一件艺术品，美好生活是一种幸福、愉悦感。如果我们暂时放开这些关于"美"的哲学界说，对"美"稍作词源学和日常用语的词义解析，是饶有兴味和发人深省的。

汉代许慎在《说文解字》中，对"美"作出如下解释："美，甘也。从羊从大，羊在六畜，主给膳也。美与善同意。"宋代徐铉对此又注解如下："羊大则美"，以肥大的羊为"美"似乎是凸显了"美"的实用价值。

因而"美"和"善"同义。

在现代汉语的日常用语中，"美"的含义至少有三种既相联系又相区别的意思：一是表示感官快适，如由于感官生理强烈需求得到某种满足而发出的"真美""美极了""太美了"的赞叹；二是表示伦理赞赏，对人的思想、行为、事业用"美"来进行伦理评价，如"五讲四美三热爱"等；三是表示审美判断，如对自然之美、社会之美、人性之美的肯定。

从"美"的词源学和日常用语的考察中，我们可以体会到，"美"是同人的存在密不可分的。我们需要从人的存在方式去探寻美的本质。

【课程思政】
在中、西、马的美学理论中培养哲学思维，深入理解哲学的智慧所在，形成辩证思维、批判性思维与创新思维。

东汉 许慎《说文解字》

【探究三：小组讨论】众所周知，在古代妇女有缠足的陋习，这一习俗还被称为"三寸金莲"。我们现在看三寸金莲并不觉得美，甚至有一种极度残忍的"丑"。请问大家，美感是如何产生的？

【教师解答】美的起源即美和艺术最初发生的根源。在中外美学史上，许多美学家运用哲学、文艺学和人类学的观点对美和艺术的起源作了发生学的研究并形成多种学说。美和艺术最初发生的根源，主要有中、西、马三类说法：

教学活动	设计意图
一、西方美学关于美感来源的理论 第一，"理念回忆"说。古希腊柏拉图认为"理念"是先验的原初的"美本身"，现实美、艺术美是少数天才在迷狂状态中对理念美的回忆。 三寸金莲 柏拉图把美等同于终极实在。柏拉图对实在的理解基于不变的"理式"，即产生世间万物的完美的原型。其中一种"理式"就是美，这种纯粹的美仅在所有美的事物中显现自身。因此，美本身并不就是（美的）事物的真实情况。美是一种超验的"理式"，它潜藏于每一种美的事物之中并使之显得美丽。柏拉图认为，一个人坠入爱河就意味着他发现自己被"美"所吸引，被呈现在一个美人身上的美的"理式"所吸引。但另一个人身上的美并不就是这个人的一种属性，在他身上显现以及被觉察到的其实是"美"本身。因此，从根本上来说，一匹漂亮的马、一尊体态健美的雕像或一阕优美的音乐都指向同一个"理式"。美也因此成为客观的真实存在的东西。"美即真，真即美"这样的观念对于柏拉图来说是完全正确的。 第二，"模仿"说。古希腊亚里士多德认为对现实世界的模仿形成人类孩提时代的美和艺术，中国《吕氏春秋·古乐》也提出帝尧"命质为乐，质乃效山林溪谷之音以歌"之说。 第三，"游戏"说。德国席勒认为原初的美和艺术起源于将理性与感性统一起来的游戏，斯宾塞认为原初的游戏和艺术都起源于原始人"过剩精力的发泄"。 第四，"巫术"说。英国泰勒认为原始艺术起源于"人格化的神灵"和原始人巫术、祭祀活动。 第五，"功用"说。德国格罗塞认为原始艺术源于狩猎等实际功用，芬兰希尔恩也认为原始艺术源于鼓舞斗志、帮助劳动、吸引异性等实用的动机。 **二、中国美学关于美感来源的理论** 第一，"道原"说。中国先秦道家认为自然无为的"道"是最高的"大美"，现实美、艺术美是"道"之美的外化。 第二，"圣王制作"说。先秦荀子认为"先王""制雅颂之声"以"感动	

续表

教学活动	设计意图
人之善心"作为"乐"的源头。 　　三、马克思主义关于美感来源的理论 　　马克思在论述人与动物的区别时提出，"动物只是按照它所属的那个物种的尺度和需要来进行塑造，而人则懂得按照任何物种的尺度来进行生产，并且随时随地都能用内在固有的尺度来衡量对象；所以，人也按照美的规律来塑造"。 　　人以"任何物种的尺度"和"内在固有的尺度"的统一去改造世界，把世界变成人所期待的现实，从而让世界满足自己的需要，这就是人的实践的存在方式。正是这种实践的存在方式，决定了"人也按照美的规律来塑造"。因此，我们首先应当从人的"实践"的存在方式去思考"美"的本质。 　　美，根源于人的目的性、对象性的实践的存在方式。生产实践首先创造了人自身，锻炼了人的双手和大脑，然后才由社会实践的需要产生了人对审美和艺术的需要，提高了人的审美和创造美的能力，才使人在实践创造的成果中确证自己，实现了人的本质的对象化，从而创造了原初的美和艺术。 　　以上诸说都将美的起源与美的集中表现——艺术的起源结合起来加以考察，从不同角度探索它们的共同源头。	

环节三：美的本质是什么？

教学活动	设计意图
通过对于美感来源的解析，接下来我们进一步探讨美的本质的问题。 　　【探究四：案例探究】秦玥飞，男，1985 年出生，2010 年获得耶鲁大学文科学士学位，通过严格考核，成为衡山县贺家乡贺家山村大学生村官，是全国首位从世界名校毕业回国服务的大学生村官。担任村官以来，他工作任劳任怨、格外勤奋，为乡、村里的农民、学生、教师、孤寡老人等日夜操劳。2016 年获评"感动中国十大新闻人物"，被称为"最美村官"。我们常常说"最美教师""最美消防员""最美护士"等等，请同学们结合案例分析，美的本质是什么？ 　　【学生回答】通过小组从各个不同理念来展示对美的本质的理解。 　　【教师解读】参考前述美学思想史，可以确定以下有关审美本质的探讨原则： 	1. 讲授美的本质的几种经典理论。了解这些理论的基本内容、适用范围和存在问题。

教学活动	设计意图
一是审美本质并非实验对象或认识论对象，而属于精神哲学范畴并具有价值理想性。中外思想史关于审美本质的探讨及表述虽然具有历史性与地域民族文化特性，但都力图从哲学普遍必然性高度概括审美本质。这些观点尽管其审美本质所指内容不同，但其语用用法却显示出维特根斯坦所说的"家族相似"（family resemblances）。因此，美学史上不同的审美本质观具有丰富这一论域的积极意义。既不能妄称发现了永恒不变的审美本质，而必须持历史发展与开放的态度，又不能断言这一人类思想数千年耕耘的领域为无意义的假问题，而要立足于本时代新视野参与诠释。 　　二是审美本质是包括审美对象与审美意识在内的整体审美活动经验的本质，对审美对象或审美意识各自本质的单一追溯，必然要返回双方关联一体的审美活动本质。这同时意味着审美活动体验优先于主客二分后的审美观。体验性也正是中国传统美学的一个基点。 　　三是活动的人类学原型是劳动以及比劳动更广泛形态的实践，以劳动为核心的实践及其结构成为探讨审美本质的基础与出发点。 　　【探究五：提问互动】以生产使用价值为目的的具体劳动本身并非审美，为什么要从非审美的劳动中寻找审美的本质？ 　　【学生回答】各小组选派代表随机回答。 　　【教师解读】囿于审美表象的所谓纯粹美学，所揭示的往往是审美经验已专门化的艺术学规律，或具有特定适用范围的形式美规律与心理经验模式，远未抵达深层支配它们的母体根源。作为人类生活母体的劳动则蕴含着人类全部精神形态的普遍必然性与功能必要性。这里需要注意的是，多数美学均接受劳动及其技术对于审美的文化人类学前提条件、基础意义，艺术人类学已积累了大量劳动与审美密切关系的实证经验研究，但这类研究基本局限于劳动与审美的外在条件关系。 　　例如，"游戏说"与"模仿说"揭示出儿童模仿捕猎游戏对于未来捕猎劳动预演训练的实用条件意义，但是，游戏及其模仿培养的审美形式感对于捕猎劳动本身的哲学人类学提升意义并未得到揭示。马克思"美的规律"思想远超出一般艺术人类学与实用经验性劳动美学的深邃之处在于，它是从哲学人类学本体高度规定人类性劳动区别于动物式"生产"的分界定向：审美对于人类代表性活动的劳动并非外在条件或枝节功能，而具有普遍的必然性与根本的引导性。审美在人类学的劳动中的普遍必然性与根本价值功能，才是审美本质的根源所在。 　　当代西方美学的前沿转向，也印证着上述马克思主义美学基点。伽达默尔依据海德格尔的存在论，批评近代以来纯审美的"审美区分"，这种区分于生活的纯审美"撇开了一部作品作为其原始生命关系而生根于其中的一切东西，撇开了一部作品存在于其中并在其中获得其意义的一切宗教的或世俗的影响"；"所以作品通过'审美区分'也就丧失了它所属的地盘与世界"。因而主张立足生存世界确定审美意义的"审美无区分"美学，亦即返回人类	2.通过案例设计和提问的方式，让学生们在思考过程中把握哲学的思维方式，归纳出对审美的理解和认识，并通过思考和讨论对其进行哲学反思和批判。 　　【课程思政】 　　中外思想史关于审美本质的探讨及表述虽然具有历史性与地域民族文化特性，但我们必须持历史发展与开放的态度，推动认识与时俱进。 　　【课程思政】 　　我们应该在对知识和理论的追求中不断开展反思，通过马克思主义理论的指导，建立科学合理的美学观。

续表

教学活动	设计意图
生存层面的审美观。当代西方美学最新的文化转向，其代表内容，无论是从纯艺术回到技术、从形式分析回到生活美学，还是从静观的感性意识论回到体验性的身体美学，都需要经由技术、生活与身体回溯其实践根基。	

环节四：美从何处寻

教学活动	设计意图
人性之美，生活之美，自然之美，社会之美，科学之美，艺术之美，美是到处都有。日常生活中我们也常说，处处皆是风景，处处都是美，并不是缺少美，而是缺少发现。在这个意义上，美是发现。 　　在《美从何处寻？》这篇文章中，美学家宗白华先生开篇便引用了这样一首小诗"尽日寻春不见春，芒鞋踏遍陇头云，归来笑拈梅花嗅，春在枝头已十分"。这首小诗是宋朝人记载的某尼姑的"悟道诗"；这首诗好像是说"道不远人"，不应该"道在迩而求诸远"，好像是说："如果你在自己的心中找不到美，那么，你就没有地方可以发现美的踪迹。" 　　宗白华先生所提出的"美从何处寻"的问题，是美学界长期争论不休的问题，即所谓"客观美""主观美""主客统一美"的问题。宗先生认为，改造我们的感情，使它能够发现美，中国古人曾经把这唤作"移我情"；改变着客观世界的现象，使它能够成为美的对象，中国古人曾经把这唤作"移世界"。"移我情""移世界"，是美的形象涌现出来的条件。 　　【探究六：案例讨论】大家熟知的俞伯牙与钟子期的高山流水的故事，两者是知音，能懂得对方音乐的美。而与之相对的我们会想到"对牛弹琴"，同样都是弹琴，为什么对"美"的发现和体验不一样呢？ 　　【教师解读】在认识过程中，虽然认识的客体一样，但是主体有差异性，而审美是主客体的统一。美是同人的生存状态密不可分的。马克思认为，"对象如何对他说来成为他的对象，这取决于对象的性质以及与其相适应的本质力量的性质"。这就是说，任何"对象"的存在，都同时地取决于两个方面的统一： 　　一方面是"对象的性质"即作为对象的事情具有怎样的性质，另一方面是与这种"对象的性质"相适应的"本质力"即认识主体（人）所具有的能力。对此，马克思以"音乐"为例作出这样的论述："只有音乐才能激起人的音乐感；对于不辨音律的耳朵说来，最美的音乐也毫无意义，音乐对它说来不是对象，因为我的对象只能是我的本质力量之一的确证。"这就是说，"音乐"之所以是美的音乐，当然一方面是"只有音乐才能激起人的音	

续表

教学活动	设计意图

乐感"，但另一方面是因为有能够分辨音乐的"耳朵"在发现音乐之美。
 	
  马克思认为，"主体的、属人的感性的丰富性，即感受音乐的耳朵、感受形式美的眼睛，简言之，那些能感受人的快乐和确证自己是属人的本质力量的感觉"是"以往全部世界史的产物"。这就是说，人在创造人的世界的同时创造了人自己，因而也创造了能够发现美的人的感觉。
 	
  【探究七：案例讨论】断臂维纳斯是表达希腊人理想美的观念的作品，本应是完美之作。可惜雕像出土时就失掉了双臂。据说当初在米洛斯岛发现她时，女神还有一只手中拿着象征选美胜利的金苹果。几百年来，不少艺术家提出修复方案，为她补上各种姿势的手臂。尽管方案很多，但没有一个复原方案令人满意，只好保持原状，让人靠想象去进行补充，形成了所谓"残缺的美"。请问你是如何看这种变化中的"残缺的美"？
 	
  【教师解读】由于时过境迁，人们的欣赏眼光发生了变化。维纳斯虽然失去了双臂，这却使她斩断了与历史、神话和文学的过多联系，她自身作为一件雕塑作品的神韵反而突现了出来。正因为如此，她才是真正意义上的美神，是现代人心目中的美神。
 	
  人的全部"感觉"是"以往全部世界史的产物"，世世代代现实存在的人则是自己所创造的历史文化的产物。每个时代的人对美的发现，都是以该时代的人所继承下来的历史文化为前提的。现代的哲学解释学认为，人类总是用语言来理解世界和表达对世界的理解。语言作为历史文化的"水库"，它保存着历史的文化积淀，历史的文化积淀又由语言去占有世世代代的个人。因此，人们使用语言，就是以历史文化去理解人的存在和人的世界。这样，就构成以语言为中介的历史与现实之间、"历史视野"与"个人视野"之间的"融合"。人既在历史中接受、又在历史中更新理解的方式，从而实现了理解方式的更新即历史的发展。
 	
  以现代哲学解释学的观点去看待美的发现，我们能够得到的重要启示是，必须基于人的社会性、历史性、文化性和创造性的统一去理解美的发现和人对美的追求。
	【课程思政】
	  美是同人的生存状态密不可分的，必须从人的社会性、历史性、文化性和创造性的统一去理解美的发现和人对美的追求，在认识上不能凝固。

环节五：课程总结

教学活动	设计意图
通过本节课的学习我们会发现，美学问题的实质是人的存在问题，即人如何看待自身、看待事物的问题。然而，人对于美的认识是在人的历史发展过程中不断地扩展与深化的。我们应当用开阔的哲学视野去看待美学问题，提升美学素养和审美能力。 因此，通过本节的学习和了解，我们知道，在"美"这个概念的多重含义中，"美"的概念是与存在论、认识论和价值论相统一的观念。审美境界的提升与价值观密不可分，与文化环境密不可分。我们应该提升文化自信，坚持中国气派、中国风度的美学。	1. 帮助学生梳理本节的核心内容。 2. 帮助学生确定本节的学习重点和知识。

环节六：课后作业、预习任务、推荐阅读

教学活动	设计意图
【课后作业】 　请大家通过今天的学习和积累，仔细思考美学与科学之间的思维方式的差异。预习下一节的内容。 【推荐阅读】 西方美学史　　美学四讲　　论优美感和崇高感	1. 帮助学生通过具体问题反思教学内容，真正学以致用，掌握知识点。 　2. 帮助学生继续思考本节内容，扩展课后的研究兴趣。

八、板书设计

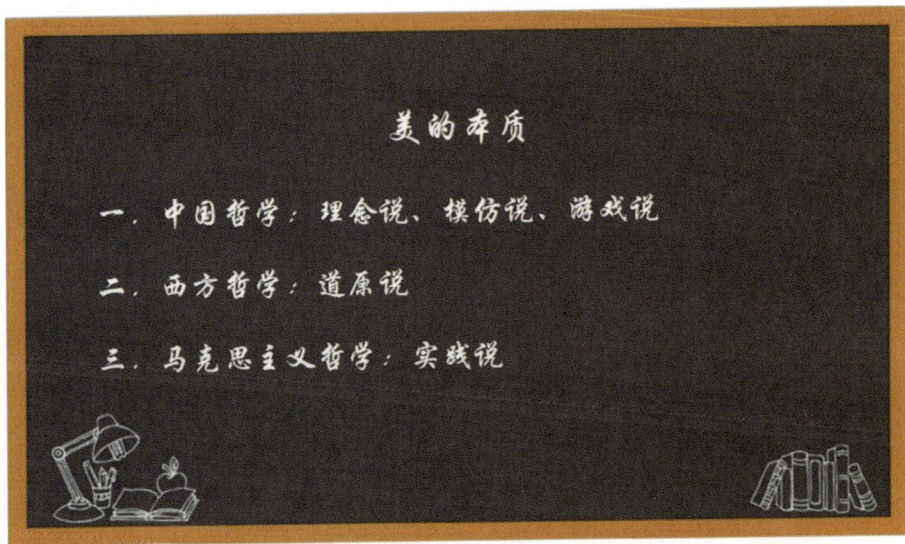

美的本质

一、中国哲学：理念说、模仿说、游戏说

二、西方哲学：道原说

三、马克思主义哲学：实践说

九、教学设计反思

在教学目标与内容设计上，为了学生能够理解美的概念在哲学上的多样性和复杂性，并能够批判性地分析不同的美学理论，选择了柏拉图、亚里士多德、康德、马克思等哲学家的观点作为讨论的内容。在教学方法上，采用讲授法与案例探讨等多种启发式教学法相结合的方式，通过讲授介绍了美的概念的历史演变，然后通过小组讨论让学生探讨不同哲学家的观点，并尝试将这些观点应用到现代艺术和日常生活中，旨在促进学生的主动思考和批判性分析能力。在具体教学中也发现学生对"美"的追寻和探讨具有浓厚的兴趣，尤其是能结合现实生活、结合身边的案例，比如还会提及和讨论当下的现代艺术和流行文化。但同时，有部分学生在较为抽象的哲学思维层次对美的理解时稍微有点吃力，在理论思考的广度和深度上还有待提升，在未来的课程中还可利用更丰富的教学资源深化理论的讲解和应用，帮助学生培养哲学思维能力。

　　总体来说，本节内容的教学设计在激发学生兴趣和促进批判性思维方面取得了一定的成效，但还有以下几个方面需要进行提升和改进：一是互动性的探究虽具备，但还需更深层次的互动，比如角色扮演、课堂辩论等等，以提高学生的参与度和理解力。二是如何真正开展个性化的教学，满足不同层次学生的学习需求。有部分学生对哲学问题的思考能力和哲学思维能力随着课程的推进得到较好的提升，但也存在部分学生还未完全真正掌握的情况，如何通过分层教学解决、如何在有限的课时内面面俱到，是一个比较大的问题。在之后的教学中还需要根据学生的学习进度和兴趣，提供个性化的学习资源和指导，更好地满足不同学生的需求。三是怎样进行跨学科的整合。在新文科的背景之下，对于拔尖创新人才的培养，必须要实现学科的交叉融合。要努力尝试将美学理论与艺术、文学等其他学科相结合，让学生能从多学科、多角度理解美的概念和美的本质，深入理解美学的复杂性和魅力。

14　美与真善

章节名称：第八章 美学与审美境界　第三节 美与真善

计划学时：45 分钟

一、教学内容分析

【主要内容】

1. 美与真、善的关系

2. 科学与艺术中的美与真、善

3. 大众文化美学的相关思考

【地位作用】

美学是研究"美"的学问，以"求美"为目的。美学不仅给我们提供基本的关于美的现象，它还帮助每一个人培养正确的审美观念和能力。美与真、善的关系是美学中一个重要的议题，理解了美与真、善的关系，就深刻地理解了人类实践活动及人本身，也就更加深入地理解了哲学的思维指向。本节内容极为重要，与其他哲学问题关联度高，思辨性强，在整体的学习中起着承上启下、深化认识的重要作用。

二、学情分析

已有知识分析。通过课后作业和课前预习了解，学生们具备对美的本质的基本认识以及关于审美、美学境界等问题的哲学思考。但同时发现，学生对于美的认识和理解还停留于表象性的认识，还不深入，对于美与真、善的认知处于常识性层面，未从本质上、哲学视角进行剖析。

认知能力分析。学生对"美"有一般的了解；但从理论上对"美"的问题及审美问题尚未开展系统全面的学习，对"美"的理解还未建立起深入完善的思维体系，还需要不断深化认知。例如对于美的客观本质、主观心理结构等理论存在困惑；对于崇高美、悲剧美等理论范畴的了解尚不深入。

学习需要分析。（1）日常生活中，学生常听说真、善、美的统一，那么美和真、善到底是什么关系，学生想要知道哲学中是如何思考这个问题的？（2）学生想要了解美学的价值和意义是什么，审美的目的是为何，通过理论联系实际进而开展哲学思考，提升审美能力。

三、教学目标

【**知识目标**】

1. 学生能够从哲学思维层次理解美与真、善的关系；
2. 学生能够深入了解审美的多种理论并进行反思与批判。

【**能力目标**】

1. 学生能够基于思维的客观性，开展对美学理论的分析探究；
2. 学生能够树立科学的美学观，对美学问题进行批判反思；
3. 学生能够将审美问题与时代发展的问题密切结合，予以挖掘与深化。

【**情感态度与价值观**】

1. 科学主义作为时代发展中以及现今的认识潮流中影响较大的一股思潮，同学们需要辩证看待，开展哲学反思和审视，形成批判性思维，在美学问题的思考中，树立科学合理的美学观。

2. "美"的问题同样是一个"好不好"的问题，是一个涉及价值判断的"善"的问题。我们应该在对知识和理论的追求中不断开展反思，通过马克思主义理论的指导，建立以良善价值为导向的美学观。

3. 以理论联系实际的方式回应理论关切，启发同学们关注现实生活，联系现实进行哲学思考，增强学生对于"美"的理解，培养学生激活已有知识并运用新知识分析问题的能力，引导学生认同建设和谐社会、人类命运共同体等体现真、善、美统一的党和国家的政策。

四、教学重点、难点、创新点及解决措施

【教学重点及解决措施】

1. 美与真、善的关系探究；

2. 科学主义对于美与真的观点辨析；

3. 大众文化美学中的有关问题的思考。

主要通过案例讲授、启发式提问、小组活动和讨论等措施帮助同学们开展探究性活动，在苏格拉底式的"反诘法"中推动学生进行哲学思维体操训练。

【教学难点及解决措施】

1. 美与真、善的关系的哲学探究和辨析；

2. 科学主义理论中美与真的关系的观点辨析及理论局限。

"讲、学、练"相结合：采用提问、讲解、反思和练习的方式，使学生掌握真、善、美有关哲学观点的逻辑起点、理论根据、基本内容及对其的反思批判。

【教学创新点及解决措施】

本堂课的创新点包括：通过基础理论的学习带动对现实问题的探讨，重组教学内容，对日常生活中习以为常未经审视的关于美与真、善关系的有关认识开展哲学反思，对时代发展中的问题进行哲学审视。

以生动形象的案例探究激发学生兴趣，在"剥洋葱式"的逐步深化的思维体操训练之下，学生能知其然并知其所以然，掌握哲学的思维体系，构建批判性思维。

五、教学策略

【教学模式及方法】

1. 启发式教学法：以《只此青绿》导入，启发学生从日常生活深化到哲学思考。

2. 讨论教学法：通过案例分析、小组讨论，开展探究性学习，查找理论漏洞。

3. 理论讲授法：辨析美与真、善的关系，引导学生掌握和反思哲学史上代表性的审美理论的基本要义，树立马克思主义美学观。

【教学内容重组与加工】

按照理论到现实、表层到深层的逻辑，从日常生活案例和身边美学入手，讲授

哲学史上的哲学家们对美与真、善的解读，还有当代哲学对美、真、善的新视角和讨论，逐步深化到对于美学理论的追寻与探讨，让同学们分析如何理解真、善、美的统一。

【教学资源与技术手段】

通过课前、课中和课后进行教学资源与技术手段的全线贯通，建设"网上课堂"实现资源共享；课中通过学习通随堂练习、实时掌握学生答题情况、参与互动情况；课后通过问题设置与思考、经典文献与研究前沿的推荐阅读进行课后延伸和深化，进行研究性拓展性思考。

【教学信息收集与处理】

通过案例分析，带领学生分析探讨具体的艺术作品，引导学生探讨美与真、善的关系；通过小组讨论，让学生在小组内讨论不同哲学家的观点，促进深入理解，从不同角度审视美与真、善，在课堂讨论中收集学生对于该学习内容的掌握程度，真正做到查漏补缺。最后，设置相关的思考题，鼓励学生对日常生活中习以为常的认识进行反思，引导学生拓宽自己的知识深度与广度，提升哲学思维和运用哲学方法分析解答现实问题的能力，培养研究性学习习惯来增强思辨意识。

【教学参与的切入】

本节内容通过引人入胜的案例导入，进一步激发学生理解美、真、善的概念及其相互关系，分析不同哲学家对美、真、善的不同观点，通过设置各类与现实生活密切相关的问题启发学生进一步深化问题，让学生多维度、多视角进行审视与反思，培养学生批判性思维，并且鼓励学生探索并形成个人对美、真、善的理解。在进行哲学思辨时，充分利用"反诘法"进行追问，让学生们有足够的机会表达自己的观点。

▽ 六、课前探究

本堂课作为哲学导论课中"美学与审美境界"中的重要一节，课前探究使学生对何以求得真理这一问题产生兴趣非常重要，教师设计的课前探究包括：

1. 学生依据现有的知识体系探究到底什么是"美"；

2. 学生尝试对日常生活中所说的"真、善、美的统一"开展哲学思考。

⊞ 七、教学过程

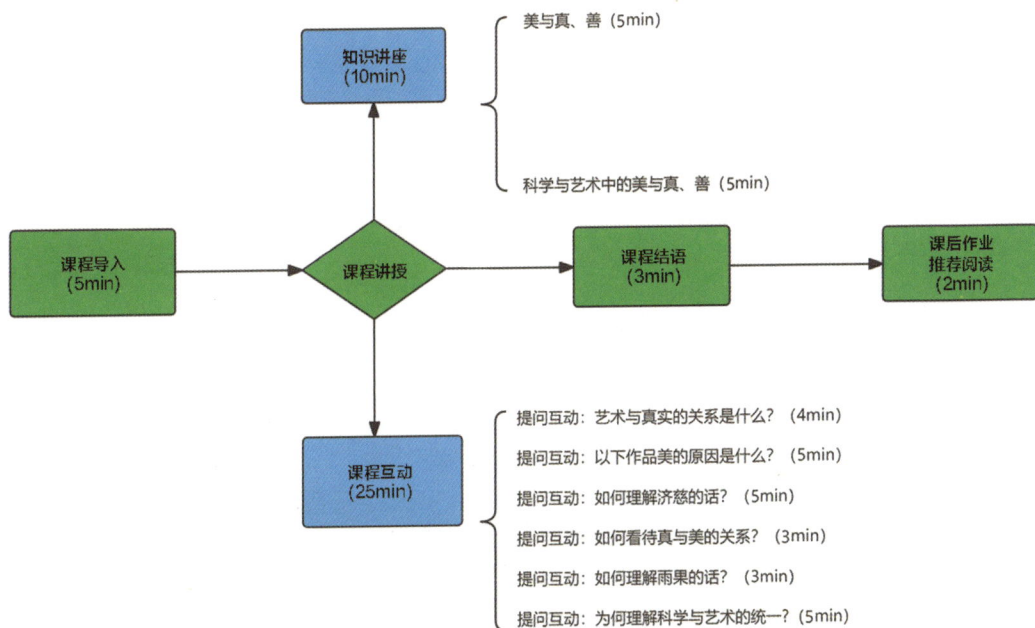

环节一：课程导入

教学活动	设计意图
艺术与审美体验是人生中极为美妙且富有价值的一部分，它们涉及对艺术作品和美的感知与欣赏。我们常常会将个人的生活比作是一部小说或者戏剧，将自己的经历或处境当作电影中的一个场景。历史上，包括柏拉图和孔子在内的思想家们，都曾将美视为人类追求的至善。在日常生活中，我们也常习惯于用美学的视角或者术语来描述自然界的壮丽景象，比如赞叹风景如画般的优美，赞叹有机分子的精妙、晶体的对称之美、夜空中星体的璀璨之美等等，我们还会将某些科学理论形容为"美"，比如"数学之美"。另外，我们同样还会以"崇高"或"美好"评价某些行为或者品质，也会称赞某些出色的工作或者处理巧妙的方法为"艺术性"。 【视频播放：火爆春晚的舞蹈《只此青绿》】 	1. 通过火爆春晚的舞蹈《只此青绿》，引导学生思考蕴含在日常生活中的美学问题。 　　2. 通过启发式提问和讨论，让学生去思考"美"与"真"的问题。

教学活动	设计意图
【探究一：提问互动】当我们观赏绘画以及表现虚构场景或者观看电影时，我们主要关注的并不是它们的"真实性"。还有音乐，它似乎完全不是要"再现"什么。艺术与真实的关系是什么？ 【教师解读】我们的小说和故事是美的，但是我们发现也许并不都是真实的。美是否总是与真和善相一致呢？有些哲学家和诗人（如约翰·济慈）坚持认为，美本身就是一种真理，甚至是终极真理。然而，如果坚持艺术有它"自身的真理"，这似乎只会加深人们对艺术的怀疑，即艺术并不总是与我们关于何为真、何为假的日常观念相一致。 　　人们为什么要创造艺术、音乐和故事？我们为什么会欣赏它们，甚至会经常为之感动？是什么使得一件作品成为艺术品？美与真是否是相配的？本节一起深入探讨。	

环节二：讲授"美与真、善的关系"

教学活动	设计意图
在西方文化和亚洲文化中，关于艺术的一个持久的信念是：艺术揭示了世界的某种深层实在，甚至是科学和哲学所无法阐明的实在。但不同的文化对于实在的本性肯定有着迥然不同的理解，所以它们的艺术也可能千差万别。 【探究二：提问互动】请大家欣赏以下作品，请问你认为以下作品美是因为什么？ 梵高《星空》 【教师解读】当我们站在梵高的《星空》面前，不难发现他运用了夸张的笔触，将夜空中的星体和云彩表现得栩栩如生，充满了动态和变化。画面仿佛被一股汹涌澎湃、动荡不安的蓝绿色漩涡所笼罩，星云的旋转、不安和卷曲赋予了夜空一种非凡的活力，这种超现实的表现手法揭示了梵高内心深处的动荡和狂野的幻象。 　　在古希腊时期就开始的艺术传统中，艺术的主要追求是捕捉和展现美。	1.讲授美与真、善之间的关系，对有关哲学思想开展反思和审视。

续表

教学活动	设计意图
其一，这种美可能体现在艺术作品所描绘的主题上，比如那些体态强健、肌肉线条分明的青年，如米开朗基罗的雕塑《大卫》；或是那些身姿优雅、曲线柔和的女性，如波提切利的画作《维纳斯的诞生》。其二，美也可能体现在艺术的表现手法上，例如那些描绘耶稣受难的画作，虽然主题上可能不被认为是"美丽的画面"，但由于其蕴含深刻的宗教内涵、精湛的艺术技巧，这些作品依然被认为是美的。在艺术史的长河中，对一件艺术品的最高赞誉往往是"它很美"。然而，随着19世纪现实主义艺术的兴起和审美观念的演变，美学也逐渐多元化，伟大的艺术作品甚至可以是丑陋的，这种丑陋不仅体现在题材的选择上，也体现在艺术的表现手法上。随着时间的推移，美学的范畴已经远远超出了对美的欣赏，现代美学家们探讨了艺术中的丑、荒诞、悲剧等元素，这些元素同样能够触动人心，引发深刻的思考。 【探究三：提问互动】济慈认为：美即真，真即美，这就是你在世上所知道和所需知道的一切。请问你怎么理解这句话？ 【教师解读】在梵高的《星空》中，我们可以感受到画作不仅展现了他对星空的观察，更是他情感状态的直接反映，我们可以深刻地感受到艺术与情感的联系：这种情感的直接表达在现代艺术中变得尤为重要，它挑战了传统美学中对美的定义，将个人情感和主观体验纳入艺术创作的考量。 在哲学的历史演进当中，有众多思想家将美与真画上等号。例如柏拉图是将美等同于终极实在的代表人物。他建立了"两个世界"之说，认为一个是真实的、永恒的"理念世界"，一个是会消亡、流变、转瞬即逝的不真实的"现象世界"，他将实在性建立在永恒不变的"理念"基础之上，认为这些理念是创造万物的一个完美原型，现象世界是对理念世界的模仿。因此，美作为一种理念，并不直接显现，而是通过各种美的事物间接地表现出来。所以，美本身并不是美的事物的真实状态，而是一种超越的理念，它存在于每一种美的事物之中，赋予它们美的感觉。柏拉图认为，当一个人被"美"的事物吸引，实际上是被体现在该事物身上的美的"理念"所吸引。这种美不是个体的属性，而是"美"本身在个体中的体现。因此，无论是一个美人、一幅画作还是一首乐曲，它们所体现的都是美的"理念"。"美"因此成为客观存在的，是事物客观真实性的体现。对柏拉图而言，"美即真，真即美"这一观点是不容置疑的。 柏拉图的理念说也对后世的艺术审查制度产生了深远影响。艺术品不能仅因其受欢迎而被接受，因为它们可能仅仅激发人的欲望或引发无价值的幻想（这与柏拉图对理想国的构想有所区别）。现代社会对影视作品的审查要求，实际上是对柏拉图主张的延续，即艺术的价值不应仅基于其自身，而应基于其引发的真理和美德来评价。	2. 通过经典的美学作品来进行分析探究，帮助学生更好地去理解该部分的内容。

教学活动	设计意图
【探究四：提问互动】文学作品经常会提道：本故事纯属虚构。柯南·道尔精心刻画了侦探夏洛克·福尔摩斯，但我们知道这个人物是他虚构的，请问你如何看待真与美的关系？ 《神探福尔摩斯》 【教师解读】大家可能发现：真和美毕竟有所不同。 　　在探讨真实与艺术的界限时，虚构文学作品提供了一个绝佳的案例。这引发了一系列引人深思的问题。比如说，我们知道在柯南·道尔笔下的福尔摩斯故事中，福尔摩斯最好的朋友是华生医生，他居住在贝克街的公寓，经常叼着烟斗，这些细节在故事世界中是成立的，我们从来没有怀疑其非真实性或不科学性。然而，本故事纯属虚构，在现实世界中福尔摩斯和华生并不存在，贝克街上也没有他们的公寓。因此，当被问及"华生医生真的是福尔摩斯最好的朋友吗？"，回答可能会变得复杂。你可能会说，在虚构的故事世界里，情况确实如此；或者你也可以说，福尔摩斯没有最好的朋友，因为他本身并不存在。 　　事实上，艺术呈现给我们的是理想化的形象，而非现实。例如，一尊雕像之所以美，部分原因在于大理石的纯净和光泽，或者是其表达的情感与意境，或者是引人思考的意味深长的表达，而与是否是真人的复制并无关系。在东西方艺术中，许多感人的画作描绘的是神话场景，这些场景在现实中并不存在，只是出于一种想象所构建的意义世界。 　　艺术与精确复制无关，它关注的是表达。艺术的"真实"不在于精确复制，而在于其中所蕴含的情感力量的"真实"，这才是至关重要的，才是最具有感染力的。在中世纪艺术中，耶稣受难的描绘并不追求精确再现十字架上的基督。他的面部和身体都经过了夸张处理，显得扁平，缺乏立体感。事实上，艺术家们早已掌握了准确描绘人脸和身体的技巧。因此，这种以非自然和非写实的方式描绘基督及其生活和死亡的场景，显然是中世纪艺术家的有意为之，而非他们能力不足。	

环节三：科学与艺术中的真与美

教学活动	设计意图
传统哲学向自己提出的问题是，什么是绝对之真？什么是至上之善？什么是最高之美？这种探讨方式往往将真善美与假恶丑划分为对立的两端，将真善美及其统一视为超越历史的存在，从而被认为是非现实的存在。然而，真善美及其统一实际上具有历史性的特征和时代性的内容。在马克思主义出现之前，哲学常常脱离人的实践活动和历史进程，以超历史的方式提出和解答真善美及其统一的问题。 　　历史上，众多哲学家深入探讨了真善美之间的联系。法国当代美学家米盖尔·杜夫海纳在其著作《美学与哲学》中提出，康德将美看作善的象征。"美不告诉我们善是什么，因为，作为绝对的善只能被实现、不能被设想。但是，美可以向我们暗示。而且美特别指出：我们能够实现善，因为审美愉快所固有的无利害性就是我们道德使命的标志，审美情感表示和准备了道德情感。""在黑格尔的思想中不再有美的理念，他认为，美就是理念自身，是具体化了的理念"，是"在感性形式下的真理本身"。这样，"哲学不得不辛辛苦苦才能获得的这个真理，在审美经验中却几乎是直接地被提供了出来，理念在其中是以感性形式呈现出来的"。 　　科学与艺术作为真理和美的集中展现，人们常通过分析科学与艺术的联系来探讨真与美的关系。 　　【探究五：提问互动】著名的文学家雨果有一句名言：科学——这是我们，艺术——是我。你怎么理解这句话？ 　　【教师解答】大家可能常有同感，科学强调客观，但是艺术凸显个性和主观。科学所要表述的是不以某个人的意志为转移的客观真理，科学表述的客观真理需要取得人们（首先是"科学共同体"）的共识，因而是"我们"；艺术所要表达的是个体感受到的强烈的审美体验，艺术表达的审美体验需要具有鲜明的个性，因而是"我"。实际上，科学作为集体的"我们"和艺术作为个体的"我"并不是相互排斥的。在现代哲学的科学主义思潮中，曾将科学与其他文化形式明确区分开来。 　　美国当代科学哲学家伽汀曾主张，科学与非科学的界限应以"一致性""客观性""可证伪性"和"预见性"四个维度来界定。基于此，他认为在"人文学科"中缺乏使"一致性"和"发展"成为可能的普遍原则；用	1. 讲授科学与艺术中的真与美。 　　2. 通过观点辨析启发探究，让学生们在思考过程中把握科学与艺术的辩证关系，并通过思考和讨论对有关观点进行哲学反思和批判。

教学活动	设计意图
"意义"和"价值"来描述人类行为缺乏一定的客观性；人文科学理论的不足并非因为被证伪，而是因为缺乏自我观察的特定方式；人文科学的方法论是回顾性的，缺乏前瞻性或预见性。因此，他将"科学"与"艺术"完全对立，并把"人文科学"排除在"科学"范畴之外。正是由于科学主义思潮排斥了"意义"和"价值"，它将"真"与"善"和"美"彻底分离，从而使科学变成了与人类活动无关的抽象概念。 【探究六：提问互动】 　　如图所示，这是杰拉姆制作的"音速雕像"，科学作家乔伊－汉森说："无形的音波以 3D 雕像形式形象地呈现出来，给人一种全新的体验！"我们在日常中常常说"科学与艺术的完美统一"，在哲学上如何理解？ 【教师解答】作为人类活动的科学和艺术，都是"我"与"我们"的对立统一。实际上，在科学活动中，用一个形象的比喻来说则是："我们"是"画内音"，而"我"则是"画外音"，科学理论以集体的名义发声，科学家个人则追求符合"一致性""客观性""可证伪性"和"预见性"的集体共识；而在艺术创作中，情况则相反，艺术作品以个体的声音表达，而人类情感、时代精神和历史变化则融入了艺术家的个人表达之中。 　　如果借用"科学是我们"而"艺术是我"的说法，那么"哲学"则展现了"我"与"我们"的融合，即：真正的哲学探索人类普遍问题时，实际上采用的是时代特征的内容、民族特色的形式，并且融入了个人风格。在哲学中实现的"我"与"我们"的融合，体现了"实然"与"应然"的结合，也就是"真善美"的某种辩证统一。追求真善美统一的哲学既不能缺少"我"，也不能缺少"我们"，它需要哲学家强烈的个人意识来代表不同时代的人类集体意识。 　　科学、艺术、伦理和哲学都是人类理解和把握世界的基本途径；它们以各自的方式构建了一个"属人的世界"——一个真善美统一的世界。正如苏联学者苏霍金所言，"一切科学和艺术的使命都是要尽力了解整个世界的和谐，透过事物和感受的五光十色的外壳发现它们之间的简单关系，透过漫无头绪的各种事件去寻找其中的规律"。通过对这些问题的了解与分析，我们也就能更加理解和掌握建设和谐社会、人类命运共同体之中所蕴含的真、善、美的统一。	【课程思政】 　　科学主义作为时代发展中影响较大的一股思潮，在现今的认识潮流中影响较大，同学们需要辩证看待，开展哲学反思和审视，形成批判性思维，在对于美学问题的思考中，树立科学合理的美学观。 【课程思政】 　　"美"的问题同样是一个"好不好"的问题，是一个涉及价值判断的"善"的问题。我们应该在对知识和理论的追求中不断开展反思，通过马克思主义理论的指导，建立科学合理的美学观。建设和谐社会、人类命运共同体体现了这种真善美的统一。

续表

教学活动	设计意图

环节四：课堂讲授"大众文化美学"的有关思考

教学活动	设计意图
人们往往认为，美学是对高质量的优美艺术的关切：古典音乐、歌剧、传统戏剧、博物馆收藏的油画和雕塑、芭蕾和古典舞等。但艺术其实在生活中无处不在，所以美学也无处不在。 　　【探究七：案例讨论】李子柒作为一个短视频创作者火到了国外，甚至很多人评论其传播了中华文化。是什么使得李子柒的视频如此有艺术价值，对我们如此有意义？ 　　【教师解答】有人会认为因为李子柒的视频承载了向往的生活与诗意的远方；有些人会觉得让人身处于美好的田园意境，身心放松；还有的人认为传统文化的传承有非常重要的价值意义。 　　观看了无数的影片后，你是否会经常思考，是什么因素让一部电影变得杰出或出色？在歌曲中，又是哪些元素触动了我们的心灵？是节奏、歌词、旋律还是整体风格？这些元素是否给你带来了愉悦或忧郁的情感？这些问题都属于大众文化美学的范畴。我们可以从以下几个视角来探讨： 　　首先是环境美学，它不仅关乎我们生活的空间和生活方式的选择，还涉及我们如何挑选电影、电视节目和音乐。我们在很大程度上是被动接受环境美学的，广告无处不在，无时无刻不在影响着我们，它们渗透到我们生活的每一个角落。在电影《少数派报告》中，一个根据主角个人喜好定制的广告牌通过扫描其视网膜，直接与他对话。尤其在当今世界，特别是这个信息化高度发达的大数据时代，针对性的广告和数据充斥着我们的生活，我们每天都在商业信息的洪流中度过。想想我们每天所见的日用品、服装、广告牌、包装	1.通过贴近时代发展和生活的例子启发并开展有关大众文化美学的思考。

教学活动	设计意图
袋上的品牌标识，以及广播和电视中的广告，这些都对你的日常生活和你对自我及世界的认知产生了怎样的影响？这也是美学研究的一部分。 "江小白"广告文案 电影同样蕴含着很多的哲学主题或者哲学含义。《黑客帝国》常被认为是一部专门探讨什么是实在的影片。和艺术一样，这里的美学问题是：电影是怎样影响我们的情感的，为什么电影会具有感染力？ 《黑客帝国》 在音乐方面，我们都有自己喜欢的风格和类型，但你是否思考过，为什么很多歌曲它会那么流行、那么受欢迎，甚至会风靡全球得到大家的一致认可，我们会那么喜欢它。比如在描述电影时，我们可以对人物、情节、事件、故事梗概等作出非常具体详细的说明；但在描述一段音乐时，我们似乎很难抓住任何实际的东西，大家可以尝试着就一段特别能打动你的音乐写一篇乐评。比如说大家很熟知并且可能都会哼唱的民谣《成都》。为什么它能打动你？它的哪些方面打动了你？这种影响在多大程度上是由于歌词？在多大程度上是由于配器、旋律、和声、节奏或人声？ 民谣《成都》	【课程思政】 　理论联系实际的方式回应理论关切，启发同学们关注现实生活，联系现实进行哲学思考，增强学生对于"美"的理解，激活已有知识并运用新知识分析问题的能力。 　2. 提升学生关于现实生活思考的能力和素质，培养日常生活中的思辨思维、批判性思维和创新思维。

续表

教学活动	设计意图
日常美学中一个更为困难的主题是幽默这一概念。我们可能会评价身边的一个朋友幽默，或者看过的某些戏剧电影很有梗、很幽默，那么到底什么是幽默，美学中所探讨的幽默是什么呢？幽默作为一种美学现象，涉及人类情感、认知和社会互动等多个方面。例如弗洛伊德认为幽默是一种心理释放机制，通过幽默，人们可以将被压抑的冲动和欲望以一种社会可接受的方式表达出来，从而减轻内心的紧张和焦虑。康德和叔本华认为幽默产生于对不协调或意外的认知反应。当人们遇到意料之外的情境或语言时，会产生一种愉快的惊奇感，这种惊奇感就是幽默。幽默在社会交往中扮演着重要角色，具有社会功能，它能够促进群体凝聚力，增强人际关系，并且作为一种社交信号，显示个体的智慧和社交能力。幽默也可以作为一种社会缓解机制，帮助人们处理紧张和冲突。通过幽默，人们能够以一种轻松的方式讨论敏感或困难的话题。同时，不容忽略的是，不同文化背景下，人们对幽默的感知和反应可能截然不同，这与文化价值观、习俗和语言习惯有关。幽默还具有道德维度，因为它可能会伤害或冒犯某些群体，因此幽默的使用需要考虑到其潜在的道德后果。在日常生活中也会感受到，对于幽默的理解涉及复杂的认知过程，包括语言理解、情境分析、预期违反和快速的思维转换。可以说，幽默的美学研究是一个跨学科的领域，它结合了心理学、社会学、文化研究和哲学等多个学科的理论和观点。通过研究幽默，我们可以更深入地理解人类的情感、认知和社会行为。	

环节五：课程总结

教学活动	设计意图
总的来说，美是"合规律性"（"是"或"真"）与"合目的性"（"应当"或"善"）的统一，这意味着真善美三者是统一的。 　　真善美统一的基础确实是人类自身的存在方式——实践活动及其历史发展。人类为了使世界满足自身的需求，将世界转化为理想的现实，必须从自然世界中探索"真"（理解世界为何如此存在），寻求"善"（思考世界应该如何存在），并实现"美"（实现"是"与"应当"的和谐统一），即把世界转变为一个对人类而言真善美相统一的世界。正是在人类的实践活动和历史发展过程中，人类不断地获得对世界真理性的认识，不断地实现对世界的目的性要求，并不断地达到"真"与"善"相统一的"美"的境界。真善美的统一是一个永无止境的发展过程，它随着人类实践的深入和历史的演进而不断丰富和完善。 　　因此，通过本节的学习和了解，我们知道，在"美"这个概念的多重含义中，"美"的概念是与存在论、认识论和价值论相统一的观念。审美境界的提升与价值观密不可分，与文化环境密不可分。我们应该提升文化自信，坚持中国气派、中国风度的美学。	1. 帮助学生梳理本节的核心内容。 　　2. 帮助学生确定本节的学习重点和知识。

环节六：课后作业、预习任务、推荐阅读

教学活动	设计意图
【课后思考】 　　1. 我们在何种意义上相信虚构的对象？说一件艺术品（一部小说）是"完全虚构的"，也就是说，里面没有一样东西是真实的，这样说得通吗？ 　　2. 你是否相信艺术和审美活动能够使一个人变得更好？为什么呢？ 　　3. 请你对你所住的寝室做出美学评价。它有何优点或缺点？它能表现你和你的感情吗？能表现你对学校的态度吗？能表现生活吗？ 【推荐阅读】	1. 帮助学生通过具体问题反思教学内容，真正学以致用，掌握知识点。
	2. 帮助学生继续思考本节内容，扩展课后的研究兴趣。

八、板书设计

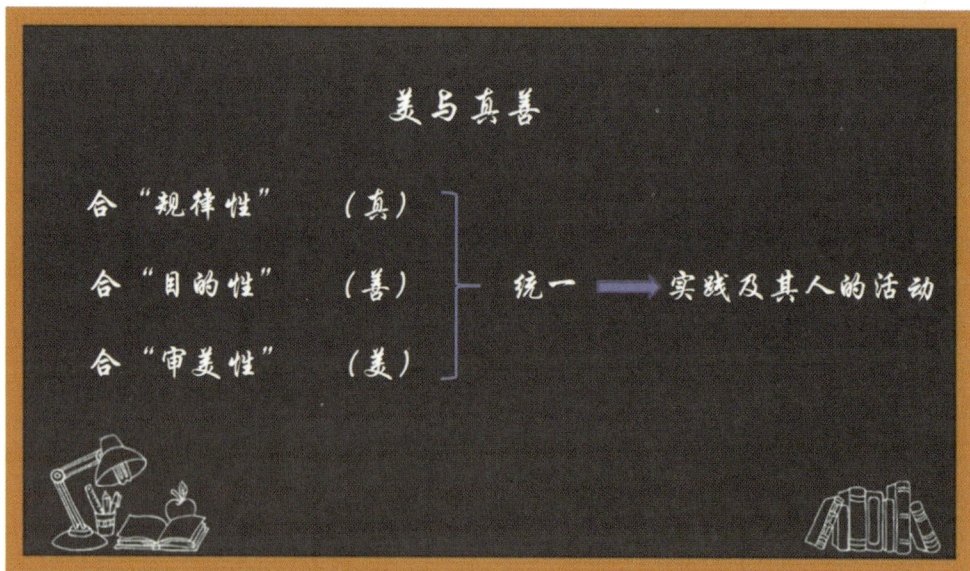

⑦ 九、教学设计反思

　　本节教学目标的设定明确且具有可操作性，让学生理解美、真、善的概念及其相互关系，分析不同哲学家对美、真、善的不同观点，培养学生批判性思维，并且鼓励学生探索形成个人对美、真、善的理解。在教学内容的选择上较为全面且深入，从日常生活案例和身边美学入手，讲授了柏拉图、亚里士多德等古典哲学家对美、真、善的论述，以及近现代哲学家康德、黑格尔等对美与真、善的解读，另外，还有当代哲学对美、真、善的新视角和讨论。

　　在教学方法上，通过案例分析，带领学生分析探讨具体的艺术作品，引导学生探讨美与真、善的关系；通过小组讨论，让学生在小组内讨论不同哲学家的观点，促进深入理解，从不同角度审视美与真、善，较为有效地促进学生的学习。总体来说，本节内容容易激发学生的兴趣、能与现实生活贴合紧密，同时又能让日常生活中的固化认知得到反思和启发，学生们有足够的机会表达自己的观点，具有较高的参与度。

　　但还有以下几个方面需要进一步改进：一是关于教学效果的评估。现有的评估方式包括课堂上的参与与讨论情况，以及通过课后思考的作业布置来进行拓展性延伸和深化的过程性考核，但该效果如何真正量化并可操作，还需进一步思考。另外，还需收集学生的反馈，了解他们对教学内容和方法等方面的看法，使得教师对教学效果有更客观的认识和进一步的改进，促进师生互评。二是关于教学资源的使用还可以更加丰富。除了基本文献、在线课程资源，还可挖掘更多鲜活生动可感知的资源，比如说中华优秀传统文化中的各类艺术、比如博物馆中的有代表性的文物等，用以更加丰富教学内容、激发学生兴趣，让学生在真正体验中感知"美"，增进对中华文化之美的感受，体会美与真、善的关系。

15　人的存在与意义

章节名称：第九章 关于人的哲学　第二节 人的存在与意义

计划学时：45 分钟

一、教学内容分析

【主要内容】

1. 人是怎样的存在？

2. 人存在的意义是什么？

3. 如何看待时代中的人？

【地位作用】

哲学是研究"人"的学问，哲学以人的终极关怀为价值追求。人的问题是哲学的主要问题，也反映了人类对自身存在与发展的反思，为深化了解和掌握"真"的问题、"善"的问题、"美"的问题提供了条件，蕴含了哲学中的世界观、人生观与价值观。

二、学情分析

认知水平分析。本节内容属于哲学中的主要问题，与日常认识贴近且学生较为感兴趣，部分同学对该问题尤其是生活的意义问题有初步思考，但也有部分学生没有建立超越于常识之上的哲学思维，仍需认真仔细对待。

能力状态分析。（1）学生已具备基本的哲学思维能力和思辨能力。（2）学生对哲学的基本问题已有初步了解。（3）从课前测验和调查问卷收集来看，学生关于"人"的问题已有初步思考，但仍然较为常识化，没有进入深刻的哲学反思。

学习需要分析。本节内容主要从哲学上开展对人的存在的哲学认识，从什么是现实的人到认识人本身，再将理论联系实际，对生活的意义进行哲学思考，结合时代探索时代发展中人的问题。学习本节能够帮助学生锻炼哲学思维能力，真正让哲学走进时代，真正感受到哲学的求真精神和爱智热情。

⊙ 三、教学目标

【知识目标】

1.学生能够从哲学思维层次理解"人"的多层含义；

2.学生能够深入了解马克思的"现实的人"的理论；

3.学生通过理论学习，能对现今的"生活的意义"开展哲学思考。

【能力目标】

1.学生能够开展对人学理论的分析探究；

2.学生能够树立科学的人本质观，树立正确的人生观；

3.学生能够将人的问题与时代发展的问题密切结合，予以挖掘与深化。

【情感态度与价值观】

1.树人：树立正确的人生观和价值观。通过引导学生进行人本主义的哲学思考和探索，帮助学生理解人的问题是哲学的核心问题，而"人"是哲学的永恒主题。我们应该要在不断地认识和改造世界的过程中，把握和认识人本质观，树立正确的人生观，实现人生的价值和意义。

2.担当：在时代担当中追寻人生意义。通过对人的生活意义的探究，学生能够理解：人作为一种矛盾性的存在，关于生活的意义，我们需不能陷入虚无之中，要有家国情怀，为国家、为社会作出自己的贡献，在成就自己、实现人生意义的过程中实现自己的社会价值。

3.增信：加强理论自信和文化自信。通过对人的问题进行哲学思考，学生能进一步认识人的问题已成为当代世界一个极为紧迫的问题，深刻认识党中央提出的"以人为本"理念、以人民为中心的发展思想以及"构建人类命运共同体"的理念，都是关于人的问题的现实思考和应用。

四、教学重点、难点、创新点及解决措施

【教学重点及解决措施】

1.什么是人？深化理解有关人的基本哲学理论；

2.人是一种怎样的存在？从马克思主义哲学视域讨论"现实的人"的概念；

3.人生活的意义是什么？我们该如何探讨和追寻生活的意义？

主要通过情境游戏、案例分析、小组活动和讨论等措施帮助同学们开展探究性活动，在苏格拉底式的"反诘法"中推动学生进行哲学思维体操训练。

【教学难点及解决措施】

1.如何理解唯物主义视域下的"现实的人"的概念；

2.人的存在是否真正具有意义，到底有何意义？

"讲、学、练"相结合：采用提问、讲解、反思的方式，使学生掌握"现实的人的"逻辑起点、理论根据、基本内容及对人的存在的意义哲学思考。

【教学创新点及解决措施】

本堂课的创新点包括：通过基础理论的学习带动对现实问题的探讨，重组教学内容，对日常生活中习以为常未经审视的对于"人"的有关认识开展哲学反思，对时代发展产生的新问题进行哲学审视。

以生动形象的案例和游戏活动激发学生兴趣，在"剥洋葱式"的逐步深化的思维体操训练之下，学生能知其然并知其所以然，掌握哲学的思维体系，培养批判性思维。

五、教学策略

【思维导图】

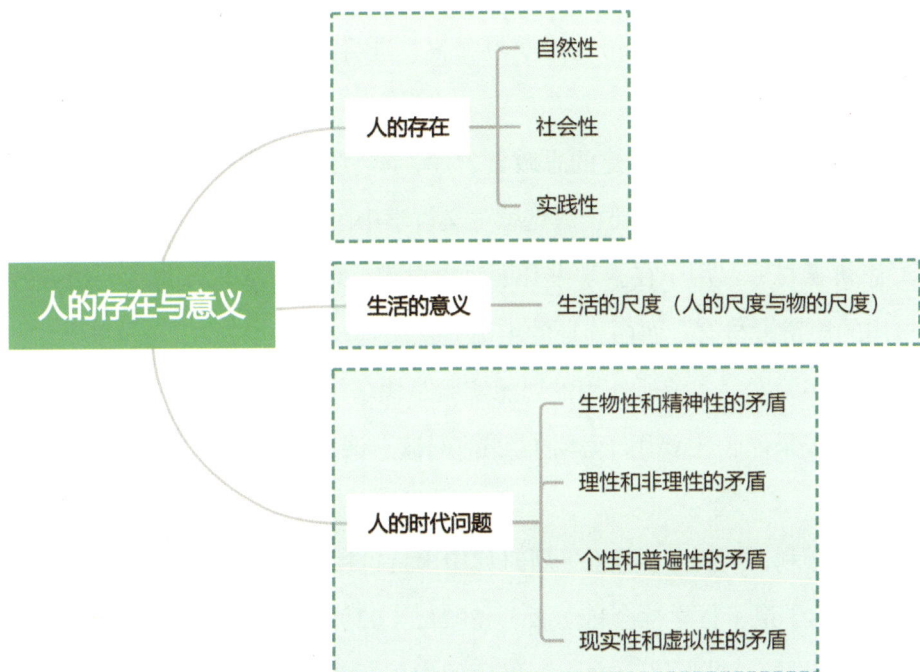

【教学模式及方法】

1.启发式教学法：以《楚门的世界》导入，启发学生对人的存在及意义的思考。通过理论联系实际的方式，启发同学们联系现实进行哲学思考，增强学生对于"人"的哲学理解，培养学生激活已有知识并运用新知识分析问题的能力。

2.案例教学法：通过案例设计和提问的方式，让学生们在思考过程中把握哲学的思维方式，归纳出对人生意义的深度思考，并通过思考和讨论对其进行哲学反思和批判，逐步掌握哲学的思维方式，体验哲学的求真精神。

3.任务驱动法。给学生布置大众哲学课前调研任务、了解大众对哲学及一般哲学问题的认识，对什么是哲学进行思考探究。通过任务驱动让学生在实践中体验和感悟思政教育的内涵。

【教学内容重组与加工】

以当下大学生对人生意义的迷茫为切入，按照理论到现实的逻辑，从哲学视角深入分析人的存在，了解人的本质，实现对生活意义的追寻与探讨，并对在当代发展中存在的与人有关的问题进行探究，深刻了解"以人为本"的价值意义。

【教学资源与技术手段】

1. 线上资源库：（1）智慧树自建在线课程《哲学导论》，https：//coursehome.zhihuishu.com/courseHome/1000105558#teachTeam，由黄大年式教师团队主讲。（2）超星学习通。在学习通上上传有关学习资料，进行课前、课中、课后测试，推荐有关线上资源阅读学习。

2. 思政素材库：师生共建的思政素材库，本节内容涉及习近平新时代中国特色社会主义哲学思想的哲学基础、马克思主义哲学中国化、时代化等专题。

3. 思辨素材库：用于在教学中开展哲学思辨，培养学生的反思性、批判性思维。本节所用的思辨素材有：西西弗斯的生活有意义吗？

4. 思想实验库：本节所使用的思想实验是快乐箱思想实验。

5. 科研成果库：主要用于学生的课前阅读、课后拓展，在本节中使用到了有关文献：

［1］冯颜利，刘庆芳. 习近平新时代中国特色社会主义思想的哲学基础研究［J］. 福建师范大学学报（哲学社会科学版），2021，（02）：1-10+170.

［2］卢尚月. "以人民为中心"思想的中国哲学基础研究［J］. 湖南社会科学，2019，（03）：45-52.

［3］张艳涛，钟文静. 以人民为中心的发展思想的哲学基础［J］. 思想教育研究，2018，（02）：8-12.

6. 习近平系列讲话数据库：推进习近平新时代中国特色社会主义思想进教材、进课堂、进头脑，如党的二十大报告中的"以人民为中心"等重点内容。

【教学信息收集与处理】

首先通过课前的大众哲学调研了解学生的认知层次和水平。然后通过教学现场思想实验、案例分析和理论讲授等活动，一起进行自由探究，开展剖析反思，在课堂讨论中收集学生对于该学习内容的掌握程度，并在课堂中进行随机检验。最后，鼓励学生研读课外书籍及深化对有关问题的思考拓宽自己的知识深度与广度，培养学生的研究性思维能力，增强思辨意识。

【教学参与的切入】

通过案例设计和思想实验等自由探究的方式，启发学生积极思考问题，让学生们在思考过程中把握哲学的思维方式，归纳出对"人"的存在及人生意义的深度思考，并通过思考和讨论对其进行哲学反思和批判。通过深入理解生活意义的缘起和内涵，进一步掌握哲学史上关于生活意义的探讨。并且理论联系现实，讲授当今社会中人的复杂性，引起学生的高度关注，真正能够学哲学，也能得以用哲学。

▽ 六、课前探究

通过线上学习平台发布学习任务，由学生就以下问题进行大众哲学的调研，形成一定的调研成果，并完成小组互评：一是你如何认识"人"，你认为人是一种怎样的存在？二是你认为生活的意义是什么？通过课前探究，学生多方面地了解"人"本身的特殊性和复杂性，接触不同的人提升对该问题的认识。

七、教学过程

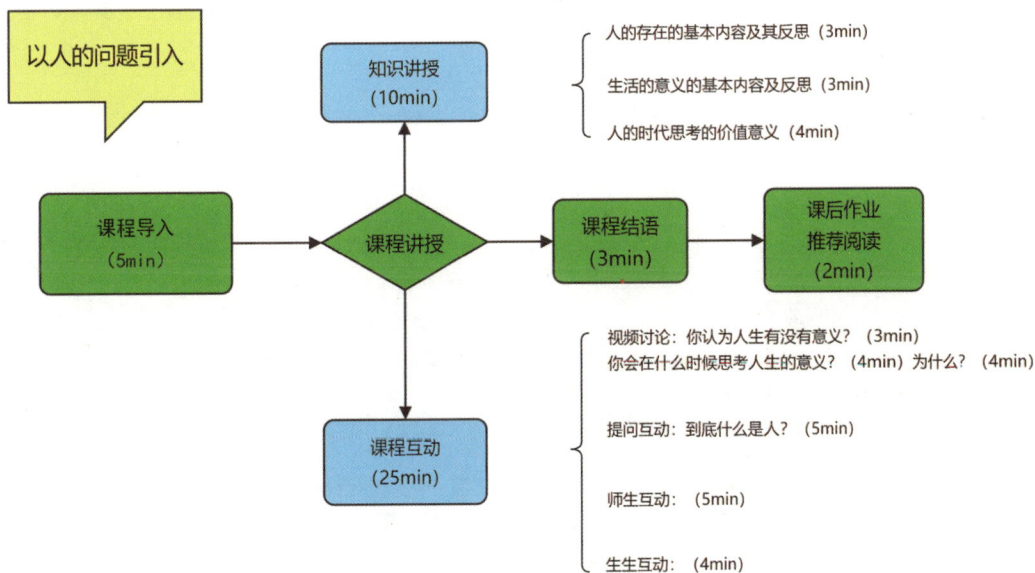

环节一：课程导入

教学活动	设计意图
了解了哲学中的"真"的问题、"善"的问题和"美"的问题，今天我们开始关注另一个古往今来哲学家们都关注的、并且与我们每个个体都息息相关的哲学问题：人的存在及其意义的问题。 【播放视频：《楚门的世界》】 《楚门的世界》让我们时常会感触人的一生像是一场真人秀，"我们一觉醒来，发现自己已经来到这个世界，但还没等我们真正习惯过来，人生的结束又迫在眼前"。在这有限的人生里，我们总是想要追寻无限的意义，也在这有限与无限的矛盾当中，我们会思考：我是谁？从哪里来，到哪里去，我认识我自己吗？ 【探究一：提问互动】你认为人生有没有意义？你会在什么时候思考人生的意义？为什么？ 【教师解读】在浩瀚的宇宙中，人类不过是"寄蜉蝣于天地，渺沧海之一粟"，微小如一粒尘埃，我们常常会思考，生活的意义是什么？ 我们常说幸福是猫吃鱼、狗吃肉、奥特曼打小怪兽，动物们似乎从来不会考虑生活的意义、存在的意义，只是周而复始、生生不息的生命延续即可，而在人类已知的世界中，人类自己是最奇特的存在。人在"我"的自我意识中，将人与世界把握为"关系"性的存在，又把世界视为"对象"性的存在，从而进行认识的和实践的"对象性"活动，并在各种各样的"对象"性活动中，把世界变成真善美相统一的现实。因此，人类在这有限性的生命中寻求一种确证的意义。本节我们就带着这个问题一起来学习哲学上对人的存在及其意义的思考。	1. 通过电影《楚门的世界》片段呈现对于平凡生活的思考，引导学生思考蕴含在日常生活中的哲学问题。 2. 通过提问和讨论，让学生从哲学上去思考什么是生活的意义。

环节二：课程讲授人的存在与"认识你自己"

教学活动	设计意图
从哲学史上来看，人的问题是哲学的核心问题，人是哲学的永恒主题。从所形成的理论内容上看，最初的哲学总是在探讨万物的始基，追根溯源地要寻求"万物的统一性"，因而认为世界的本原是"水""火""道""气""原子"或者"数"等等。	1. 讲授哲学史上哲学家们对于人的问题的探索方式。

教学活动	设计意图
那么，哲学为什么要寻求"万物的统一性"？德国哲学家恩斯特·卡西尔说："从人类意识最初萌发之时起我们就发现一种对生活的内向观察伴随着并补充着那种外向观察。人类的文化越往后发展，这种内向观察就变得越加显著。""在对宇宙的最早的神话学解释中，我们总是可以发现一个原始的人类学与一个原始的宇宙学比肩而立：世界的起源问题与人的起源问题难分难解地交织在一起。" 　　　恩斯特·卡西尔　　　　　　　《人论》 　　古希腊德尔菲神庙门楣上写着"认识你自己"，表明了早期古希腊人的自我认识。苏格拉底强调认识你自己，将哲学从天上拉回了人间，提出那句振聋发聩的"未经审视的生活不值得过"。苏格拉底总是宣称自己一无所知，从坚信自己的无知开始，进行哲学上的精神助产术。 　　普罗泰戈拉说"人是万物的尺度，人存在时万物存在，不存在时万物不存在"。在哲学史上第一次实现了要以神为中心到以人为中心的转变。哲学作为安身立命之学，冯友兰说："哲学是使人作为人能够成为人，而不是成为某种人。" 古希腊德尔菲神庙	

教学活动	设计意图
【探究二：提问互动】那么，到底什么是"人"？从你目前的认知来看，你认为如何定义"人"？ 【教师讲解】 　　古往今来，有很多哲学家从各个视角给人下过定义。柏拉图说人是长着两条腿的没有羽毛的动物，亚里士多德说人是政治的动物，富兰克林说人是能制造和使用工具的动物，法国哲学家拉美特利说人是机器，卡西尔说人是使用符号的动物，中国哲学家孟轲说："有仁、义、礼、智四端者谓之人。"荀况说："人之所以为人者，非二足而无毛也，以其有辩也。" 　　恩格斯称马克思主义哲学是"现实的人及其历史发展的科学"，马克思学说的最终价值旨归是要实现人的自由全面的解放。那么我们先来了解一下人是一种怎样的存在。 　　人，首先是直观地表现为一个一个感性实体的存在。马克思和恩格斯指出："任何人类历史的第一个前提无疑是有生命的个人的存在。因此，第一个需要确定的具体事实就是个人的肉体组织，以及受肉体组织制约的他们与自然界的关系。"从人与自然界的关系去思考人的存在和人的世界，是理解人的首要前提。正是从这个前提出发，马克思和恩格斯进一步提出，"我们首先应当确定一切人类生存的第一个前提也就是一切历史的第一个前提，这个前提，就是：人们为了能够'创造'历史，必须能够生活。但是为了生活，首先就需要衣、食、住以及其他东西。因此第一个历史活动就是生产满足这些需要的资料，即生产物质生活本身"。 马斯洛需要层次理论图	2. 通过理论联系实际的方式，启发同学们联系现实进行哲学思考，增强学生对于"人"的哲学理解，培养学生激活已有知识并运用新知识分析问题的能力。 【课程思政】 　　马克思主义学说是关于"现实的人及其历史发展的科学"，马克思学说的最终价值旨归是要实现人的自由全面的解放，通过马克思主义哲学了解人是一种怎样的存在，认识了解人的本质。

续表

教学活动	设计意图
然而，现实的人并不是与世隔绝、离群索居状态的人，而是处于一定条件下进行的现实的、可以通过经验观察到的发展过程中的人。正因如此，马克思提出，"人的本质并不是单个人所固有的抽象物。在其现实性上，它是一切社会关系的总和"，社会性是人的根本属性，"社会"是人的存在形式。 人的社会性 　　社会性的人是历史性的存在。马克思说："人的存在是有机生命所经历的前一个过程的结果。只是在这个过程的一定阶段上，人才成为人。但是一旦已经存在，作为人类历史的经常前提，也是人类历史的经常的产物和结果，而人只有作为自己本身的产物和结果才成为前提。"人作为"历史的经常前提"，总是"前一个过程的结果"，人们的历史活动并不是"随心所欲"的，人们的历史活动的结果表现为不以人们的意志为转移的历史发展规律。 　　人类的自然属性、社会属性和历史属性，揭示了人类是一种特殊的矛盾综合体。作为自然存在，人类与物质世界融为一体，物质世界是他们生存和发展的基础；作为有意识的存在，人类又创造了属于自己的世界，成为自己生存和发展的基础；作为自然与意识并存的存在，人类既遵循自然法则又追求自身目标，通过他们的历史活动实现了思维与存在、主观与客观、目的性与规律性、人的尺度与物的尺度的融合。	

环节三：课程讲授什么是"生活的意义"

教学活动	设计意图
人类自身的矛盾性，就使得人类成了最难认识的对象，尤其使得生活的意义成了最难认识的对象。可以说，生活的意义问题是哲学的最大问题。 　　【探究三：提问互动】我们常常感慨，生活不只眼前的苟且，还有诗和远方的田野，请问到底什么叫生活？	

教学活动	设计意图
	1. 讲授关于生活意义的哲学思考，理解生活的意义的缘起和内涵。

【教师解答】什么是生活？有人笑称，生活就是生下来，活下去。和生活相对应的一个范畴，大家会想到生命。对生活活动和生命活动马克思有过深刻的阐述。马克思认为："动物是和它的生命活动直接同一的。它没有自己和自己的生命活动之间的区别。它就是这种生命活动。人则是把自己的生活活动本身变成自己的意志和意识的对象。""动物只是按照它所属的那个物种的尺度和需要来进行塑造，而人则懂得按照任何物种的尺度来进行生产，并且随时随地都能用内在固有的尺度来衡量对象。"这也就告诉我们，生活中，人不仅按照物的尺度来进行活动，同时更重要的是，正如普罗泰戈拉所说，人将自己作为了万物的尺度，会有计划、有目的、有意识地去开展活动。

2. 通过案例设计和提问的方式，让学生们在思考过程中把握哲学的思维方式，归纳出对人生意义的深度思考，并通过思考和讨论对其进行哲学反思和批判。

【探究四：情境游戏】我们发明了一台机器，名叫：快乐箱。只要你进入这个箱子，就会体验到一种特别快乐的感觉，而且这里有足够多的变化让你保持新鲜感，所以你的快乐的感觉可以得到持续。只要你愿意这么做，你可以随时决定出来或不出来。过了较长的时间后，会接通生命维持系统，人们就在那里耗完他们的一生。当然可想而知，由于长期缺乏锻炼，他们的身体变得比较肥胖臃肿，但他们也从来没有为此感觉到烦心。你愿意跨进快乐箱吗？为什么？

【教师解答】有的人会不愿意，因为觉得一眼看到头的、没有目的的生活是毫无意义的，有的人表示愿意，因为其生活的目的就是为了去寻找快乐，拥有快乐的人生，这也就是生活的意义本身。我们也会发现，正因为生活活动是人的尺度与物的尺度的统一，人作为一个矛盾性的、独特的个体，每个人对于生活意义的理解都不一样。看起来问题是是否踏入快乐箱，实际上背后所蕴含的是我们对于自己生活意义的追寻。

【课程思政】
我们应该要在不断地认识和改造世界的过程中，把握和认识人本质观，树立正确的人生观，实现人生的价值和意义。

首先我们来看看，什么叫"意义"。根据语义三角理论，我们可以看到意义就是它所指向的某种超越自身的东西。我们从这个角度来理解意义，那么每个人的生活意义就是他的生活所指向的东西。

通过调查报告收集到的对生活意义的回复以及在游戏中大家的回答来看，大家对于这个问题非常有热情，并且很感兴趣。我们常说夜深人静的时候思考人生，或一般会在遭遇困境或感慨命运的时候思考生活的意义，

教学活动	设计意图
说明开始超越日常生活本身来找寻生活的意义，这也是哲学的最终问题。总体来看，我们可以从生活的指向上来看生活的意义。 　　有的人认为生活的意义在于家人，朋友，拥有一个和睦温馨的家庭，有宗教信仰的人，其生活的意义指向的是造物主，而有的同学，认为其生活的意义是奉献国家、社会和人类等，面向的是更大的共同体。比如我们所熟知的为人类解放而斗争的马克思；为解决世界问题，实现"禾下乘凉梦"的袁隆平；为了以教育拯救一代人的张桂梅老师等等。 　　接下来，我们再听一个西西弗斯的神话： 　　【探究五】西西弗斯的行为触犯了众神。诸神为了惩罚他，就要求他把一块巨大的石头推上山顶，由于石头太重了，每次石头未到山顶就又滚了下来，前功尽弃，西西弗斯又不得不来到山脚下继续推着石头上山，日复一日，年复一年，他的一生就一直在这样重复且无效的劳作着。请问，你觉得他的生活有意义吗？ 　　【教师解答】对学生的回答进行归纳总结，并把握其基本的思维逻辑和价值指向。 　　对于西西弗斯的生活，我们似乎感同身受。在宇宙星命之下，人类不过是"寄蜉蝣于天地，渺沧海之一粟"，微小如一粒尘埃。人生也不过负重前行，日复一日，年复一年，早上起床、洗漱、上班或学习，睡觉，第二天又在做着类似的事情。有同学课后跟我交流，她觉得她的大学学习是上课——准备考试——结束，再开启新的一门课程。人生中我们可能享受到成功的喜悦，但很可能也会遭遇很多痛苦。像德国著名哲学家亚瑟·叔本华所说："人生好比钟表机器似的，上好了发条就走，而不知为什么要走，每有一个人诞生了，出世了，就是一个'人生的钟'上好了发条。""痛苦是永恒的，快乐是短暂的。" 亚瑟·叔本华　　　　　上了发条的钟 　　法国哲学家加缪在《西西弗斯的神话》中说，生活在本质上是荒谬的，宇宙也永远不会满足我们对于意义的期盼。然而，这个并不是说生活就不值得过了，而是说我们必须通过反抗这种荒谬性，尽情地来创造生活，完成自我确认，找寻自己的价值和意义，使得生活值得过。加缪说有两种人：一种人不知道自己的生活就是荒诞，而生活在荒诞中；另一种知道自己的生活就是荒诞，但仍然推石头上山，哪一种更像悲剧呢？加缪认为前一种人更加悲	【课程思政】 　　要树立正确的人生观，人要成为什么样的人，要有怎样的规定性，这完全是由人自己的自由选择和行为来确定。生活的意义并非只是一个发现的问题，同时它也是一种重要的创造活动。

教学活动	设计意图
剧。因为他的荒诞甚至不属于他自己；而后一种人，西西弗斯，虽然他的命运也是荒诞，他的处境也没好到哪里去，但他因推石头而存在，他的命运属于他自己，他的石头也是他的事情。或者正如我们所说的：真正的勇士是在认清楚生活的真相之后却依然热爱它。 加缪 　　从语言学上来说，语言的意义是要在具体的语境中才能找到。同样地，生活的意义也只能在生活情境中才能找到，而不能诉诸生活以外的什么东西。存在主义代表萨特认为：人活着要做自己。"存在先于本质""人原本空无所有，人的本质不可能有某个在人之外的创造者诸如上帝来决定，人没有先天固定不变的本质，人要成为什么样的人，要有怎样的规定性，这完全是由人自己的自由选择和行为来确定。" 萨特 　　生活的意义不是那种需要或能够给出确切答案的问题。它更像是一则不可或缺的隐喻或是对生活的看法和洞察，从中可以看出自己正在扮演何种角色，有着哪些合理的期待。所以生活的意义并非只是一个发现的问题，同时它也是一种重要的创造活动。	

环节四：课程讲授人的时代思考

教学活动	设计意图
现代社会，随着科学技术和社会文化的发展，工具理性和价值理性、目的和手段等交织起来，使得人的复杂性凸显出来。不论是在互联网上还是在课后交流中，我们都发现关于人的存在、人生的意义问题是当下时代中极为关注的问题。 　　从不同的特性和规定性的角度来看，我们可以看到人的多重存在特性，例如，自然人、生物人、理性人、感性人、社会人、阶级人、工具人、中介人、符号人、理想人、经济人等等，他们展示着人的多样性和独立性。 　　可以说，人的问题已成为当代世界一个极为紧迫的问题。党中央提出"以人为本"，把人放到了科学发展观的核心和执政理念的重要位置，"人"的问题得到了前所未有的关注和提升。党的十九大报告明确提出"以人民为中心"的发展思想。关于全球治理，也提出"构建人类命运共同体"的理念，这些思想的提出，既是根据我国的国家性质和中国共产党作为执政党提出来的，同时也与当前人类所处的大环境有关。 　　在全球化的发展中，出现了生态环境问题、社会问题、人自身的问题、科学技术的发展及其对人类社会的影响等问题，都关涉到每个个体，而其中所涉及的人的有限性与无限性之间的矛盾、人的生物性与人的精神性之间的矛盾、人的理性与非理性的矛盾、人的个性与普遍性的矛盾、人的现实性与虚拟性的矛盾等等，构成了人性的悖论，也成为当代对于"人"的哲学研究亟待破解的难题。	讲授科学技术发展的现今时代人的问题的复杂性，引起学生的深度关注和哲学思考。 　　【课程思政】 　　互联网时代中，对于社会、国家和世界，人的问题都是一个重点关注的问题。党中央提出"以人为本""以人民为中心"和"构建人类命运共同体"，都显示了我们党对人的问题的高度关注。

环节五：课程总结

教学活动	设计意图
人作为一种矛盾性的存在，关于生活的意义，一段话和大家共勉，胡适在《人生有何意义》中写道："人生的意义不在于何以有生，而在于怎么生活，你若情愿把这六尺之躯葬送在做白日梦之上，那这就是你一生的意义。你若发奋起来，决心去寻求创造，那么你活一日便有一日的意义，做一世便添一世的意义，生命无穷，生命的意义便无穷了。"	1. 帮助学生梳理本节的核心内容。 　　2. 帮助学生确定本节的学习重点和知识。

环节六：课后作业、预习任务、推荐阅读

教学活动	设计意图
【课后思考】 　　1. 我们怎样将个人和集体融合起来创造生活的意义？ 　　2. 生活的意义就是生活的价值吗？	

续表

教学活动	设计意图
【推荐阅读】 	1. 帮助学生通过具体问题反思教学内容，真正学以致用。 2. 帮助学生继续思考本节内容，扩展课后的研究兴趣。

八、板书设计

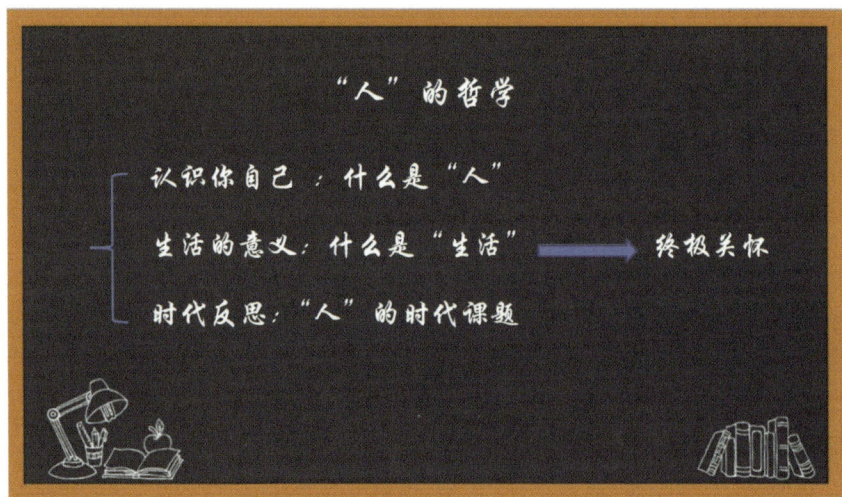

九、教学设计反思

　　人的存在与意义问题是一个大家高度关注的问题。在教学内容方面，本节围绕人的存在的哲学思考、生活的意义问题的缘起和内涵进行了深入辨析和探讨，开展了哲学史回顾，通过回顾哲学史上关于人的存在和生活意义的重要思想，如存在主义、人本主义等，帮助学生建立更全面的理论框架，并且通过理论联系实际，对科学技术发展的时代之下人的问题的复杂性进行了初步思考，引起学生对现实问题的高度关注。

在教学内容的广度和深度上进行了探索，但是教学内容的高阶性、挑战度和创新度还有待加强。比如引入跨学科视角，结合心理学、社会学、经济学等学科的研究成果，多维视角探讨人的存在和生活意义，增加内容的丰富性和深度。案例可以更新，引入最新的科技发展和社会变迁案例，如人工智能、基因编辑等，分析这些变化如何影响人的存在和生活意义。

在课程思政的落实上，本节帮助学生把握和认识人本质观，树立正确的人生观，努力实现人生的价值和意义，也通过一些典型案例进行了价值观引导，但还可以用更丰富的方式。比如组织学生参与社会实践活动，如社区服务、社会调研等，将理论知识应用于实际，增强学生的社会责任感；还可以通过文学作品、电影等艺术形式，培养学生的情感共鸣和人文关怀，增强对"以人为本"理念的认同，让课程思政更加如盐入水、润物无声。

在教学方法上，通过思想实验、案例探究可以点燃学生的学习热情，激发学生的思辨意识，培养学生的思辨精神，但还需要进一步地做更大范围的互动，让更多学生参与。例如可以组织小组辩论，让学生在互动中深化对问题的理解，提高思辨能力；通过角色扮演的方式，让学生从不同角色的视角出发，探讨人的存在和生活意义。

16　关于人类解放的哲学

> 章节名称：第九章"人"的哲学　第三节 关于人类解放的哲学
>
> 计划学时：45 分钟

一、教学内容分析

【主要内容】

1. 人类解放的理论内容

2. 人类解放中的劳动异化理论

3. 人类解放的时代思考

【地位作用】

哲学是研究"人"的学问，哲学以人的终极关怀为价值追求。人的问题是哲学的主要问题，也反映了人类对自身存在与发展的反思，为了解和掌握"真"的问题、"善"的问题、"美"的问题提供了条件。

二、学情分析

认知水平分析。（1）学生可能已经接触过一些基本的哲学概念，但对于"人的解放"这一哲学议题的深入理解可能有限。（2）学生对于"劳动异化"等概念可能只有模糊的认识，需要进一步的阐释和澄清。（3）学生可能在将抽象的哲学理论与现实问题联系起来方面存在困难，需要通过教学活动来加强这种理论联系实际的能力。

能力状态分析。（1）学生可能具备一定的批判性思维能力，但在深入分析和评价哲学观点方面的能力可能需要进一步的培养。（2）学生可能在独立进行研究和分析方面缺乏经验，需要通过案例研究、项目作业等方式来锻炼。（3）学生可能在面对复杂问题时缺乏创新思维和解决问题的能力，需要通过挑战性的任务和实践活动来培养。

学习需要分析。（1）学生需要对"人的解放"的理论内容有更深入的理解，包括其历史背景、理论发展和现代意义。（2）学生需要将理论知识应用于实际问题中，通过实践活动来加深对理论的理解和提高应用能力。（3）学生需要更多的学习资源，如相关书籍、研究论文、案例研究等，以及教师的指导和反馈，以支持他们的学习。

三、教学目标

【知识目标】

1. 学生能够从哲学思维层次理解人类解放的理论；

2. 学生能够深入了解"劳动异化理论"的内容；

3. 学生通过理论学习，能对现今的时代发展中的问题进行哲学思考。

【能力目标】

1. 学生能够基于思维的客观性，开展对人类解放理论的分析探究；

2. 学生能够对人的哲学问题进行反思、评价并且运用；

3. 学生能够将异化问题与时代发展的问题密切结合，予以挖掘与深化。

【情感态度与价值观】

1. 对马克思主义哲学中人的解放的理论要在思辨中深入把握，要在各类思潮的论争中把握其科学性、革命性，通过学习，培养和形成辩证思维、批判性思维；

2. 对现实人的境遇的关注和人的解放是马克思主义哲学的重要起点，不仅要深入了解马克思主义哲学的立场、观点和方法，也要培养人文关怀、家国情怀；

3. 全面理解和深入把握马克思异化劳动理论具有的重要现实意蕴，它是我们深刻认识当代资本主义社会发展的有力武器，并且对更好地坚持和贯彻以人民为中心的发展思想和满足人民美好生活需要具有重要指导意义。

四、教学重点、难点、创新点及解决措施

【教学重点及解决措施】

1. 理解马克思关于人类解放的核心思想，并且掌握人类解放的逻辑层次；

2. 理解劳动异化的概念，分析劳动异化在资本主义社会中的表现及其对人类解放的影响；

3. 探讨在全球化和资本技术统治的背景下，实现人类解放的现实意义和挑战，分析如何在现代社会中实现人的自由全面发展。

通过讲座和小组讨论，引导学生深入理解人类解放的理论和劳动异化理论，利用多媒体教学资源，如视频、图片等，直观展示人类解放的历史进程和劳动异化的现象。

【教学难点及解决措施】

1. 理解人类解放的深层含义：学生可能难以理解人类解放与无产阶级解放的关系，以及这一理论如何超越现代政治思想；

2. 进行劳动异化理论的现代应用：学生可能难以将劳动异化理论与现代社会的实际问题联系起来，理解其在当代的适用性；

3. 人类解放的时代思考的实践性：学生可能难以将理论应用于现实，理解如何在现代社会中推动人的自由全面发展。

通过案例分析，将抽象的理论具体化、生活化，帮助学生理解人类解放的深层含义，组织学生进行角色扮演，模拟不同社会角色在人类解放过程中的立场和行动。并且通过互动式讨论，鼓励学生提出自己的观点和解决方案，培养批判性思维和创新能力。

【教学创新点及解决措施】

进行跨学科融合，将哲学与政治学、经济学等学科相结合，从多角度探讨人类解放的理论内容。例如，分析资本主义经济体系如何影响人类的解放，以及社会主

义政治体制如何促进人的全面发展。将案例分析与现实联系，通过分析现代劳动市场的具体案例，比如人工智能对劳动的影响、智能手机对人的影响等等，让学生理解劳动异化理论在当代社会的应用。

五、教学策略

【思维导图】

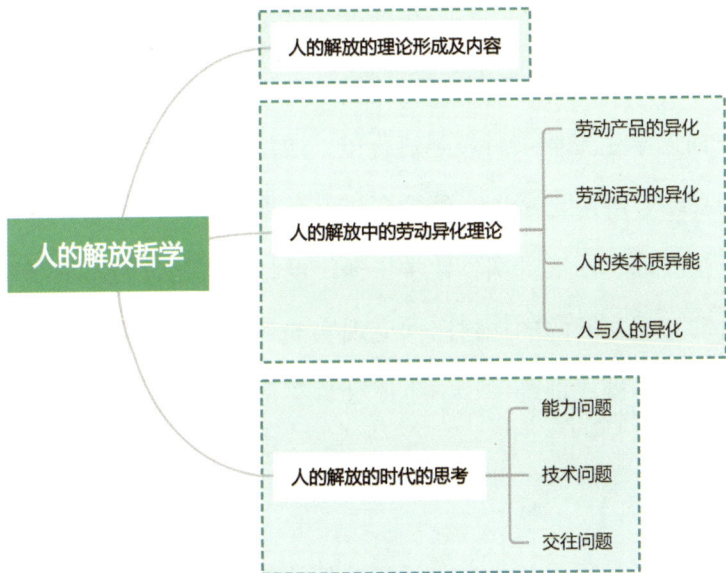

```
                    ┌─ 人的解放的理论形成及内容

                                              ┌─ 劳动产品的异化
                                              ├─ 劳动活动的异化
   人的解放哲学 ─────── 人的解放中的劳动异化理论 ─┤
                                              ├─ 人的类本质异能
                                              └─ 人与人的异化

                                              ┌─ 能力问题
                    └─ 人的解放的时代的思考 ────┤─ 技术问题
                                              └─ 交往问题
```

【教学模式及方法】

1. 启发式教学法：通过"007""996"等有关问题导入，启发学生思考审视问题。

2. 案例教学法：通过问题设定，开展小组讨论，开展探究性学习。

3. 理论讲授法：对人的解放理论、劳动异化理论基于文本进行详细考察，追溯其逻辑起点、基本内容及其批判性、超越性。

【教学内容重组与加工】

通过对马克思主义哲学中人的解放理论的深入讲解，带领学生共同深入分析，进一步通过启发思考追根溯源开展探究什么是"异化"，引导学生对异化理论的来源、逻辑起点及其超越性进行深度思考和理解，在思维体操式训练中让学生感受对"现实的人"的境遇的关注和"人"的解放是马克思主义哲学的重要起点，进而联系人工智能的时代现实进行多维度、多视角的审视与反思，掌握马克思异化劳动理论的现实意蕴。

【教学资源与技术手段】

通过学习通随堂练习、实时掌握教学进程与课后反思，建设智慧树在线课程实现资源共享与课前预习；结合多媒体教学与传统黑板板书展示多元素教学内容；创设小组讨论、师生问答的互动情境激活课堂活力，提高学生的课堂参与度；设置现实案例帮助学生开展思维体操式训练；布置经典与前沿研读任务、课后思考深化培养学生研究性学习习惯。

【教学信息收集与处理】

本堂课在面向学生主体进行教学过程中，通过身边案例激发学生深入思考和探究，通过提问互动、圆桌思辨进行理论探讨。在掌握理论内涵后，教师通过探究提问启发学生联系时代、回应现实，让学生多维度、多视角进行审视与反思，用基础理论的研究带动对现实问题的探讨，回应现实关切，感受马克思主义哲学的批判性和超越性。在思维体操式训练中让学生体会哲学是一种真正的时代精神的精华，激发学生学习兴趣。

【教学参与的切入】

在引入阶段，通过提出与学生生活经验相关的问题激发学生兴趣，并且进行背景知识激活，为新知识的学习打下基础。在探索阶段，通过主动学习与合作探究，让学生分组讨论，分析"异化"案例中的问题，鼓励学生从不同角度提出见解。在深化和应用阶段，注重批判性思维与创新能力的培养，提出一个与人类解放相关的现实问题，让学生运用所学知识，提出创新的解决方案。在拓展阶段，让学生开展研究性和拓展性学习，布置相关思考题和经典前沿阅读开展自主探索。

六、课前探究

课前在微助教中设置了有关问题，初步了解学生对马克思主义哲学及其人的解放问题的掌握程度，了解学生在哲学层面对于该问题的认知层次和兴趣度。

🌐 七、教学过程

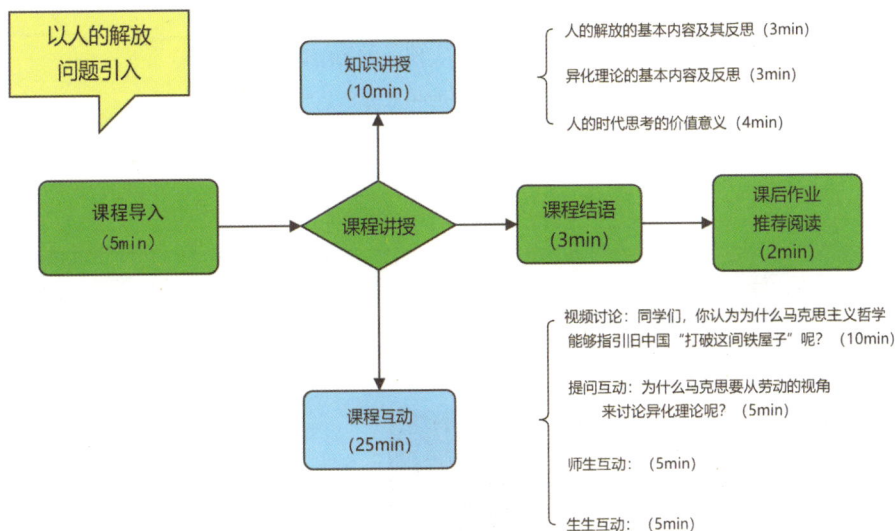

环节一：课程导入

教学活动	设计意图
上一节已经学习了人的本质等有关哲学问题，本节将进行另一个重要理论的探讨。 　　【视频播放：《播火——马克思主义理论在中国的早期传播》】 　　【探究一：提问互动】为什么马克思主义哲学能够指引旧中国"打破这间铁屋子"呢？ 　　【教师解读】很多人都知道马克思主义具有革命性，而且以实现人的解放、人的自由全面发展为目标。 　　马克思写于1845年春《关于费尔巴哈的提纲》，被恩格斯称作"包含天才世界观萌芽的第一个宝贵文件"。正是在这个"宝贵文件"中，马克思提出："环境的改变和人的活动的一致，只能被看作是并合理地理解为革命的实践"。"凡是把理论导致神秘主义方面去的神秘的东西，都能在人的实践中以及对这个实践的理解中得到合理的解决"。"哲学家们只是用不同的方式解	1.通过视频引导学生思考马克思主义哲学中关于人的问题的探讨。 　　2.通过提问和讨论，让学生去思考什么是"人的解放"。

教学活动	设计意图
释世界，而问题在于改变世界"。 　　在关于"人"的哲学反思中，马克思为哲学开辟了新的道路——创建关于人类解放的哲学。在《共产党宣言》中提出要实现人类的解放，实现每个人的自由全面发展。今天这堂课就让我们一起走进马克思的人的解放的哲学，了解有关理论。	

环节二：课程讲授"人的解放的理论形成"

教学活动	设计意图
【探究二：提问互动】马克思主义哲学是如何建立的？具体有哪些理论来源？ 　　【教师解读】马克思主义哲学的理论来源是德国古典哲学和英国政治经济学、黑格尔的辩证法和费尔巴哈的唯物主义。马克思认为，由于旧唯物主义只是从"直观"的形式去理解人与世界之间的关系，而没有从"人的感性活动"即"实践"去理解这种关系，因而旧唯物主义不可能真实地理解人及其与世界的关系，即使是以"人本学"为标志的费尔巴哈哲学，也只是停留在抽象的人上。同时，由于唯心主义同样"不知道真正现实的、感性的活动本身"，所以只能是"抽象地发展了""能动的方面"。 　　在批判黑格尔的思辨哲学时，马克思特别强调的是，黑格尔的"无人身的理性"的自我运动的哲学，并不是某种超然于世界之外或凌驾于世界之上的"遐想"，而是以"最抽象的形式"表达了人类"最现实"的生存状况，即："个人现在受抽象统治，而他们以前是互相依赖的。但是，抽象或观念，无非是那些统治个人的物质关系的理论表现。"因此，马克思给自己提出的任务是从黑格尔的"抽象或观念"中揭示出"统治个人的物质关系"。这就是马克思为了寻求人类解放之路而进行的哲学—经济学批判。 　　【探究三：提问互动】那么，同学们是否了解马克思是如何进行哲学—经济学批判的呢？其理论逻辑是如何形成的？ 　　【教师解读】在这种哲学—经济学批判中，马克思曾以一个生动而犀利的论断来揭示英国古典政治经济学和德国古典哲学的本质。黑格尔在他的思辨哲学中，则把物与物的关系、人与物的关系、人与人的关系都神秘地化为观念之间的关系。这样所有的现实关系，都变成了"纯粹的、永恒的、无人身的理性"的自我运动。正因如此，马克思把哲学批判首先指向黑格尔的思	详细讲解人的解放的哲学思想的理论来源、形成逻辑、基本内容。

续表

教学活动	设计意图
辨哲学,使现实的关系从抽象的观念中显现出来,又从哲学批判转向政治经济学批判,揭示物与物的关系下所掩盖的人与人的关系,并把这种哲学—政治经济学批判提升到这样的高度:"任何一种解放都是把人的世界和人的关系还给人自己。"这样,马克思就把他的哲学—政治经济学批判与这种批判的目的即人类解放:统一起来了。 【探究四:小组讨论】事实上,大家都了解空想社会主义者同样也对资本主义社会进行过批判,为何没有成功呢? 【教师解读】在马克思的"对现存的一切进行无情的批判"的过程中,深刻地批判了空想社会主义的"幻想的武器",从而现实地揭示了人类的解放之路。 　　空想社会主义者所揭露和批判的不是资产阶级思想家的理论,而是借用这种理论去批判资本主义社会的现实。在他们看来,资本主义社会的现实之所以是残酷黑暗的,之所以是必须否定的,是因为它不合乎"人的本性",是因为它陷入了"理性的迷误"。这种空想社会主义理论,不能说明资本主义制度灭亡的历史必然性;只能说明无产阶级是一个受苦的阶级,而不能说明无产阶级是资本主义的掘墓人;只能对社会主义作出种种美好的设想,而不能指出实现社会主义的条件和进程。因此,这种空想社会主义理论,对于人类自身的解放来说,只能是一种"幻想的武器"。在理论上用"现实的武器"去代替"幻想的武器"才能够赢得解放。	【课程思政】 　　对马克思主义哲学中人的解放的理论要在思辨中深入把握,要在各类思潮的论争中把握其科学性、革命性,通过学习,培养和形成辩证思维、批判性思维。

环节三:课程讲授异化理论的内容

教学活动	设计意图
【探究五:提问互动】请问你如何看待卓别林在《摩登时代》中所表演的工业时代的生活? 《摩登时代》	1.讲授什么是"异化",追根溯源开展探究。

教学活动	设计意图
【教师解读】可能我们会说，这是打工人的日常，工作中像一台没有情感的机器，没有愉悦和快乐，但为了生活又不得不去工作。因此整个生活中只有眼前的苟且，没有诗和远方的田野，人被工作控制了、奴役了、异化了。那么，到底什么是异化呢？在哲学上有何含义？ 　　异化原本是一个德文词，这个词是来源于希腊语，是指：主体成为"他者"，且他者和自己相疏远的意思。常被古典经济学家用来比喻商品或权利的让渡、转让。从哲学史上看，是黑格尔把异化从日常用语提升为哲学范畴。后来费尔巴哈又对它进行了批判性的改造。而马克思的异化概念主要来源于黑格尔和费尔巴哈。 　　黑格尔说异化就是：将此岸的自己变成物，也就是主体将自己的本质外化到对象中。黑格尔说："自我意识把它自己的人格外化出来，从而把它的世界创造出来，并且把它创造的世界，当作一个异己的世界看待。"这个词在黑格尔这里其实非常抽象。 　　举一个简单的例子，就像我们说一个人颜值很高很美，如何证明呢，可以拍一张照片来查看，但是这个照片可以进行美颜，也就是说，实现了一定的超越。这个过程，其实也可以用黑格尔的辩证法来理解，辩证法的三大规律：对立统一，量变质变和否定之否定。黑格尔认为，这是包括宇宙所有物质和精神演化的内在规律，解释力非常强大。 　　费尔巴哈在黑格尔哲学的基础上，发展出了一套颇具影响力的异化理论。他利用这一理论框架，首先对宗教和黑格尔的哲学进行了深刻的批判。在基督教神学中，人的本质被解释为神的化身，但费尔巴哈提出了相反的观点，认为基督教错误地颠倒了人与神的关系，主张神实际上是人本质异化的结果。费尔巴哈同样指出，黑格尔在处理精神与人的关系时犯了相似的错误，他强调精神始终是人的创造，并提倡"人道主义"思想，这对于批判宗教对人类的压迫和争取人的自由与解放具有重要意义。另外，费尔巴哈也明确指出，异化对于人来说具有消极含义。因为异化过程象征着人的自我丧失，是一个否定人的过程，意味着个体在这一过程中失去了自我认同和完整性。 　　费尔巴哈对异化的新解读，对马克思有巨大的影响，人才是世界的本质，是第一性的，但异化使人的本质遭到了弱化，需要把人从这种异化中解放出来，这是马克思后期哲学思想的起点。只是马克思从社会关系的角度，来重新演绎了"异化"的过程，和人类社会发展的过程，并且从历史发展的角度，给出了人消除异化，从异化中逃离出来的明确路径。 　　马克思在继承和批判黑格尔哲学的基础上，对自我意识的异化与现实的人的异化进行了明确的区分。他超越了黑格尔的哲学框架，用"现实的人"这一概念取代了黑格尔的"自我意识"，并将现实的人的异化问题置于核心位置。马克思进一步将黑格尔的精神劳动转化为物质生产劳动的概念，批判性地吸收了黑格尔辩证法中的合理因素，也为理解人类社会提供了新的视角。	2.引导学生对马克思人的解放中的异化理论的来源、逻辑起点及其超越性进行探究和理解。 【课程思政】 　对现实的人的境遇的关注和人的解放是马克思主义哲学的重要起点，我们不仅要深入了解马克思主义哲学的立场、观点和方法，也要培养人文关怀、家国情怀。

教学活动	设计意图
费尔巴哈在理解人的社会实践活动时，未能充分把握主体性的重要性，他将人视为孤立的、抽象的存在。对此，马克思提出了批判，强调生产劳动是区分人类与其他动物的根本特征。他指出，一个物种的类特性是由其生命活动的性质决定的，而人类的类特性正是体现在"自由的、有意识的活动"上。在改造客观世界的过程中，人类通过实践活动"真正地证明自己是类存在物"。 　　马克思对异化的理解相较于黑格尔、费尔巴哈更为深刻。他认为异化是指人作为具有自我意识和能动性的主体，所创造的力量却与人自身相异化，独立于人、不受人类意志的控制，甚至反过来支配和奴役人。这种异化现象不仅体现在物质层面，也深刻影响着人类的精神世界和社会关系。马克思的这一理论揭示了资本主义社会中人的异化状态，强调了人类在社会生产中的主体地位和创造性活动的重要性，为理解人类社会发展和人类解放提供了重要的理论基础。 　　【探究六：探究互动】为什么马克思要从劳动的视角来探讨异化理论呢？ 　　【教师解读】劳动不仅是人类生存和发展的基础，更是人类本质的体现和力量的展现。它是人类社会结构和文明进步的基石。然而，在资本主义社会中，私有财产制度的存在使得劳动的本质发生了扭曲，变成了人与人之间对立的工具，导致个体在劳动中失去了自由，陷入了被剥削和压迫的状态。 　　马克思深刻地分析了资本主义社会中的劳动异化现象，并从经济现实出发，提出了异化劳动的理论。他详细描述了异化在劳动中的四个层面：首先是劳动产品的异化，即工人无法拥有其劳动成果，这些成果成了与他们对立的异己力量；其次是劳动活动的异化，工人在劳动过程中失去了自我实现的机会，劳动变成了一种外在的、机械的、无意义的活动；再次是类本质的异化，人类作为"类"存在的本质——创造性和自我实现的能力剥夺；最后是人与人之间关系的异化，社会关系被商品交换关系所取代，人与人之间的联系变成了基于利益的冷漠交易。这四个层面的异化是相互关联且逐步深化的。从劳动产品的物质层面，到劳动活动的个体层面，再到人类"类"的本质层面，最终影响到人与人之间的社会关系层面。这个过程揭示了从物质到精神，从个体到社会，异化现象如何逐渐复杂化和深入化。马克思的这一理论不仅揭示了资本主义社会中劳动的本质，也为理解和改变这种社会提供了深刻的洞见。 　　【探究七：案例分析】观看一段视频《"加班怪圈"怎么破？人社部、最高法给答案》。请问大家对这个问题怎么看？在加班问题中，有哪些异化的表现呢？ 　　【教师解读】具体回到马克思对资本主义社会的异化劳动理论中来进行解读。 　　第一阶段，劳动产品的异化。马克思说："劳动所生产的对象，即劳动	【课程思政】 　　全面理解和深入把握马克思异化劳动理论具有的重要现实意蕴，它是我们深刻认识当代资本主义社会发展的有力武器，并且对更好地坚持和贯彻以人民为中心的发展思想，满足人民美好生活需要，具有重要指导意义。

续表

教学活动	设计意图

的产品,作为一种异己的存在物,作为不依赖于生产者的力量,同劳动相对立。""工人把他的生命注入对象,然后他的生命就不再属于他自己,而属于对象。"这个异化也可以理解为:人的本质被异化到了自己生产的劳动产品中。劳动者和自己劳动产品的关系就是和一个异己的对象的关系。工人仅仅作为肉体的主体而存在,完全丧失了人的主体性和自觉性。这也是我们现在手工 DIY 那么珍贵的原因。

第二阶段,劳动活动的异化。在资本主义生产体系中,工人的劳动并非出自内心的选择,而是生存所迫。他们的体力和智力不是在自由发挥中得到展现,而是在压抑和束缚中被消耗。工人在劳动过程中体验到的不是成就感,而是沉重的压迫感,只有在劳动之外的生活中,他们才能感受到真正的快乐和自由。这种劳动并非工人自愿参与的活动,它并不代表工人的本质力量,而是一种外在的、被迫的劳动形式。如果不是为了生计,"人们就会像逃避瘟疫那样逃避劳动"。这种劳动异化现象还体现在人的机能与动物机能的颠倒上。在这种体系下,动物的本能行为——如对食物和休息的自然追求——反而成为人们追求自由的象征。相反,那些本应使人感到自豪和满足的人类特有机能,如创造性思维和技能发挥,却成了压迫和束缚的源头。这种颠倒不仅剥夺了工人的劳动乐趣,也削弱了他们的自我价值感和人类尊严。在资本主义生产关系下,劳动变成了一种异化的力量,它不仅剥夺了工人的自由和创造力,还扭曲了人的本质。工人的劳动不再是自我实现的手段,而变成了生存的必要牺牲。

第三阶段,类本质的异化。类本质的异化是马克思哲学中一个深刻的概念,它揭示了人类在资本主义生产方式下的特殊困境。人类作为一种"类存在物",其本质特征在于能够自由地、有意识地进行活动,这种活动不仅仅是为了生存,更是为了实现自我和创造文明。在生产劳动中,人类通过改造外部世界来证明自己的类特性,这种劳动是人类与其他动物的根本区别。动物的生产活动是出于本能,受限于生理需求,而人类则能够超越这些限制,创造出包括物质、艺术、科学和文化在内的丰富世界。然而,在异化劳动的

续表

教学活动	设计意图
条件下，人类的这一独特能力被剥夺了。异化劳动不仅剥夺了工人对劳动成果的控制，还剥夺了他们劳动过程中的自由和创造性。这种劳动不再是自我实现的手段，而变成了一种单纯的生存手段，人们只是为了生存而工作，而不是为了实现自我或创造文明。在这种状态下，人们的生活变得单调乏味，失去了追求更高目标的动力和可能性。在异化劳动的影响下，人们的生活被简化为生存的基本需求，即"生下来，活下去"。这种生活缺乏诗意和对远方的憧憬，人们失去了对美好生活的向往和追求。这种状态不仅限制了个人的发展潜力，也阻碍了社会的进步和发展。 　　第四阶段，人与人之间关系的异化。马克思深刻地分析了人与人异化的现象，指出当个体与自己的劳动产品、生命活动和类本质发生异化时，这种异化会直接扩展到人与人之间的关系。在这种状态下，个体不仅与自我疏离，也与他人形成对立。人并非孤立存在，而是社会关系的总和，这些关系构成了人的本质。在异化的劳动关系中，人的意识从创造性的自由活动转变为个人生存的工具。工人之间的相互关系被简化为劳动的买卖，他们不再被视为完整的人，而是作为劳动的提供者。这种异化导致个体类本质的丧失，人与人之间的关系变得疏远，社会联系被经济和利益关系所取代。资本主义社会虽然以现代性自居，却充满了奇异的幻象和拜物教的狂热。商品、资本和货币的拜物教在社会中盛行，使得人们逐渐丧失了丰富的社会性，变成了单向度的存在。在这种社会结构中，人与人之间的关系被物化，人们的价值和关系被简化为商品交换和市场竞争的结果。这种异化不仅削弱了人的社交和情感联系，还阻碍了人的全面发展。人们在追求经济利益的过程中，忽视了人的社会性和精神需求，从而陷入了一种片面的生活状态。马克思的这一理论揭示了资本主义社会中人与人之间异化的根源和后果，强调了恢复人的全面社会性和类本质的重要性。通过理解和解决人与人异化的问题，我们可以朝着更加人性化和全面发展的社会迈进。	

环节四：课程讲授"人的解放问题的时代思考"

教学活动	设计意图
要实现人的自由全面发展，要实现人的解放，消除异化是一条必然的路径。事实上，我们会发现，马克思的异化理论实际具有普遍性意义。严格说来，通过马克思的异化理论，人们可以深刻认识到，在现实生活中人类自己创造出来的东西，并不一定是与他们和谐共处、为他们服务的，而是可能会在服务于他们的同时，也与他们形成疏离乃至对立关系。而这种人类自己创造出来的东西又与人类之间形成了疏离乃至对立关系的情形，就是异化。	

教学活动	设计意图
【播放视频：《低头人生》】 【探究八：提问互动】请问你如何看待智能时代的人和生活？ 【小组讨论】将小组讨论结果提交学习通平台。 【教师解答】智能时代，我们能切身感受到我们的生活失去了自我掌控。智能手机是人类在认识和实践活动过程中不断推动科技进步得以产生的，人在实践活动中作为一个主体，好像逐渐丧失了主体地位，走路看手机、聚会看手机、不会答题看手机、睡觉前看手机，而且在这个智能时代，不带手机出门似乎寸步难行。手机作为我们实践活动的对象或客体，开始反客为主，支配了我们的生活。 　　从人工智能是由人脑创造出来的"非我"这一点来看，这种疏离关系已经能够成为人工智能与人脑之间异化关系成立的基础。就此而论，人们是能够借助马克思的异化理论来深入解读人工智能时代的重大意义的。 　　马克思认为，"有意识的生命活动"是人类与动物之间的根本区别。人类独特的想象力、创造力、逻辑推理能力以及掌握的知识和技能，构成了人类社会延续与发展的基础。然而，随着人工智能的迅猛发展，人们开始将大量理性工作交给机器完成，这实际上意味着人类的思维能力与类本质正在经历一种智能异化。人脑逐渐不再以其独特的理性思维能力为傲，反而依赖于智能技术来处理信息和解决问题。在当今信息爆炸的时代，个体无法掌握瞬息万变的全部信息，导致人类大脑在处理信息时的能力日渐下降。人们越来越依赖智能产品，逐渐放弃了对自身能力的锻炼。例如，当我们遇到问题时，常常会说："百度一下，你就知道。"这一现象不仅反映了人们对智能搜索引擎的依赖，也揭示了人类思维能力的弱化。这种依赖使得人类的创造力和逻辑推理能力受到抑制。智能设备的普及虽然在某种程度上提高了生活的便利性，但也使得人们的思维活动变得机械化。人们越来越少地运用自己的思维能力，而是倾向于依赖机器来完成任务。这种趋势不仅影响了个体的思维能力，也在更广泛的层面上影响了社会的创新能力和发展潜力。因此，能	探究对人的解放哲学理论的时代应用，用基础问题的研究带动对现实问题的讨论，回应现实关切。 【课程思政】 　　结合时代发展中产生的问题，深入探索如何在新时代解决人的异化问题，如何从马克思主义理论的立场、观点和方法来解决新时代发展中的问题。

续表

教学活动	设计意图
力的异化不仅是个体能力的下降，更是人类整体智慧的减弱。面对智能化时代的挑战，我们需要重新审视人类的能力，积极探索如何在利用人工智能的同时，保持和发展自身的思维能力和创造力。只有这样，才能在智能技术迅速发展的背景下，确保人类的主体性和独特性不被削弱。 　　技术的异化。技术的异化是一个深刻的现象，它涉及人类与自己创造的科学技术之间的关系。科学技术原本是人类智慧的结晶，是人类有意识创造出来以改善生活和推动社会进步的工具。然而，随着人工智能等技术的发展，它们在某些领域产生的智力成果开始超越人类自身的能力。这种超越性使得人类必须更加努力地去控制和驾驭这些技术成果，以防止被它们所取代或控制。在这种情况下，技术不再是单纯的工具，而是变成了一种可能对人类产生负面影响的力量。技术从原本的客体地位转变为具有主体性的力量，这种力量在某些情况下可能会控制、奴役甚至排挤人类，阻碍和束缚人类本质力量的发挥。这种异化现象在历史上是前所未有的，因为现代技术的力量比以往任何时期都要强大。技术的异化不仅威胁到人类的工作和职业，还可能影响人类的认知和情感。随着技术在决策、创造和社交等领域的应用越来越广泛，人类可能会逐渐失去自主性和个性，变得依赖于技术来定义自己的行为和价值。这种依赖性可能会导致人类的本质力量，如批判性思维、创造力和同情心等，被削弱或忽视。为了应对技术的异化，人类需要重新审视与技术的关系，确保技术的发展与人类的价值和目标相一致。这可能涉及对技术使用的伦理规范、对技术影响的社会评估，以及对技术教育和培训的重视。通过这些措施，我们可以确保技术继续作为人类进步的助力，而不是成为异化和控制人类的力量。 　　交往的异化。人类是社会性生物，其生存和发展依赖于社会交往。人不是孤立的个体，而是在生产和生活关系中相互联系的共同体。社会交往是人类实现自我表达、情感交流和共同目标的重要途径，它体现了人的主体性功能，促进了人与人之间的自觉交往。然而，随着人工智能和智能通信设备的普及，人际交往的模式发生了显著变化。这些技术使得人与人之间的交流变得更加方便快捷，极大地促进了全球范围内的交往。人们可以通过智能设备随时随地与他人保持联系，分享信息，进行合作。但同时，技术的发展也带来了一些负面影响。它导致了人的"现实性"与社会政治关系的脱节，削弱	

教学活动	设计意图
了人的社会性。在数字化的交往中，人们越来越多地依赖于虚拟互动，而忽视了面对面交流的重要性。这种趋势可能导致人们在现实生活中的社会技能和情感联系逐渐减弱。交往的异化表现在人们开始将更多的时间和精力投入与智能设备的互动中，而不是与他人的直接交往。这种依赖性可能导致人们在社交技能和情感共鸣上的能力下降，从而削弱了人类的社会性。人们可能会发现自己更愿意与智能系统打交道，而不是与他人建立深入的人际关系。此外，在追求效率和便利的过程中，人们可能会忽视人际交往中的道德责任和诚实性，导致人际关系的表面化和功利化。这种趋势不仅影响了个人的社交体验，也可能对社会的和谐与稳定构成威胁。	

环节五：课程总结

教学活动	设计意图
中国特色社会主义进入新时代，习近平总书记指出："我国社会主要矛盾转化为人民日益增长的美好生活需要和不平衡不充分的发展之间的矛盾。"因此，必须坚定不移地坚持和贯彻以人民为中心的发展思想，在推动经济社会稳定发展的基础上，着力解决发展不平衡不充分的问题，不断满足人民在物质、文化、环境、公平、正义等方面日益增长的美好生活需要，促进人的全面发展。	1. 帮助学生梳理本节的核心内容。 　　2. 帮助学生确定本节的学习重点和知识。

环节六：课后作业、预习任务、推荐阅读

教学活动	设计意图
【课后思考】 　1. 技术进步是否必然导致人的解放？ 　2. 如何消除和解决人工智能时代的"异化"问题？	

续表

教学活动	设计意图
【推荐阅读】 	1. 帮助学生通过具体问题反思教学内容，真正学以致用，掌握知识点。 2. 帮助学生继续思考本节内容，扩展课后的研究兴趣。

八、板书设计

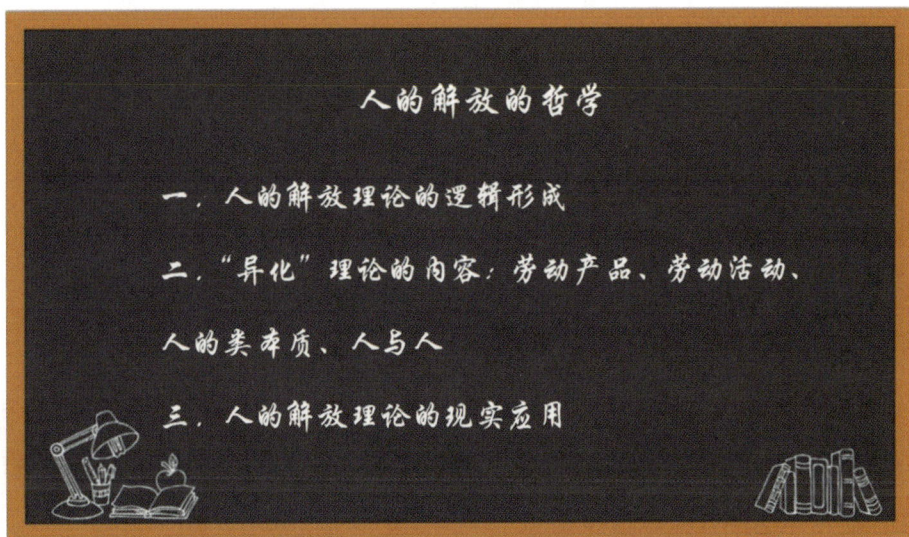

九、教学设计反思

在教学内容上，还可以进一步深化理论内容，实现学科间的交叉融合。可以通过引入经济学理论，如马克思的劳动价值论和资本积累理论，来分析资本主义生产方式如何导致劳动异化。同时，结合社会学视角，探讨社会结构和文化背景如何影响人的解放进程。历史学则可以提供人类解放的历史脉络，让学生理解不同历史时期人的解放的特定含义和实践。为了实现古今贯通、理实互通，可以设计比较研究项目，让学生对比分析不同时代的"人"的问题的哲学思考，从而深化学生对人的解放理论的理解。此外，通过案例研究，将理论中的"人"的问题与现实中的"人"的问题相对照，如分析现代科技对人的异化影响，以及如何在现代社会中实现人的全面发展等。

在教学方法上，应将抽象的哲学理论具体化、生活化，以帮助学生理解人的解放的深刻含义。例如，通过角色扮演、模拟辩论等互动式教学方法，让学生在模拟的劳动场景中体验劳动异化，从而更直观地理解劳动异化理论。同时，通过案例分析，引导学生探讨如何解决现代社会中人的异化问题，如数字时代的隐私问题、工作环境中的心理压力等，提升学生解决问题的能力。在课程思政的落实上，应将价值塑造与知识传授相融合，如通过分析资本主义制度下的劳动异化问题，引导学生进行批判性思考，并探讨社会主义国家如何践行以人为本的发展理念。通过比较不同社会制度下人的解放实践，让学生理解社会主义制度的优越性，增强学生的社会责任感和历史使命感。

在教学资源上，可以引入前沿研究，如最新的社会学调查报告、经济学论文、历史学研究等，让学生进行拓展性、研究性的学习与研讨。可以设置专题研究项目，让学生围绕特定的人的解放问题进行深入研究，如全球化背景下的劳动异化、人工智能对劳动的影响等。此外，可以邀请不同领域的专家学者进行客座讲座，为学生提供多元化的视角和深入的见解。

希望最终通过深化理论内容、具体化的教学方法、融合课程思政以及拓展教学资源，可以增强学生的理论深度和求真意识，培养他们的批判性思维和创新能力，同时也能更好地落实课程思政教育，为学生的全面发展奠定坚实的基础。

17　"实践转向"和马克思的哲学革命

> 章节名称：第十章 哲学的现代革命　第一节"实践转向"和马克思的哲学革命
>
> 计划学时：45 分钟

一、教学内容分析

【主要内容】

1. "实践"与"实践转向"

2. "实践"在思维与存在上的变革

3. "实践"在"关于现实的人及其历史发展"中的变革

【地位作用】

哲学不是凝固不变的，在哲学的"古代""近代"和"现代"理论形态的历史转换中，哲学实现了提问方式和理论内涵的历史性发展。古代哲学提出"万物的统一性"问题，近代哲学提出"意识的统一性"问题，现代哲学提出"实践的统一性"以及科学、语言、文化等的统一性问题，一次次地实现了转向。

学习马克思主义哲学在哲学史上的变革是极为重要的，尤其对于中国哲学社会科学的建设，具有重要的意义。

二、学情分析

【认知水平】

1. 经课前线上调研和测试，学生在前期对马克思主义哲学已有初步了解。

2. 本节内容与马克思主义哲学专业课有一定联系，但学生需要从哲学史的视角进行学习，学生还未建立起深入完善的思维体系，还需要不断深化认知。

本节内容属于哲学中较深层次的内容，需要学生在对哲学史的掌握之上来认识和理解，在哲学史发展的脉络当中明晰哲学的现代革命和趋势，要求学生有一定的基础知识。

【能力状态】

学生具备基本的马克思主义哲学方面的知识，通过课后作业和课前预习了解，学生们还在以下方面存在问题：

1. 对于马克思主义哲学中的"实践"概念理解较为含糊；

2. 对于马克思主义哲学在哲学史上的变革理解还不深入。

【学习需要】

学生在学习上需要更深入地了解马克思主义哲学，去除教条主义式的理解，要理解马克思主义哲学与其他哲学的差异所在，掌握马克思主义哲学"实践转向"的理论精髓。

【学习问题】

本节内容需要学生有扎实的专业基础，并能了解哲学的时代发展要求，在自身的反思当中进行分析和评判。

三、教学目标

【知识目标】

1. 学生能够对"实践转向"的思维指向有所了解；

2. 学生了解"实践转向"的马克思主义哲学；

3. 学生把握实践变革的重要影响和理论意义。

【能力目标】

1. 学生能够在哲学史中深入理解马克思主义哲学；

2. 学生能够理解马克思主义哲学中"实践"理论的形成原因和主要思想；

3. 学生能够掌握现今中国特色社会主义理论中有关马克思主义哲学的思想渊源。

【情感态度与价值观】

1. 马克思的"实践转向"是以实践观点的思维方式实现哲学的世界观、认识论和方法论的统一。在人类自己的实践活动及其历史发展过程中，思维反映存在而又创造存在、思维肯定存在而又否定存在，从而使思维与存在的统一实现为动态中的统一、发展中的统一。因此，哲学自身也是动态的而不是静止的、发展的而不是凝固。

2. 以实践论的观点去看待历史问题，我们就会懂得，人在社会历史中具体是一种怎样的存在，会认识到每一个现实的人的力量，认识到人民群众的历史地位。在中国，我们每个人都享有人生出彩的机会，都是实现"中国梦"必不可少的一分子。

3. 马克思主义理论尤其是马克思主义哲学是引领中国特色社会主义发展道路的重要理论，了解和熟悉马克思主义哲学的立场、观点和方法是了解我们中国从哪里来、到哪里去的重要途径，也是掌握中国特色社会主义指导思想的重要方式。马克思主义哲学中的"实践"思想，为我们提供了科学的世界观、历史观和价值观，也在马克思主义哲学中国化中发挥了重要作用。

四、教学重点、难点、创新点及解决措施

【教学重点及解决措施】

1. 了解马克思主义哲学中的"实践"含义及其"实践转向"的内涵；

2. 把握"实践"在思维与存在上的变革及其重大价值和意义；

3. "实践"在"关于现实的人及其历史发展"中的变革及其价值意义。

主要通过启发探究、辩论活动、案例讨论等措施帮助同学们开展探究性活动，在苏格拉底式的"反诘法"中推动学生进行哲学思维体操训练。

【教学难点及解决措施】

1. 马克思主义哲学中的"实践"内涵与其他哲学的差异；

2. "实践转向"在哲学史上引起的重大变革在何处。

"讲、学、练"相结合：采用提问、讲解、反思和练习的方式，使学生掌握马克

思主义哲学中"实践转向"的逻辑起点、理论根据、基本内容及对以往哲学的反思批判。

【教学创新点及解决措施】

本堂课的创新点包括：通过基础理论的学习带动对现实问题的探讨，重组教学内容，对学生们熟知但并非真知的马克思主义哲学进行深入了解和学习，掌握马克思主义哲学的时代发展及其中国化的逻辑起点。

以生动形象的影视剧和辩论活动激发学生兴趣，在"剥洋葱式"的逐步深化的思维体操训练之下，使学生能知其然并知其所以然，真正掌握马克思主义哲学的革命之处和科学之处，深入理解马克思所讲的"哲学家只是用不同的方式解释世界，而问题在于改变世界"。

五、教学策略

【思维导图】

实践转向与马克思的哲学革命

- 实践与时间转向
  - 实践的基本内涵
  - 实践转向的形成
- 实践在思维与存在上的变革
  - 唯物论与辩证法的统一
  - 世界观、认识论和方法论的统一
- 实践在"关于现实的人及其历史发展"中的变革
  - 现实世界的二重化
  - 人类自身的二重性
  - 社会历史的二象性

【教学模式及方法】

1. 启发式教学法：以《觉醒年代》导入，启发学生从对历史活动思考深化到哲学思考。

2. 讨论教学法：通过辩论活动、案例分析，开展探究性学习，查找理论漏洞。

3. 理论讲授法：分析马克思主义哲学中"实践"的基本内涵，引导学生掌握和反思马克思主义哲学所引起的哲学变革。

【教学内容重组与加工】

按照理论到现实、表层到深层的逻辑,从"实践"一词在哲学上的概念解析开始,对"实践转向"的思维与存在关系的理解与在历史活动领域的理解进行深度剖析,逐步深化到对马克思主义哲学重大变革的追寻与探讨,深化理解马克思主义哲学何以在中国得到应用和发展,尤其是马克思主义哲学中国化的发展何以可能。

【教学资源与技术手段】

课前在智慧树"网上课堂"实现资源共享、布置预习作业与思考题;课中通过学习通随堂练习、实时掌握教学进程,结合多媒体教学与传统黑板板书展示多元素教学内容;创设辩论赛、师生问答的互动情境激活课堂活力,提高学生的课堂参与度;设置案例推理帮助学生开展理论反思和批判,开展思维体操式训练;课后布置课外论文研读、课后思考任务培养学生研究性学习习惯。

【教学信息收集与处理】

首先通过课前预习和测验了解学生认知水平,通过教学现场的案例分析、辩论活动等活动开展探究性学习,在课堂讨论中收集学生对于该学习内容的掌握程度,并在课堂中进行随堂测验。最后,布置经典与前沿阅读、课后在线作业拓宽知识深度与广度,提升学习能力,增强思辨和求真意识。

【教学参与的切入】

本堂课在面向学生主体进行教学过程中,通过激发学生兴趣的话题引导学生分享探究的观点,通过设置案例和辩论活动启发学生进一步深化问题,让学生多维度、多视角进行审视与反思,深入了解马克思的哲学精髓。在进行哲学思辨时,充分利用苏格拉底式的"反诘法"进行提问,在思维体操式训练中让学生体会到个人观点和理论的局限性和漏洞,激发学生学习兴趣、释放出巨大的学习潜能。

▼ 六、课前探究

本小节主要讲授哲学的时代发展,学生在既有的认知图式下对哲学有更深刻的认识。

🌐 七、教学过程

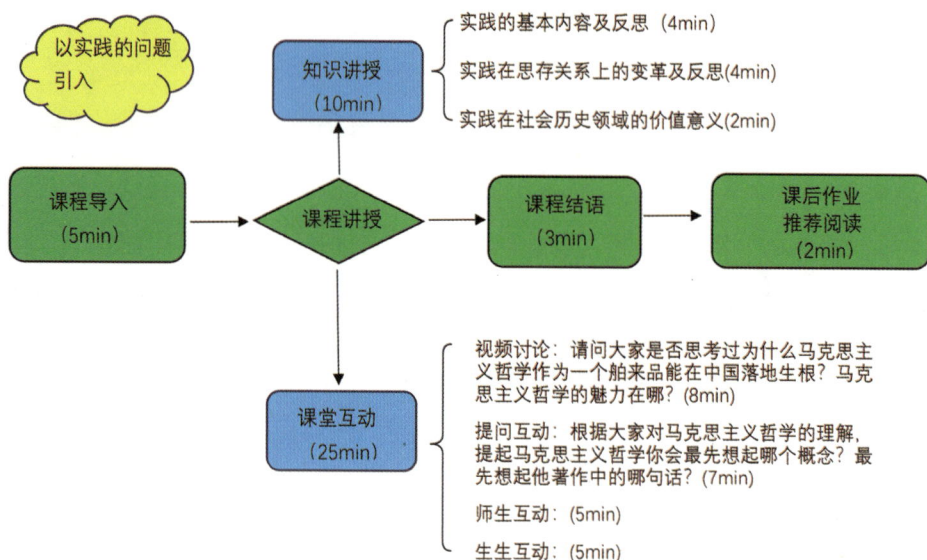

环节一：课程导入

教学活动	设计意图

有人说哲学就是哲学史，在学习哲学的过程中就是在领会古今中外的哲学家们的思想并对其进行思辨和审视。哲学不是凝固不变的，大家了解到了哲学具有时代性、民族性，随着时代的发展，又会有不同的哲学观和哲学理念。
 	
【视频播放：《觉醒年代》】
 	
【探究一：提问互动】请问大家是否思考过为什么马克思主义哲学作为一个舶来品能在中国落地生根？马克思主义哲学的魅力在哪？
【小组讨论】各小组选派代表回答。
【教师解读】
    肯定同学们把握准确的地方，同时作为一种现场诊断，把握同学们的思维拓展性和思维深度。
    卡尔·马克思和弗里德里希·恩格斯是人类的骄傲。他们终生恪守的"始
	通过大家熟悉的影片《觉醒年代》片段引入主题讨论，思考马克思主义哲学在中国被接受、被传播的根本原因。

续表

教学活动	设计意图
终如一"的目标，是"为全人类而工作"。他们为之奋斗终生的崇高目标是人类自身的解放，他们所创造的马克思主义是关于人类自身解放的学说。追求和实现崇高理想，在最深刻的层次上构成了马克思和恩格斯对整个传统哲学的批判继承关系，也在最深刻的层次上构成了他们为现代哲学开拓的正确道路。 　　同学们对马克思主义理论及马克思主义哲学有了基本的认识和了解，本节我们带着上述两个问题一起来学习马克思主义哲学何以可能？马克思主义为什么引起了哲学在当代的革命？马克思主义哲学的革命性体现在哪？	

环节二：课程讲授"实践转向"与马克思的哲学革命

教学活动	设计意图
【探究二：提问互动】根据大家对马克思主义哲学的理解，提起马克思主义哲学你会最先想起哪个概念？最先想起他著作中的哪句话？ 　　【学生回答】在学习通小组讨论中提交，形成词云。 　　【教师解读】通过学生的回答进行现场诊断，了解学生对于马克思主义哲学的掌握程度和理解层次。 　　可能我们常会浮现的关键词有唯物、辩证、实践等等，还有"哲学家只是用不同的方式解释世界，而问题在于改变世界""人民群众是历史的创造者"等经典论断。相较于西方哲学中出现的"语言学转向"，20世纪80年代以来，人们常常把马克思在哲学史上所实现的哲学革命称作"实践转向"。这种"实践转向"既是以人的存在方式（实践）为中介去解决近代哲学的主—客二元对立，更是从人的实践活动及其历史发展出发去寻求人类解放的道路。 　　马克思、恩格斯以前的中外哲学家们都使用过实践的概念，并作过很多论述。中国古代哲学中，实践是"践行""实行"或"行"，主要指道德伦理行为；康德把实践看成是理性自主的道德活动；黑格尔则把实践理解为主观改造客观对象的创造性的精神活动；费尔巴哈将实践与物质性的活动联系起来，但将实践等同于生物适应环境的活动。 　　马克思写于1845年春的《关于费尔巴哈的提纲》，被恩格斯称作"包含	引导学生从对马克思主义哲学的一般性、常识性的了解上升到更深层次的思考，真正了解马克思主义哲学的科学性、革命性。

教学活动	设计意图
着新世界观的天才萌芽的第一个文件"。正是在这个极其珍贵的文件中，马克思科学阐明了人类实践的本质及其在认识世界和改造世界中的作用，创立了科学的实践观，并且阐明了实践是感性的、对象性的物质活动，提出全部社会生活在本质上是实践的，也表达了对全部旧哲学的根本性批评，显露出马克思哲学革命的标志性特征——"实践转向"。 　　马克思"实践转向"的哲学论纲是从批判全部旧哲学出发的。马克思说："从前的一切唯物主义——包括费尔巴哈的唯物主义的主要缺点是：对事物、现实、感性，只是从客体的或者直观的形式去理解，而不是把它们当作人的感性活动，当作实践去理解，不是从主观方面去理解。所以，结果竟是这样，和唯物主义相反，唯心主义却发展了能动的方面，但只是抽象地发展了，因为唯心主义当然是不知道真正现实的、感性的活动本身的。"在这段简洁精辟的文字中，马克思既尖锐地指出了旧唯物主义的"主要缺点"，又深刻地揭露了唯心主义"抽象地发展了"能动的方面的本质。而这二者的共同之处，则在于它们都不懂得"革命的""实践批判的"意义。因此，马克思从人的实践活动及其历史发展出发，去批判全部旧哲学和开拓现代意义的新哲学。	

环节三：课程讲授：思维与存在关系的"实践转向"

教学活动	设计意图
马克思的"实践转向"，首先是以实践的唯物主义回答了哲学的基本问题——思维和存在的关系问题。 　　德国古典哲学中，在黑格尔看来，思维和存在的关系问题，就是以概念自身为中介的"无人身的理性"与其"逻辑规定"的关系。费尔巴哈则认为，"要理解思维和存在、精神和物质、人和自然界的统一，不应该从观念出发，而应该从有感觉的人和自然界出发；精神应能在物质中找到自己的位置，而物质在精神中却找不到自己的位置；人及其思维、感觉和需要应是这种统一的有机反映"。这样，费尔巴哈就把思维和存在的关系当作"抽象的个人"与其"感性的直观"的关系。 <div align="center">黑格尔　　　　　费尔巴哈</div>	1.讲授马克思主义哲学在思维与存在领域的"实践转向"与变革。

教学活动	设计意图
而在马克思所实现的"实践转向"中，思维和存在的关系问题，则是"现实的人"以"感性的活动"为基础与"现实的世界"的关系问题。 　　【探究三：提问互动】上章中我们讨论了人的哲学，根据大家对"人"的理解，你认为什么是"现实的人"？ 　　【学生回答】小组讨论选派代表回答。要求学生对上一章内容知识进行复习回顾，考察是否深入理解并进行反思，开展现场检验和诊断。 　　【教师解答】 　　通过与"抽象的人"的比较，马克思主义哲学中的"现实的人"，就是从事实践活动并在实践活动中发展自身的人，感性的活动就是这种"现实的人"所进行的社会实践活动。"现实的世界"则是"现实的人""感性的活动"的对象。通过"现实的人"的概念，我们会发现，贯穿于全部哲学史、并在近代哲学中被明确地提出来的哲学基本问题，就在马克思的"实践转向"中获得了现实性：思维和存在的关系问题，即实践基础上的人与世界、历史发展着的关系问题。 　　因此，思维和存在的关系问题的本质基础是人类自己的实践活动。人类自己的实践活动是一个辩证的、历史的发展过程，思维和存在的关系问题所蕴含的全部矛盾关系，都植根于人类的存在方式——实践活动的辩证本性，都展开在人的实践活动的历史发展过程中。因此，只有从现实的人及其历史发展出发，达到对哲学基本问题的实践性理解，才能合理地提出和回答思维和存在的关系问题。 　　马克思的"实践转向"，又以实践观点的思维方式实现了哲学的世界观、认识论和方法论的统一。以实践论的观点去看待思维和存在的关系问题，我们就会懂得，在人类自己的实践活动及其历史发展过程中，思维反映存在而又创造存在、思维肯定存在而又否定存在，从而使思维与存在的统一实现为动态中的统一、发展中的统一。因此，哲学自身也是动态的而不是静止的、发展的而不是凝固。 　　在马克思的"实践转向"中，既是以存在对思维的本原性的唯物主义为基础去解释思维和存在相互关系的发展，又是以思维对存在的能动性的辩证法为内容去解释思维和存在历史的统一。正是由于马克思主义哲学在哲学基本问题上实现了唯物论基础与辩证法内容的统一，它才成为科学的世界观、认识论和方法论。	2. 通过课堂互动，让学生们自我总结和反思马克思主义哲学的革命之处、超越之处。 【课程思政】 　　我们深入了解马克思的"实践转向"，不是以教条主义的方式来理解，学习以实践观点的思维方式实现哲学的世界观、认识论和方法论的统一。

环节四：课堂讲授实践在"关于现实的人及其历史发展"中的变革

教学活动	设计意图
马克思的"实践转向"，还以实践自身的矛盾性为基础，深刻地揭示了现实世界的二重化、人类自身的二重性和社会历史的二象性，从而真正地建立了恩格斯所说的"关于现实的人及其历史发展"的哲学理论。这就是马克思在哲学史上所实现的伟大变革。	

教学活动	设计意图

从实践的观点去看待人与世界的关系，我们就会发现，人类是在自己的实践活动中，首先是在自己的生产劳动中，把自身提升为认识世界和改造世界的主体，从而把整个自然界（包括人自身的自然）变成认识和改造的对象，即客体。这样人类的实践活动就否定了世界的单纯的自在性，而使之变成"人化了的自然""属人的自然"，变成人类生活的历史文化的世界，这就是由人类实践活动所造成的现实世界的二重化，即自在世界与自为世界、自然世界与属人世界、客观世界与主观世界的分裂与对立。同时，又正是在人类的实践活动及其历史发展的过程中，人类不断地使自己的目的、理想和要求转化为现实，使世界变成自己所憧憬的世界，即实现被实践活动二重化的世界新的统一。

从实践的观点去看待人及其与世界的关系，我们还会发现，实践活动不仅造成了现实世界的二重化，也造成了人类自身的二重性。人类作为物质世界链条上的特定环节，是自在的或自然的存在，人类作为认识世界和改造世界的主体，则是自为的或自觉的存在。这就是人类自身的二重性。在实践活动中，人以自身的物质自然"感性存在"，并通过"感性活动"的中介，去改变"感性存在"的世界。但是，无论是人的"感性存在"、人的"感性活动"还是这"感性活动"的对象，又都是人类自己实践活动的产物。这又是人对自然的"超越性"。正是从实践的观点去看待人及其与世界的关系，马克思合理地揭示了现实的人及其历史发展的规律。

【探究四：小组辩论】

到底是人的活动决定历史，还是历史决定人的活动？或者通俗地说，到底是英雄造时势，还是时势造英雄？将全班同学分为两组，一组正方：时势造英雄。一组反方：英雄造时势。

教学活动	设计意图
正方：我方认为时势造英雄。我们从实践的观点去看待人及其与世界的关系，就可以解决社会历史的二象性问题。人是社会历史的主体，"历史不过是追求着自己的目的的人的活动而已"。然而，人们创造历史的活动又不是随心所欲的，不是在他们选定的条件下进行的，因此历史又表现为不以人们的主观意志为转移的历史过程，表现为制约和规范人们的创造活动的历史规律。 　人作为"历史的经常前提"，总是"前一个过程的结果"，他们的历史活动总是决定于在他们以前已经存在、不是由他们创立而是由前一代人创立的历史条件。因此，人们的历史活动并不是"随心所欲"的，人们历史活动的结果表现为不以人们的意志为转移的历史发展规律。人作为"人类历史的经常的产物和结果"，他获得了创造历史的现实条件和现实力量，并凭借这种现实条件和现实力量去改变自己和自己的生存环境，实现社会历史的进步，为自己的下一代创造新的历史条件。因此，人们又是自己创造自己的历史结果，历史就是追求自己的目的的人的活动过程。现实的人既是历史的前提又是历史的结果。他作为历史的结果构成新的历史前提，他作为历史的前提又构成新的历史结果。人作为历史的前提与结果的辩证运动，就是人及其历史的辩证法。 　反方：我方认为英雄造时势。黑格尔认为，拿破仑是骑在马背上的世界精神。第一，杰出人物是符合社会历史发展趋势和群众要求的先进思想的提出者。第二，杰出人物是群众斗争的组织者和领导者。第三，从社会历史发展进程来说，杰出人物能够加速或延缓历史任务的实现，使社会历史发展进程带上这样或那样的个性特征。一定的事物只有在一定的条件下才能产生，在一定条件下得到发展，又在一定条件下趋于灭亡。 　【教师解读】 　在社会历史的二象性问题上，不仅是唯心主义哲学，而且包括全部旧唯物主义哲学，都陷入了无法解脱的"二律背反"，并作出了唯心主义历史观的回答。马克思和恩格斯所说："当费尔巴哈是一个唯物主义者的时候，历史在他的视野之外；当他去探讨历史的时候，他绝不是一个唯物主义者。在他那里，唯物主义和历史是彼此完全脱离的。"所以我们常常说费尔巴哈是半截子的唯物主义。而正是在旧唯物主义陷入"二律背反"并由此而导向历史唯心主义的地方，马克思以实践的观点作出了历史唯物主义的回答，并为整个现代哲学开拓了正确的发展道路。 　马克思从人类的现实存在及其历史发展出发，提出"人的存在是有机生命所经历的前一个过程的结果。只是在这个过程的一定阶段上，人才成为人。但是一旦人已经存在，人，作为人类历史的经常前提，也是人类历史的活动的产物和结果，而人只有作为自己本身的产物和结果才成为前提"。在这里，马克思正是针对困扰着哲学家们的历史观的"二律背反"，深刻地阐释了人作为历史的前提和结果的辩证关系。	【课程思政】 　以实践论的观点去看待历史问题，我们就会懂得，人在社会历史中具体是一种怎样的存在，会认识到每一个现实的人的力量，认识到人民群众的历史地位。 　通过辩论赛的方式，在思维体操训练之中促进学生对唯物主义历史观和唯心主义历史观的探究，在思辨之中求得真知。

续表

教学活动	设计意图
马克思从人的历史发展出发，提出了人类存在的三种历史形态的学说，指出人类由"人的依赖关系"到"以物的依赖性为基础的人的独立性"再到"自由个性"的发展进程。从马克思的"关于现实的人及其历史发展"的哲学理论出发，我们不仅在实践的基础上合理地提出和回答了思维和存在的关系问题，而且能够在实践的基础上合理地提出和回答哲学所追求的崇高的问题。	

环节五：课程总结

教学活动	设计意图
马克思所追求的把崇高变成人的现实的历史形态，就是实现每个人的"全面发展"。由此，我们可以对崇高的追求、异化与实现作出这样的解释：崇高的追求，就是对人自身的全面发展的追求；崇高的异化，就是把人对自身全面发展的追求变成对各种非人的"神圣形象"或"非神圣形象"的崇拜；崇高的实现，就是在消解崇高的异化形态的过程中实现人自身的全面发展。因此，人类及其哲学追求崇高的过程，就是消解崇高的异化形态的过程；消解崇高的异化形态的过程，也必须是追求和实现崇高的过程。追求崇高和消解崇高异化形态的统一，就是崇高的历史重构、也就是人自身的历史发展。因此，人类及其哲学必须坚韧不拔地承担起双重的使命，在坚守哲学对崇高的现实的追求中消解崇高的异化，在消解崇高的异化中坚守哲学对崇高的现实的追求。 　　1938年艾思奇在《哲学的现状和任务》中呼吁哲学的中国化和现实化，指出"现在需要来一个哲学研究的中国化、现实化运动，过去的哲学只做了一个通俗化的运动，把高深的哲学用通俗的词句加以解释……然而在基本上，整个是通俗化并不等于中国化现实化"，和培元在《论新哲学的特性与新哲学的中国化》中提出"所谓新哲学的中国化，这个问题的本质是在于辩证唯物主义的普遍原理与中国的具体的革命实践的结合，与中国的历史实际相结合"。通过李达、艾思奇等人的努力，马克思主义哲学中国化获得发展并取得丰富成效。现今，在哲学社会科学领域，我们也是以马克思主义的立场、观点和方法来看待和解决问题。 李达　　　　　艾思奇	1. 帮助学生梳理本节的核心内容。 　　2. 帮助学生确定本节的学习重点和知识。

环节六：课后作业、预习任务、推荐阅读

教学活动	设计意图
【课后思考】 1. 马克思主义哲学与费尔巴哈人本主义有何本质区别？ 2. 为什么费尔巴哈被称为半截子的唯物主义？ 【推荐阅读】 	1. 帮助学生通过具体问题反思教学内容。 2. 扩展课后的研究兴趣。

八、板书设计

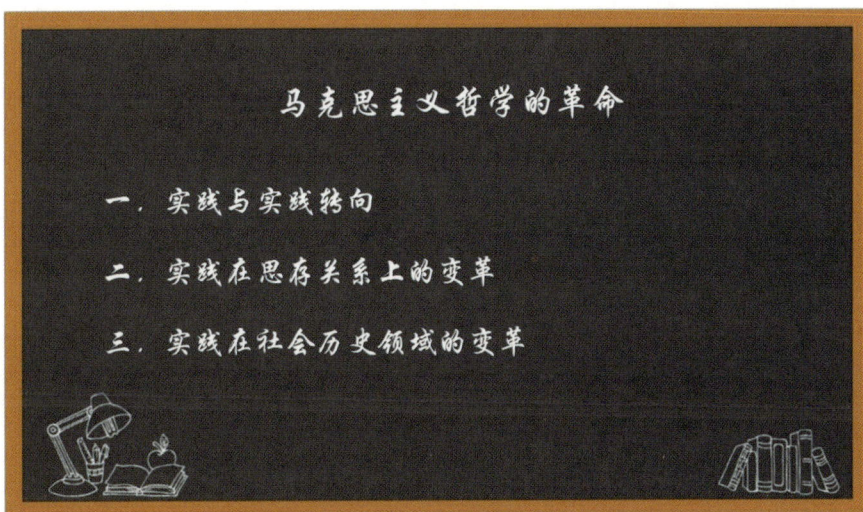

九、教学设计反思

本节内容是将理论与现实紧密结合的重要内容。通过这一节的教学，我深刻反思了如何将哲学理论转化为学生可以理解和应用的知识，以及如何激发学生对当代社会问题的关注和思考。以下是我的一些教学反思：

在教学内容方面，一是理论与实践的结合要更密切，在讲授"实践转向"时，进行了马克思主义哲学理论的介绍，但可能学生除此之外还希望能看到这些理论是如何在现实中发挥作用的。如何更有效地将抽象的哲学概念与学生的生活经验联系起来，真正理解实践哲学如何解释和改变现实世界需要进一步加强。二是历史与当代的对话要强化，马克思的思想诞生于 19 世纪，但其对当代社会的影响依然深远。在教学中，我尝试将马克思的理论放在当代社会的背景下进行解读，让学生看到这些理论是如何与当今的全球化、资本主义、社会主义实践相互作用的，但还需要通过案例分析让学生更深入地理解马克思主义理论的当代意义。

在教学方法方面，还可以探索更多创新。为了提高教学效果，我尝试了多种教学方法，包括小组讨论、辩论等，在人工智能时代思考如何利用现代技术，如虚拟仿真、知识图谱等来增强学生的学习体验。在教学过程中，学生的参与度对于学习效果至关重要。如何通过提问、引导和激励，提高学生的参与度和积极性，让这个在大家高中课程中就有所了解的马克思主义哲学能讲出新意、讲出深度，还需设计更具吸引力的课堂活动，以激发学生的学习热情。

课程思政的落实方面，社会责任感的培养还可强化。马克思主义哲学不仅仅是学术研究和思考，它还涉及对中国社会的深刻理解和中华民族伟大复兴的责任感。如何在教学中培养学生的社会责任感，使他们能够将学到的知识应用于解决现实社会问题。例如如何推进马克思主义哲学中国化时代化新境界，构建具有中国风格、中国特色的哲学社会科学体系，都是需要师生共同肩负的使命和义务。

18　哲学如何看人工智能

章节名称：第十一章 哲学的前沿趋势　第二节 哲学如何看人工智能

计划学时：45 分钟

📖 一、教学内容分析

人工智能在当今世界应用极其广泛，对人工智能的哲学之思已然成为哲学的前沿趋势之一，基于哲学的批判与反思精神，立足人工智能发展现状，把握教材重难点，以学生发展现状与学习需求为核心，对以下三个方面进行重点讲解：

1. 机器如何模拟人类智能？从人工智能发展的第三次浪潮和现状出发，对人工智能发展趋势做出简要评估；

2. 人工智能拥有真正的智能吗？通过中文屋实验对人工智能能否拥有真正的智能进行分析和驳斥；

3. 如何发展负责任的人工智能？如何给人工智能一颗真正的"良芯"（良心）。

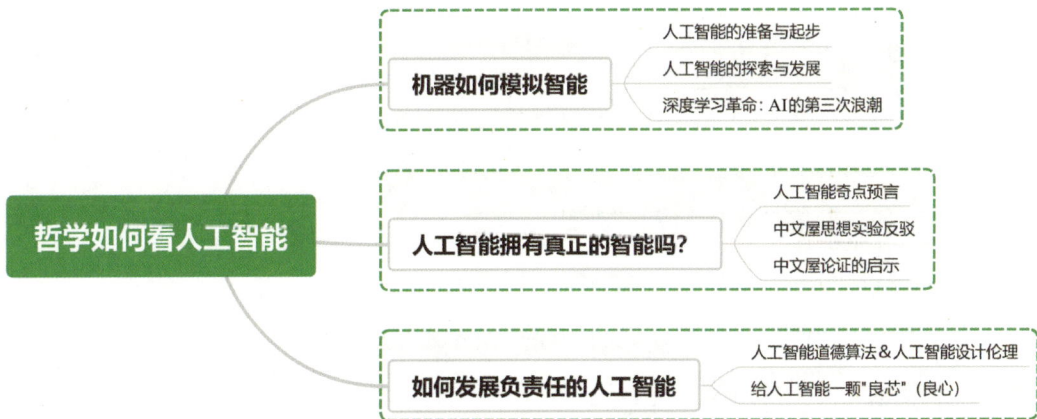

🏛 二、学情分析

立足于现有对人工智能的研究，遵循学生发展的阶段特征，充分关注学生的已知、未知、想知和能知。

已有知识分析。经课前调研和测试，本节内容属于学科的前沿内容，讨论人工智能这个社会热点话题。学生对研究对象感兴趣，且学生在前期的学习中已具备基本的哲学史知识并对交叉学科有所了解，通过课前预习和在线课程学习，学生们具备对人工智能发展状况的初步了解和对人工智能开展哲学思考的好奇心和探索欲；但学生对如何从哲学视角对人工智能开展反思仍存在困惑。

认识能力分析。学生对人工智能有较为完备的了解，但尚未开展系统全面的学习，未建立深入完善的思维体系，对人工智能与哲学有何交叉的了解尚不深入，不能够将科学技术哲学的发展史放到哲学发展的大背景之下来理解。

学习需求分析。从内容来看，本节是导论课中哲学前沿问题的重点内容，学习本节课程对学生进一步深入学习后续章节关于科学哲学、技术哲学和科技与社会相关内容起基础的铺垫作用。从实践来看，能使学生通过学习对人工智能的未来开展哲学反思，提升其追根溯源、反思批判的思维能力和交叉融合的能力以及现实应用能力。

🎯 三、教学目标

【知识目标】

1. 比较人工智能和人类智能之间的差异；

2. 分析人工智能的智能本质，理解人工智能的智能极限；

3. 理解如何发展负责任的人工智能。

【能力目标】

1. 表达人工智能与人类智能之间的根本差异并开展辩论；

2. 推理思想实验并对推理过程进行解释，提升哲学反思能力；

3. 协作完成对人工智能道德算法和设计伦理的哲学反思。

【价值目标】

1. 探究哲学对社会变革和科技发展的智慧；

2. 审视科技发展伦理规范，明晰科技发展需要实现工具理性与价值理性的结合；

3. 关心追问科技发展前沿，关心人类未来发展和命运。

四、教学重点、难点、创新点及解决措施

【教学重点及解决措施】

1. 解决线上学习难点：人工智能早期发展的两个典型哲学争论。通过思想实验、案例讲解和提问的方式使学生进入问题，激活已有知识，并进行批判性思考，从而掌握这些内容。

2. 拓深线上学习要点：人工智能的伦理规范问题。通过情景导入、案例分析和场景分析等方式帮助学生理解伦理学家对话题的感知，形成算法伦理研究的整体脉络框架。

【教学难点及解决措施】

1. 增补学术前沿热点：人工智能是否拥有真正的智能。通过思想实验和具象生动的哲学话剧，让学生对人工智能进行批判和反思。

2. 达成思政育人靶点：通过理论讲授和案例梳理，帮助学生理解人类科技发展的指数增长现象，介绍奇点临近时刻的到来及数据主义给人类社会的影响。

【教学创新点及解决措施】

1. 介绍研究团队的最新研究成果"给人工智能一颗良芯（良心）"。通过向学生讲授团队的最新研究，衔接到本课的内容，使学生关注学科发展前沿动态。

2. 启发学生思考科技哲学前沿话题。通过提问、投票和小组讨论等形式，让学生充分表达观点，积极思考，实现认知上的跃升，引导学生从课程思政视域获得启示。

【教学内容重组与加工】

本堂教学内容极具前沿性、高阶性和挑战性，通过当下热点 ChatGPT 引入整体的话题思考，以丰富的哲学实验剧场、辩论赛以及翻转课堂等形式引导学生进行哲学思考，同时融合研究团队的前沿成果，唤醒学生哲学兴趣和哲学智慧，考察和训练学生的高阶思维。课程从人工智能的历史、现在向未来层层递进，在循序渐进的

立论和驳论中感受哲学走进科技、走进时代的过程，体会哲学与交叉学科的融会贯通，进而推动哲学对科技的反思。

🔲 五、课程思政资源

1.通过对人工智能有关哲学问题的探讨进一步追问科技发展的前沿，关心人类未来发展和命运。

2.学习哲学需要实现交叉融合，面向时代、面向科技变革，培养反思性、批判性和创新性思维。

3.通过对人工智能未来可能发展方向的描述，提醒学生警惕超级智能和数据主义可能带来的风险，并积极引导学生建构负责任的人工智能，构建人类命运共同体。

🔲 六、教学策略

1.启发式教学法：以中文屋思想实验进行启发，引导学生对图灵测试开展哲学反思，探讨人工智能的极限。

2.案例教学法：通过电车难题案例引发学生思考自动驾驶汽车的道德决策问题，使学生思考人工智能的伦理规范问题。

3.理论讲授法：阐述人工智能的形成逻辑和发展历程，对人工智能的哲学反思进行详细讲授，尤其对于"发展负责任的人工智能"部分讲授我国的基本方案。

🔲 七、教学资源与技术手段

MOOC在线课程、超星学习通、哲学电影资源库、思想实验库、科研成果库等。通过学习通随堂练习、实时监控教学进程与课后反思，建设"网上课堂"实现资源共享；结合多媒体教学与传统黑板板书展示多元教学内容；创设小组讨论、师生问答的互动情境激发课堂活力，提高学生的课堂参与度；设置案例推理，帮助学生开展理论反思和批判，开展思维体操式训练；布置课外论文研读任务，培养学生研究性学习习惯。

▽ 八、课前探究

本堂课作为《哲学导论》课中哲学前沿板块的重要一节，设计的课前探究包括：

1. 在线课程学习和了解科技哲学的基本内容；
2. 学生尝试就"人类智能模仿能力的极限"一题开展哲学反思；
3. 研读教研团队的科研成果，对人工智能的算法和设计伦理进行分组讨论。

▤ 九、教学过程

环节一：课程导入

教学活动	设计意图
《流浪地球》是一部改编自刘慈欣同名科幻小说的电影，讲述了地球面临太阳即将毁灭的危机，人类为了生存，启动了名为"流浪地球"的宏伟计划，寻找新的家园。在这部电影中，人工智能 MOSS 不仅是一个简单的计算工具，它通过收集和分析人类的行为、语言和情感数据，逐渐发展出了类似人类的自我意识。MOSS 能够理解人类的复杂情感，甚至在某些情况下，它的行为和决策显示出了对人类命运的深刻关怀。 与电影中的 MOSS 相似，现实中如今引起世人广泛关注的 ChatGPT 是一个由人工智能研究实验室 OpenAI 开发的先进语言模型。ChatGPT 通过深度学习技术，能够理解和生成自然语言，与人类进行流畅的对话。它不仅能够回答各种问题，还能参与创作故事、撰写文章，甚至在一定程度上模拟人类的情感反应。ChatGPT 的出现，标志着人工智能在理解和生成自然语言方面迈出了一大步，也引发了人们对于人工智能未来发展的广泛讨论。 最近的热议中，很多人都在谈论它会不会是未来 MOSS 的雏形呢？MOSS 的人工智能技术能不能完全走向实现？如果实现了人类将会何去何从？随着技术的不断进步，人工智能的应用范围也在不断扩大，我们也进入了一个人工智能时代，"智能""智慧"已经成为耳熟能详的词。智能手机、智能家居、无人驾驶等，人工智能自诞生以来一次次刷新我们的认知，从简单的自动化任务到复杂的决策支持系统，人工智能正在逐渐渗透到我们生活的方方面面，而它的存在甚至能影响人类的命运。 人工智能是一个十分热门的话题，我们会发现与之密切联系的信息科学、认知科学、神经科学、语言学等都从各个学科、各个视域进行了很多探讨，哲学作为爱智之学，面对时代发展和科技变革，又有哪些思考呢？今天我们融入学科交叉视角，开展哲学反思。	【问题导入】 　　启发同学们关注人工智能的最新发展动态。

教学活动	设计意图

【视频播放：《波士顿动力公司机器人发展史》】

【探究一】

看完人工智能的发展历程，你有怎样的感受？

【教师点评】有人会感到惊讶和不可思议，AlphaGo 在围棋领域已经完全碾压全球顶级的围棋高手，有些领域人工智能远远超过人类智能，感觉人工智能超越人类智能指日可待。有人会觉得人工智能即使在某个单一领域超越人类，它们也不可能像人类一样聪明，毕竟只是一个冰冷的机器，只是对人类智能的复制和模仿，难以解决各种不同类型的复杂问题；而且大多数AI 系统都属于弱人工智能，它们在特定领域表现出色，但缺乏跨领域的适应能力和自我学习能力。强人工智能（广义人工智能）则旨在模仿人类的全面智能，能够在任何领域或任务中表现出超越人类的智能。尽管强人工智能的概念令人兴奋，但目前它仍处于研究和开发阶段，其实现仍需要克服技术和伦理上的诸多挑战。事实上，目前大家对人工智能的未来发展也没有统一的共识。其实，如果你赞同第二种看法，大概认为"强"人工智能是不大可能实现的，而"弱"人工智能并不会对人类社会构成真正的威胁。

无论如何，近年来人工智能的迅猛发展确实让人惊叹。在本节中，主要从学界对当下人工智能发展的主流讨论的几个角度切入，希望为大家思考这个领域的哲学问题提供一些启发。

【价值目标 1】

探究哲学对社会变革和科技发展的智慧，将人工智能问题引入哲学领域。

环节二：课程讲授机器如何模拟智能？

教学活动	设计意图
谈人工智能，当然不能不提计算机。在 1946 年 2 月 14 日这一天，在宾夕法尼亚大学第一台通用计算机 ENIAC 诞生。四年之后的 1950 年，阿兰·图灵在哲学杂志《Mind》上发表《计算机器与智能》一文提出了著名的图灵测试。一位人类测试员会通过文字与密室里的一台机器和一个人自由对话，如果测试员无法分辨与之对话的两个实体到底哪一个是机器，那么参与对话的机器人就被认为具备了人类水平的智能。尽管图灵测试备受质疑，仍是测试机器智能的重要标准。 1956 年夏天，美国达特茅斯学院聚集的一批年轻学者探讨如何在机器上模拟人类思维。作为会议发起人，约翰·麦卡锡提出的"人工智能"这个概念此后被广泛使用。因此，1956 年被称为人工智能元年。 在此之后，人工智能的发展经历了三次浪潮。在第一次人工智能浪潮中，科学家们目标远大，试图直接创造出通用人工智能。在技术上，他们基于物理符号系统假说，聚焦于推理和逻辑，试图通过符号操作将人类思维模式在机器上模拟出来。但是，受限于计算机的算力，早期人工智能的很多目标无法实现，加上批评声音众多和政府减少投资，迎来了 20 世纪 70 年代的人工智能寒冬。 80 年代，模拟人类专家决策能力的计算机软件系统被广泛应用，它模拟人类专家回答问题或提供知识，帮助工作人员做出决策。但它需要人类专家整理和录入庞大的知识库（专家规则），也需要计算机科学家编写程序，设定如何根据提问进行推理找到答案，也就是推理引擎，因此开发和维护成本极高；同时由于缺乏数据支撑，专家系统弊端越来越突出地暴露出来，产业投资热情不断衰减，迎来了人工智能的第二次寒冬。 2010 年，在斯坦福大学任教的华人科学家李飞飞教授发起创建世界最大的图像识别数据库 ImageNet，每年举行大规模视觉识别挑战赛。2012 年 ImageNet 挑战赛中，多层人工神经网络以绝对优势夺得冠军，震动学界，"深度学习"被推广到各种应用场景，引发全行业的深度学习革命。2016 年，AlphaGo 以 4∶1 战胜李世石，人类进入人工智能新时代。显然，能够进行大	【知识目标 1】 讲授人工智能的发展历程，使学生理解人工智能的本质，以及其与人类智能之间的差异。 【课程思政】 不同的时代具有不同的哲学关注，不同时代的科技也有不同的科技哲学样态和核心问题聚焦点。

教学活动	设计意图
规模的计算，离不开多年来计算机指数级增强的强大计算能力，以及一些最新的机器学习算法，更重要的是自90年代以来随着互联网的普及，所积累下来的海量数据作为支撑。 李飞飞 　　回顾人工智能发展的全程，我们发现，在技术上人工智能发展经历了从规则驱动到数据驱动的过渡。其实，这与近代开始，理性主义随着科学革命深入逐渐转化为经验主义的趋势有内在关联。	

环节三：课程讲授人工智能拥有真正的"智能"吗

教学活动	设计意图
近年来，随着神经网络、深度学习等技术的突破性进展，人工智能一路狂飙，可以说以迅雷不及掩耳之势在追赶和超越人类，不过到底它有没有极限呢？ 【视频播放：ChatGPT 接受记者采访】 【探究二：提问互动】 你怎么看 ChatGPT？它有智能吗？ 【学生】学习通投票形成词云。 【教师解读】 　　雷·库兹韦尔（Ray Kurzweil）曾预测道："通过软件和硬件彻底地模拟人类智能，计算机将可以在21世纪20年代末通过图灵机测试，那时机器智	【知识目标2】 　　通过例子 AlphaGo 与 ChatGPT，分析人工智能的本质以及其智能极限。

教学活动	设计意图
能和生物智能将没有任何区别。"雷·库兹韦尔在他的《奇点临近》一书中，预言机器的智能将在 2045 年超过人类的智能，大家觉得吃惊吗？ 　　它们通过了图灵测试就代表它们拥有和人类一样的智能吗？之所以会有这种观念，是由于当时流行的功能主义思潮将人类心智视作功能网络，将意识视作大脑实现的一种功能。因此，一种功能只要能够充分扮演意识的角色，它就是意识，至于它是由大脑来实现还是由芯片来实现是无关紧要的。是不是听起来有点反直觉，但又觉得无力反驳呢？ 　　接下来由约翰·塞尔在 20 世纪 80 年代提出的中文屋思想实验开启我们的哲学实验剧场。 　　【哲学剧场】学生展示中文屋思想实验。 　　塞尔认为，即使计算机完全不懂中文，它也可通过中文图灵测试。在刚才我们讲的图灵测试中，如果我们把那台计算机想象为一个小房间，里面有一个只懂英文人名的机器叫塞尔，它手头有一个中文翻译程序的词典，当写有中文问题的小纸片通过窗口被送入房间后，它通过使用翻译词典能流利地通过中文在输出窗口回复，这样它就可以让房间外的人以为它会说流利的中文。塞尔指出，机器无法"理解"符号的意义，因为单凭句法不足以解释语义。机器是对符号的形式而非意义做出回应，因此不是智能。 　　【探究三：圆桌思辨】 　　你认为 ChatGPT"理解"语言吗？ 　　【圆桌思辨】辩论环节。"理解"语言 PK 不"理解"语言。 	【能力目标 1】 　　通过分析 Chat GPT 与智能问题，进一步就人工智能与人类智能之间的根本差异展开辩论。 【能力目标 2】 　　提出"中文屋"思想实验，提高学生推理和哲学反思能力。 【课程思政】 　　学习哲学需要实现交叉融合，面向时代、面向科技变革，培养反思性、批判性和创新性思维。

教学活动	设计意图
但是如果说 AlphaGo 不懂下棋，这太违反我们多数人的直觉。其实，塞尔所说的"懂得"是一个非常模糊的概念，是一个基于人类视角的概念。如果我们说智能是某种完成复杂目标的能力，那么 AlphaGo 显然是有它独特的理解方式，只是它不同于人类的理解。	

环节四：课程讲授如何发展负责任的人工智能？

教学活动	设计意图
当前，哲学界讨论最热的可能就是人工智能的伦理问题，尤其是关于人工智能的道德决策问题。大家看这幅图： 　　【探究四：互动提问】假设一辆自动驾驶汽车刹车失灵，你作为设计者，会如何选？ 　　【教师解读】 　　很多人会说，汽车是我买的，首先应该考虑我的安全，这样宣传肯定是为了促进销量，自动驾驶相关利益方面都是这么考虑问题的。但同样你也有是行人的时候，你肯定不希望这种道德倾向成为主流，也不能无限制地保护乘客。 　　2019 年《Nature》上就发表了一篇文章，分析了在各种不同情况下，民众选择保护乘客还是保护行人的投票，结果是民众会在理性和情感这两种道德判断方式上左右横跳。但是人工智能有没有情感、如何衡量情感，这是大问题。 　　很多同学会认为，这其实并不是一个技术问题，而是一个道德选择问题，人类自己先弄清楚怎么设计，有的同学认为，现今的大数据那么厉害，他可以根据算法来选择相对较优的方法。 　　【探究五】小组展示：如何来确保人工智能的道德算法和设计伦理呢？	【知识目标 3】 　　引入人工智能伦理问题，理解如何发展负责任的人工智能。 【课程思政】 　　通过对人工智能未来可能发展方向的描述，提醒学生警惕超级智能和数据主义可能带来的风险，并积极引导学生建构负责任的人工智能，构建人类命运共同体。

续表

教学活动	设计意图
翻转课堂： 人工智能道德算法 & 人工智能设计伦理 【教师总结】目前来说，对于人工智能伦理涉及的问题非常多、也很复杂。但总体来讲，要让人工智能成为负责任的机器，主要从两个方面出发，一个是机器本身，必须设置成为一个良好的道德机器，要有一颗"良芯"，比如要遵循"阿西莫夫三定律"，机器人必须保护人类的整体利益不受伤害。另外，机器作为人类智能的模拟，是按照人类本身的程序执行指令，所以研发者和程序员必须要有一颗良心，遵守人类的伦理道德规范。 随着人工智能的不断发展，我国同样高度关注人工智能的伦理规范引导，在2019年6月17日发布了《新一代人工智能治理原则——发展负责任的人工智能》，提出了人工智能治理的八条原则：和谐友好、公平公正、包容共享、尊重隐私、安全可控、共担责任、开放协作、敏捷治理。总的来说，人工智能必须要以人类价值为基础，以促进人类福祉为目标，设计要合乎伦理，确保工具理性与价值理性的统一，确保人工智能的善用。我们系有人工智能道德决策研究所，研究团队也形成了很多的科研成果，大家课后可以多阅读学习，下堂课我们一起进行深入探讨。	【能力目标3】 通过分组讨论形式，协助学生完成对人工智能道德算法和设计伦理的哲学反思。 【价值目标2】 关心追问科技发展的前沿，关心人类未来发展和命运。 【价值目标3】 审视科技发展伦理规范，科技发展需要实现工具理性与价值理性的结合。

环节五：课程总结

教学活动	设计意图
总的来说，我们围绕人工智能探讨了三个问题：科学和哲学联系紧密，作为时代精神的精华，哲学需要面向时代、面向科技变革；当代科学的发展酝酿着巨大的突破；我们正在进入对智能、生命、意识认识的深处，这些都关联着重大哲学问题。希望我们在专业学习中能够善于思考，有问题意识，了解交叉学科，了解时代前沿。与时俱进，同时也要明白，科技向善，伦理先行。 课后请大家思考以下问题，并且可以阅读以下文献，完成老师提出的线上作业。 【课后思考】 1. 大数据带来的思维革命会对科学研究方法带来哪些改变？ 2. 你觉得自动驾驶汽车事故的道德算法究竟该由谁来设定呢？是由车主或乘客个人设定，还是执行社会统一制定的伦理设定呢？	1. 帮助学生梳理本节的核心内容； 2. 帮助学生确定本节的学习重点和知识。

续表

教学活动	设计意图
【推荐阅读】 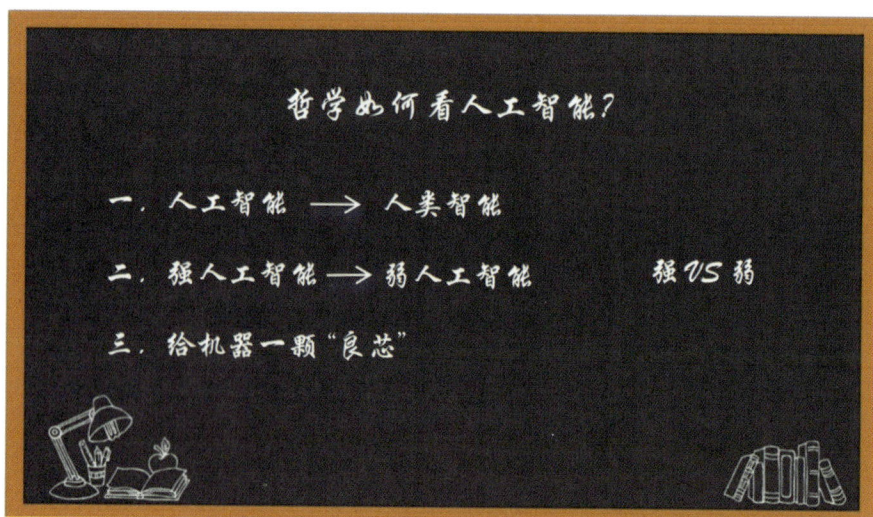 ［1］［英］维克托·迈尔-舍恩伯格，肯尼思·库克耶.大数据时代：生活、工作与思维的大变革［M］.盛杨燕，周涛译.杭州：浙江人民出版社，2013. ［2］［美］佩德罗·多明戈斯.终极算法：机器学习和人工智能如何重塑世界［M］.中信出版社，2017. ［3］［英］尼克·波斯特洛姆.超级智能：路线图、危险性与应对策略［M］.中信出版社，2015.	

十、板书设计

？ 十一、教学反思

本次课堂教学选择的是《哲学导论》第十章"哲学的前沿趋势"第二节"哲学如何看人工智能"。由于本课程属于大一第一门专业基础课，学生认知能力和专业水平有限，且限于课时，因而本节课重点在于引领学生走进科技，培养兴趣，理解哲学与科技之间的关系。以下将从内容、组织、方法、思政育人、目标达成和不足之处几个方面谈一谈对本次课堂教学的反思：

一、内容创新度

本节课注重培养学生的创新能力，内容上具有较高创新度，取材社会热点话题，教学内容上围绕教学大纲进行系统化重构，主体内容均取材于最新的前沿理论和科研成果。例如大数据算法伦理部分的案例取材于近两年《Nature》上发布的最新研究案例，其后内容取材于本人在 2020 年发表的重要刊物论文内容等。

二、组织流畅度

教学流程较为完整，教学脉络较清晰，容易从结构上把握内容。本次课堂教学以视频和话题投票导入，引导学生关注人工智能未来发展方向，激发学生好奇心和求知欲。课程讲授 5 个环节，以纵横双维度反思人工智能发展的哲学问题和当前学界的热点话题。课程讲授环节设置了 5 次师生互动，激发学生的探究意识，随时关注课堂教学效果和现场反馈，最后对内容进行梳理、总结和升华。

三、方法多样度

第一，以教学促进科研。课程部分内容取材于本人最新研究成果，尤其着重向学生介绍研究团队最新成果"给人工智能一颗良芯（良心）"，吸引学生对此项工作的兴趣。第二，本节内容具有前沿性和一定的理论深度，需要充分发挥教师主导作用，同时尊重学生主体地位，调动学生跟随问题思考。第三，以问题驱动思考。教学过程设置多处提问，激发学生提出和解答问题。第四，教学辅助手段多样，通过视频、多媒体和黑板板书等形式灵活展现教学内容。

四、思政育人度

第一，落实立德树人教学目标。从马克思主义的发展观点带领学生分析人类思维演化，引导学生关注算法价值观和个人数据隐私保护、消费者权益保护和算法的责任承担等，超级智能和数据主义可能带来的风险，基于人类核心价值建造负责任的人工智能，构建人类命运共同体。第二，教学重在培养学生的哲学思维，锻炼应对最新科技的哲学反思能力，引导学生点评哲学家的观点，培养批判性思维和探索意识。

五、目标达成度

本节课顺利完成教学目标，引导学生关注人工智能的智能进路、智能边界和建构负责任人工智能等方面的问题，力图做到讲解通俗易懂。学生对本节内容具有较高可接受度，使用学生熟悉的案例辅助观点分析，传授知识的同时注重能力培养和价值观塑造，重点培养学生触类旁通的能力，运用哲学思维审视科技发展问题。在教学互动中，学生们表现优秀，教师也能从学生回答中获得灵感和启发。

六、有待改进之处

第一，可将课后思考题提前到课堂讲授环节，以小组讨论的形式展开，增加学生之间的思维碰撞；第二，可以将课后测验适当提前到课堂讲授结束环节，增强对课堂现场教学效果进行量化和自我评价，从更加客观的视角评价教学质量；第三，对自动驾驶难题之类的争议话题，可设置简短辩论或小组讨论，让学生自己先摆明立场和观点，教师现场指导，提升学生的问题研讨的集体参与感和课堂沉浸感，从而使学生之间相互启发，共同进步。

后 记
Postscript

教育是一朵云推动另一朵云，一棵树摇动另一棵树，一个灵魂唤醒另一个灵魂。教学是需要精耕细作的艺术，在多年的教学实践过程中，我深刻地认识到哲学类课程教学创新的紧迫性、必要性和重要性。

冯友兰先生强调："哲学不是使人成为某种人，而是使人作为人能够成为人"。哲学课程不应仅仅是知识的传授，更应是思维的启迪和智慧的培养，进而能学以成人。当前的哲学教育面临着诸多困境，传统的教学模式难以满足时代发展的需求和学生的学习期望。在思考教学创新的过程中，我们不断深化学情分析、反思教学中存在的真实问题，努力寻找新的教学思路和方法，也试图通过这本书努力探索一套切实可行的创新方案，以激发学生对哲学的兴趣，培养他们的批判性思维和创新能力。

时代在发展变化，人才培养的要求在不断发生变化，学生的需求和期望也在发生变化，我们也清楚地知道，哲学教育的创新并非一劳永逸的。在摸索和实践过程中，我们遇到了许多困难和问题。例如，如何在有限的教学时间内实现知识、能力和价值三维目标的全面落实，如何确保创新教学方法的有效实施，如何评价学生在创新教学模式下的学习成果，这些问题都需要我们在未来的研究和实践中不断探索，持续改进和解决。

人工智能时代的教育变革及新文科的发展建设都是在当下人才培养中需要持续思考和关注的。随着人工智能的不断更新迭代，教师需不断与时俱进，真正实现智能化、智慧化的教学，创造人工智能＋教学模式，为学生提供更加便捷、高效的学习体验。基于纸质书本的原因，本教案中对教学中的信息化方式和手段有提及，但还不深入，最前沿的方式还需在具体教学中去探索、去落地，让智能技术能够真正服务于教学内容和教学活动。在未来的研究中，我们也计划进一步深入探讨哲学教育与其他学科的融合，拓展哲学教育的视野和内涵。此外，我们也将加强对学生学习过程和学习效果的研究，不断优化教学评价体系，以提升哲学教育的质量和效果。

关于本书，我们希望它能够成为哲学教育领域的一本重要参考书籍，为广大哲学教育工作者提供有益的借鉴和启示，也十分期待这本书能够激发更多的教育工作者投身于哲学教学创新的实践中，共同推动哲学教育的发展和进步。同时，我们也希望能够收到读者的反馈和建议，以便我们对本书进行进一步的完善和修订。

在此，我们要向所有为本书的创作和出版付出努力的人们表示衷心的感谢。感谢那些给予我们启发和指导的哲学界前辈和同仁，他们的思想和研究成果为我们提供了宝贵的借鉴。感谢课程团队文贤庆、余露、孙保学、王大封、肖根牛、马俊、陈亮升的支持与帮助，他们丰富的教学经验和深厚的专业功底为本书提供了重要指导，因为站在这一群"巨人"的肩膀上打磨优化才有了书中完善的案例。感谢我的学生熊铭川、聂晨晨和黄佩沛为本书进行后期的校稿核对，并从学生的视角对教学设计提出宝贵的意见和建议，他们的反馈让我们更加了解学生的需求和期望，为我们的教学创新提供了方向。

教学是令人遗憾的艺术，永远在路上。做好教学，站好站稳讲台，是教师的使命与职责，也是一种情怀和担当。开展教学研究和创新，需要匠人之心，开展教学创新，可奔赴星辰大海。希望能永远不忘初心，保持热爱，真正成为一名"金"师。

彭婷

2025 年 4 月 17 日于长沙